PWYSO AR Y GIÂT

PWYSO AR Y GIÂT

ALED LLOYD DAVIES

ISBN 978-1-9048-4579-9

Mae'r cyhoeddwr yn cydnabod cefnogaeth ariannol
Cyngor Llyfrau Cymru

Llun y clawr: Llinos Lanini

Cyhoeddwyd ac argraffwyd gan
Wasg y Bwthyn, Caernarfon

CYNNWYS

RHAGAIR

Byddai'n ddiddorol cael gwybod pa nifer o ddarllenwyr y llyfryn hwn a fedr gofio'n ôl i gyfnod Eisteddfod Genedlaethol Wrecsam yn y flwyddyn 1978. Dyna'r flwyddyn pryd y cyflwynwyd sioe gerdd newydd sbon ar lwyfan Theatr Clwyd, ac ar ôl hynny, ar lawer o lwyfannau eraill yn y Gogledd a'r Canolbarth. 'Ffantasmagoria' oedd enw'r sioe – diweddariad cyfoes o ran o un o'n campweithiau llenyddol fel cenedl, a ffrwyth dychymyg byw R. A. Roberts, ynghyd â cherddoriaeth fyrlymus y cyfansoddwr, Rhys Jones. Sail y cyfan oedd 'Gweledigaethau'r Bardd Cwsg', a ysgrifennwyd gan y clerigwr Ellis Wynne o'r Lasynys ger Harlech yn yr ail ganrif ar bymtheg.

Yr oedd y sioe 'Ffantasmagoria' yn agor gyda lleisiau'r dynion yn holi nifer o gwestiynau oedd yn amlwg yn peri pryder iddyn' nhw, a lleisiau'r merched yn eu tro yn mentro cynnig atebion.

Fe ddaeth dau o'r cwestiynau hyn i'm cof pan dderbyniais gais gan Geraint Lloyd Owen, Swyddog Cyhoeddi Gwasg y Bwthyn yng Nghaernarfon, yn gofyn i mi fynd ati i lunio pwt o hanes fy mywyd. "Pwy? Fi?" holais yn anghrediniol. "Does 'na ddim byd sy'n werth ei groniclo wedi digwydd i mi." Pwysodd y golygydd arnaf i feddwl am y peth am ychydig ddyddiau cyn rhoi ateb pendant iddo.

Wrth i mi droi a throsi'r syniad yn fy mhen dros y bythefnos nesaf, yr hyn a ddaeth i gorddi drachefn a thrachefn yn fy meddwl oedd y cwestiynau yn agoriad y sioe gerdd 'Ffantasmagoria'. Yng nghân agoriadol y sioe yr oedd dau gwestiwn sylfaenol oedd yn galw am ateb. Ac ar hyd y cenedlaethau o gyfnod Ellis Wynne hyd at ein cyfnod ni heddiw, mae'r un cwestiynau yn ein anesmwytho ni i gyd, sef, "Pa beth yw bywyd?" a hefyd "Pa beth yw pleser?" Ac wrth droi'r ddau gwestiwn yma yn fy meddwl y penderfynais ymateb i her Geraint – gan brysuro i ddweud nad ar sail unrhyw werth na rhinwedd yn fy hanes i, ond am fod y ddau gwestiwn wedi fy ysgogi i chwilio am atebion, ac edrych ar fywyd trwy sbectol wahanol.

Diolch byth, yr ydym oll yn greaduriaid gwahanol, ac nid yr un fydd troeon bywyd pawb. Ond wrth i mi 'bwyso ar y giât', caniatewch i mi rannu ychydig o'm meddyliau gyda chi. Fe sylweddolais sawl peth nad oeddwn wedi sylweddoli o'r blaen wrth i mi chwilio am atebion i'r ddau gwestiwn.

Diolchiadau

- i Geraint, June, Esyllt, Malcolm ac eraill o Wasg y Bwthyn am eu cefnogaeth a'u cymorth parod, a hefyd i'r Cyngor Llyfrau yn Aberystwyth am eu cydweithrediad hwythau;
- i Llinos Lanini o'r Wyddgrug am ddarlun y clawr;
- i Ifor ac Olga Thomas am ymdrafferthu ynglŷn â lleoliad y giât;
- i Beryl, fy mhriod, am ei hir amynedd gyda gŵr oedd yn defnyddio'r llyfr fel esgus i osgoi gwaith mwy ymarferol.

ALED LLOYD DAVIES

LLWYDIAID DEFEITY

Yn ôl yr hen ddihareb, 'anodd tynnu dyn oddi ar ei dylwyth'. Ac mae'n ddiamau fod hynny'n wir am lawer iawn ohonom. Fe wêl un debygrwydd wyneb; un arall, debygrwydd mewn symudiad neu oslef. Diddordebau fydd yn gwneud i sawl un arall ymdebygu i'w gilydd, tra bod dawn mewn chwaraeon neu grefftwaith yn mynnu atgoffa eraill bod elfen gref o ddawn tad, taid, mam neu nain i'w gweld yn y plant.

Mae ceisio olrhain y dylanwadau'n fanwl yn dasg anodd iawn. Digon yw i ni gydnabod bod dylanwad teulu yn medru cael ei etifeddu ynom ni oll mewn dirgel a gwahanol ffyrdd, a derbyn yr ymresymiad sydd gan Gwilym R. Jones yn un o'i gerddi, pan ddywed:

> Ynof mae fy hynafiaid,
> Yn fwrlwm yn fy ngwaed;
> Yn blismyn yn f'ymennydd,
> Yn ysfa yn fy nhraed.

Weithiau, mae'r syniad hwn yn codi braw arnaf wrth feddwl bod y Llwydiaid a'r Dafisiaid wedi dod at ei gilydd ynof fi a'm chwaer, ac fel y dywed y bardd unwaith yn rhagor:

> Di-gyfrif y cromosomau
> a benna ein bri a'n bai.

Roedd y Llwydiaid a'r Dafisiaid yn ddau deulu cwbl wahanol i'w gilydd o ran cefndir a diddordebau; oherwydd hynny, efallai y byddai'n symlach i mi eu trin ar wahân, gan drafod yn y bennod hon deulu Llwydiaid Defeity.

Fferm yw Defeity (neu Defaidty i roi i'r fferm yr enw a welir ar fapiau swyddogol y llywodraeth). Mae'r fferm wedi'i lleoli yn y tir uchel sydd rhwng y Fron-goch, Cerrigydrudion ac Ysbyty Ifan, ac fe fu Llwydiaid yn byw yno am genedlaethau yn y canrifoedd a fu. Symudodd fy hen daid ychydig o filltiroedd tua'r gogledd-ddwyrain, i fyw ar dyddyn yng Nghwm Penanner o'r enw Tŷ-isa'r-cwm, ac yng nghyflawnder yr amser fe ddaeth fy nhaid yn benteulu ar y tyddyn hwnnw.

Am rai blynyddoedd cyn hynny, roedd John Lloyd, fy nhaid, wedi gorfod gadael Cwm Penanner i fynd i chwilio am waith.

Pa mor bell yn ôl yn eich hanes y medrwch chi gofio? Mae rhai o'm ffrindiau'n codi braw arnaf i trwy ddweud eu bod yn medru cofio pobol a phethau pan oeddynt yn flwydd neu ddwyflwydd oed. Mae'n rhaid mai rhyw wendid cof sy'n peri na fedraf i gofio dim oll o'r profiadau a gefais hyd nes i mi gyrraedd tua phedair mlwydd oed. A dyna pam rwyf yn gorfod dweud gyda gofid mawr nad wyf yn cofio Taid Penbryn o gwbl, er fy mod yn deirblwydd oed pan fu ef farw, ac felly, yn ôl rhai o'r gwybodusion, fe ddylwn fedru ei gofio.

Mae hyn yn fy mhoeni braidd, oherwydd fe lwyddodd John Lloyd – fy nhaid – i wasgu mwy o brofiadau i mewn i'w fywyd cynnar nag y gall y rhan fwyaf o bobol ei wneud mewn oes gyfan, a byddwn wedi bod wrth fy modd yn cael ei holi. Cafodd ei gario ddwywaith ar y Goets Fawr; cafodd ei anfon i ffwrdd i weithio drigain milltir o'i gartref pan oedd nad ond deng mlwydd oed; bu'n dyst i grogi cyhoeddus yn nhref Amwythig; yn ei laslencyndod, bu'n gweithio ar y dociau yng Nghei Conna; bu'n gweithio mewn gwaith dur a threuliodd gyfnod yn y jêl. Byddai

10

gwrando arno'n dweud yr hanes wedi bod yn werth chweil, ond hyd yn oed pe medrwn ei gofio, erbyn diwedd ei oes roedd yr atgofion wedi pylu, ar wahân i ambell stori mwy cyffrous na'i gilydd oedd wedi'i serio ar y cof bregus hwnnw.

I'r Amwythig y bu'r daith fawr gyntaf yn ei hanes. Roedd perthynas iddo'n byw yno, a hithau'n briod â gŵr oedd yn gwneud bywoliaeth fel cowper. Tybiwyd mai syniad da fyddai anfon John ato i ddysgu crefft, ac yno yr aeth Taid, yn blentyn deng mlwydd oed, ar y Goets Fawr o Gerrigydrudion i dre'r Amwythig. Brodor o Drisant yng Ngheredigion oedd Thomas Jones, y Cowper, ac roedd ei gartref ar gyrion un o sgwariau'r dref. Roedd ganddo ef a'i wraig lond tŷ o blant, a byddai criw o brentisiaid hefyd yn gweithio yno – y mwyafrif ohonynt a'u cartrefi yn y dref.

Ychydig a feddyliai fy hen-nain ei bod wedi anfon ei mab i weithio gyda dyn pur greulon – dyn a fyddai, ar brydiau, yn defnyddio chwip i gosbi gwaith gwael neu unrhyw gamymddygiad arall. Yn ôl chwedloniaeth y teulu nid oedd ei briod, Jane, lawer iawn gwell nag ef, er ei bod yn un o ddisgynyddion Teulu Defeity. Mae'n ddiddorol nad oes unrhyw awgrym o hyn i'w weld yn hanes Thomas Jones fel y cafodd ei groniclo yn y llyfr *Hanes Methodistiaeth Trefaldwyn Isaf*; yno, canmolir ei sêl dros yr achos Methodistaidd Cymraeg yn yr Amwythig, a chaiff ei ganmol yn arbennig am ei waith yn yr Ysgol Sul. Mae'n amlwg nad oedd Thomas Jones yn arfer mynd â'i chwip gydag ef i Gyfarfodydd Misol na Sasiynau ei enwad!

Bu fy nhaid yn dyst i grogi cyhoeddus ar un o sgwariau'r dref. Gweithiwr amaethyddol oedd yn cael ei grogi, a diddorol yw sylwi mai Cooper oedd ei gyfenw. Ar wahân i erchylltra'r dienyddiad ei hun, yr hyn a lynodd yng nghof Taid oedd ymateb gorffwyll y dyrfa fawr oedd wedi ymgasglu i weld y weithred ysgeler. Roedd y dorf yn udo am gael gweld Edward Cooper druan yn derbyn ei dynged, a phawb oedd yno fel petaent yn gweiddi 'Hang the bugger!' ar uchaf eu lleisiau. Gwnaeth hyn oll argraff fawr ar y Cymro ifanc.

Treuliodd Taid ddwy flynedd anhapus iawn o dan gronglwyd Thomas Jones a Jane, ei briod, ac ar ôl iddo dderbyn cweir filain gan ei feistr un noson, a'i gyhuddo o gyflawni rhyw fân droseddau yn ei erbyn, penderfynodd Taid na fedrai ddioddef cael ei drin fel hyn am un diwrnod yn rhagor. Ac yng nghefn trymedd nos, fe sleifiodd allan drwy'r ffenestr gyda dim ond dwy geiniog yn ei boced, gan anelu am Ffordd Caergybi a fyddai'n mynd ag ef i gyfeiriad ei gartref. Roedd y cartref hwnnw dros drigain milltir i ffwrdd.

Mae'n anodd deall sut y llwyddodd bachgen deuddeg mlwydd oed i gyrraedd tref Llangollen. Ond dyna a wnaeth, er ei fod bron â llwgu ac wedi blino'n arw. Yn Llangollen y digwyddodd yr unig beth ffodus a ddaeth i'w ran, ac yma mae'n dibynnu pa fersiwn o esboniad Taid sy'n gywir. Yn ôl F'ewythr John, dod o hyd i le ar stepen gul y Goets Fawr oedd yn aros i'r ceffylau gael eu newid a wnaeth y bachgen, a hynny'n ddi-ganiatâd. Yn ôl fy mam, lwc dda fy nhaid oedd mai'r un gyrrwr oedd yng ngofal y goets ar y diwrnod hwnnw ag a oedd yn ei yrru ddwy flynedd ynghynt. Fe gofiodd wyneb y bachgen ifanc eiddil oedd yn aros yng Ngherrigydrudion i gael ei gario i'r Amwythig. Gwelodd yr un bachgen yn awr â golwg flinedig iawn arno, ac fe dosturiodd wrtho. Pa stori bynnag sy'n gywir, dod adref a wnaeth y bachgen oedd erbyn hyn yn llanc deuddeg oed, ac fe gafodd groeso mawr.

Ond roedd bywyd yn galed yn Nhŷ-isa'r-cwm, ac arian yn brin. Ymhen rhai blynyddoedd, oherwydd fod teulu-oedd cefn gwlad Uwchaled yn wynebu gwasgfa ariannol lem ym mlynyddoedd y chwedegau, penderfynodd fy nhaid fynd oddi cartref unwaith yn rhagor i chwilio am waith. Clywsai fod cyflog da i'w gael yn Sir y Fflint, gan fod dociau Cei Conna'n brysur iawn yn y cyfnod hwnnw, ac yn galw am weithwyr. Mae'r rhan hon o stori Taid o ddiddordeb arbennig i mi, gan fy mod i bob amser wedi tybio mai fi oedd yr aelod cyntaf o'r teulu i wneud cysylltiad â Sir y Fflint pan briodais Beryl o'r Berthen-gam, ger Treffynnon, yn y flwyddyn 1955. Ond na! Roedd Taid wedi bod y gweithio ar y dociau yn Nghei Conna bedwar ugain mlynedd ynghynt.

Ar ôl cyfnod o weithio ar y dociau yn Sir y Fflint, bu raid i fy nhaid wneud dau benderfyniad pwysig a oedd i ddylanwadu ar weddill ei fywyd. Roedd wedi bod yn canlyn merch ifanc o'r enw Winifred Roberts, ac fel yntau fe gafodd hithau ei geni yn y flwyddyn 1850. Roedd ei chartref hi yn Llanfihangel Glyn Myfyr, ac fe fyddai'n ddiddorol gwybod pa bryd y cychwynnodd y garwriaeth rhyngddynt. Y cwbl a wyddom yw mai dim ond rhyw gwta bum milltir sydd rhwng Tŷ-isa'r-cwm a phentre Llan-fihangel, ac ni fedrwn ond dyfalu bod y ddau wedi cytuno i briodi rhyw ddydd a ddaw – cyn iddo ef adael yr ardal i fynd draw i Sir y Fflint i weithio.

Y newid arall a ddigwyddodd yn y flwyddyn 1874 oedd iddo gael cynnig gwaith newydd yng Ngwaith Dur Brymbo yn Sir Ddinbych. Llwyddodd i gael tŷ ar osod, ac wedi'r briodas yno y daeth y ddau i 'ddechrau byw' (yn ôl ymadrodd pobol Uwchaled). Enw ei gyflogwr newydd oedd Henry Robertson – y gŵr a fu'n rhannol gyfrifol am adeiladu rheilffordd i gwmni'r GWR i fyny Dyffryn Dyfrdwy o Langollen hyd y Bala. Roedd ef yn un o berchnogion Gwaith Dur Brymbo, ac erbyn hynny'n dirfeddiannwr ym Mhenllyn, ar ôl iddo brynu stad y Pale yn Llandderfel.

I'w gwmni ef, felly, y dechreuodd John Lloyd weithio ar

13

ôl priodi, a gwnaeth y pâr eu cartref cyntaf ym mhentref Brymbo. Ar 10 Hydref 1875 fe aned mab i John a Winifred, ac fe'i bedyddiwyd ef yn John Ambrose, gan roi iddo'r un enw â cherddor mwyaf poblogaidd y cyfnod o dref Yr Wyddgrug. Ond ni pharhaodd eu llawenydd yn hir, ac ar ôl gwaeledd byr bu farw'r baban ar 27 Hydref yn yr un flwyddyn.

Ymhen dwy flynedd, fe gawsant eu bendithio â mab arall ar 11 Awst 1877, ac fe'i bedyddiwyd ef yng nghapel Brymbo, gan roi iddo'r enw David. Y David hwn a ddaeth, yng nghyflawnder yr amser, yn Ewythr Dafydd i mi.

Yn weddol fuan wedi hyn, penderfynodd y teulu bach symud yn ôl i Uwchaled, i fyw yn Nghwm Penanner. Nid oes gennyf fanylion am y mudo, ond gwn mai ar 9 Gorffennaf 1878 y ganwyd merch gyntaf y teulu bach. Bedyddiwyd y baban newydd ag enw ei mam, sef Winifred, ac yn eu cartref newydd yn Nhŷ-isa'r-cwm y bu'r bedydd. Ac wrth i'r teulu gynyddu, yn Nhŷ-isa'r-cwm hefyd y bedyddiwyd tair chwaer ac un brawd a aned rhwng 1881 a 1886, sef Jane ar 6 Mawrth, 1881; Margaret ar 9 Gorffennaf, 1882; Catherine fy mam ar 1 Ebrill, 1884 a John ar 12 Chwefror, 1886.

Erbyn yr 1880au roedd gwrthryfel gwerin gwlad yn erbyn yr orfodaeth i dalu'r degwm i goffrau'r Eglwys yn datblygu'n fater llosg iawn mewn sawl ardal yng Nghymru, ond yn unman yn fwy llosg nag yn ardal Uwchaled. Roedd gwerin amaethyddol yr ardal yn benderfynol fod yn rhaid gwneud safiad, ac fe ymddengys fod fy nhaid ymhlith y nifer o fân ddyddynwyr oedd am ddangos eu gwrthwynebiad, costied a gostio. Cynhaliwyd sawl cyfarfod i geisio trefnu sut i rybuddio ardal gyfan pe deuai atafaelwyr i'r fro i feddiannu anifeiliaid o ddyddyn-nod y ffermwyr hynny nad oedd wedi talu'r degwm. Yn ôl y sôn, roedd fy nhaid yn un o'r rhai oedd wedi siarad yn huawdl yn y cyfarfodydd hynny o blaid gwrthod talu.

Ym mis Mai a mis Mehefin 1887 y daeth pethau i'r berw. Roedd person Eglwys Llangwm wedi mynnu cael y taliad degwm yn llawn, heb unrhyw ostyngiad. Yn wyneb hyn, gwnaeth 24 ffermwr o'r ardal eu penderfyniad terfynol i wrthod talu. Ar 18 Mai 1887 anfonwyd swyddogion i ardal Llangwm gyda'r bwriad o nodi pa anifeiliaid yr oedd yn fwriad ganddynt eu hatafaelu yn lle'r taliad degwm. Ond ni lwyddasant i ymweld â mwy na 4 allan o'r 24 fferm, oherwydd fod tyrfa wedi ymgasglu i'w rhwystro.

Am 6 o'r gloch y bore ar y ddiwrnod cyntaf Mehefin yn yr un flwyddyn, daeth dau ddwsin o heddweision Sir Ddinbych i Langwm i geisio cadw trefn ar dros dri chant o bobol yr ardal oedd wedi ymgasglu yno. Daeth arwerthwr o'r enw ap Mwrog i'r pentref i werthu'r anifeiliaid, ond ni dderbyniwyd unrhyw gynnig am yr un ohonynt. Aeth y swyddogion i gyd adref heb dderbyn yr un geiniog.

Rai dyddiau'n ddiweddarach, gan dybio y byddai pethau wedi tawelu, fe ddaeth yr arwerthwr a'i ddynion i ardal Llangwm unwaith yn rhagor, ond roedd y trigolion lleol wedi trefnu cyfres o danau ar y bryniau a chanwyd sawl utgorn i rybuddio'r fro gyfan. Codwyd braw ar geffylau'r ymwelwyr, gan beri iddynt redeg i ffwrdd mewn dychryn. Gafaelwyd yn yr arwerthwr a'i ddynion a'u gorymdeithio i gyfeiriad tref Corwen, ddeng milltir i ffwrdd. Ger Pont y Glyn, gafaelwyd yn ap Mwrog a'i ddynion gan fygwth eu taflu dros ochr y dibyn i'r afon islaw os na fyddent yn addo na ddeuent byth eto'n ôl i atafaelu yn Uwchaled. Yna, gan orfodi'r ymwelwyr i droi eu cotiau tu chwith allan, ac yna eu gwisgo, ymlaen â hwy am Gorwen. Ger Pont Felin Rhug, cafwyd egwyl fer i orffwyso, ac yna, cyn ailddechrau cerdded, traddododd fy nhaid anerchiad byr i ofyn i bawb fod ar eu hymddygiad gorau wrth gyrraedd y dref.

Roedd popeth yn eithaf trefnus nes cyrraedd yr orsaf yng Nghorwen, a gwelwyd fod trên LMS ar fin cychwyn i gyfeiriad Dyffryn Clwyd. I fyny dros bont y rheilffordd yr aeth yr orymdaith, gan roi'r arwerthwr a'i griw yn ddiogel ar y trên. Dyna lle'r aeth pethau'n flêr. Unwaith ar y trên, fe dybiodd y dynion eu bod yn ddiogel, a dechreuasant dynnu wynebau a gweiddi bygythion. Ond gan nad oedd y trên eto wedi symud, gwylltiodd y dyrfa, maluriwyd sawl ffenestr ar y trên, ac fe alwyd am yr heddlu.

O ganlyniad i hyn, ac oherwydd ymddygiad bygythiol gwerin gwlad yn Llangwm – a hefyd oherwydd y bygythiadau a wnaed ger Pont y Glyn – bu raid i nifer sylweddol o ffermwyr Uwchaled ymddangos ger bron y Brawdlys yn Rhuthun, a gorfu i rai o 'arweinyddion' Rhyfel y Degwm dreulio noson neu ddwy yn y jêl. Bu achos llys yn eu herbyn, ond fe'u rhyddhawyd oll ar ymrwymiad o £20 yr un i ymddangos o flaen y Barnwr eto os byddai galw. Dychwelodd 'Merthyron y Degwm' i Uwchaled yn arwyr yng ngolwg eu cyd-Gymry. Dychwelodd Taid i Dŷ-isa'r-cwm, ac fe ddaeth 'stori'r jêl yn Rhuthun' yn un o hoff straeon ei blant ger y tân ar fin nosau oer y gaeaf yng Nghwm Penanner.

Ond gaeaf pur lwm oedd yn ei aros pan wawriodd y flwyddyn 1888. Cafodd fy nhaid rybudd gan asiant y meistr tir yn awgrymu'n gryf mai gwell fyddai iddo chwilio am ddyddyn arall. Barn rhai o'r teulu yw mai cosb am iddo fod yn ŵr amlwg ym mrwydr y degwm oedd y rheswm dros y bygythiad, ond mae eraill wedi awgrymu hefyd efallai bod rheswm ychwanegol, sef bod John Lloyd wedi pledio achos y Rhyddfrydwyr yn rhy uchel a huawdl i blesio gŵr y plas. Sut bynnag, ar droad y flwyddyn, roedd y teulu cyfan o wyth yn chwilio am gartref newydd.

Dyna pryd y bu rhagluniaeth yn garedig wrthynt. Fe glywodd fy nhaid fod tyddyn i'w gael ar osod ar fin y briffordd rhwng Corwen a'r Bala; Penbryn, Bethel oedd enw'r fferm, ac yr oedd yn rhan o stad y Pale yn Llandderfel. Y perchennog oedd Henry Robertson, y cyfeiriwyd ato eisoes. Ac fel y mae'n digwydd bod, yr oedd hefyd yn Rhyddfrydwr! Ato ef yn y Pale yr aeth John Lloyd yn fuan ar ôl clywed am Benbryn. Cafodd weld Mr Robertson ei hun, ac yn ôl pob sôn, ei frawddeg gyntaf wrth y gŵr mawr oedd, 'I used to work for you, Sir, in Brymbo'. A dyna sut y cafodd un o Lwydiaid Defeity denantiaeth Penbryn, Bethel, ac fel pe bai i ddathlu'r achlysur, fe anwyd plentyn iddynt a hynny ar ddyddiad hynod iawn, sef 29 Chwefror 1888. Daeth Robert Lloyd i'r byd – yr unig un o blant John a Winifred Lloyd i gael ei eni ym Mhenbryn. Ac ef oedd yr olaf.

Dyna beth o hanes cynhyrfus fy nhaid. Ym Mhenbryn y treuliodd weddill ei oes hyd nes i f'ewythr Dafydd – y mab hynaf – gymryd yr awenau. Soniwyd eisoes fod cof fy nhaid wedi dechrau pylu yn ystod ei flynyddoedd olaf, ac arferai dreulio peth amser yn aros yng nghartrefi rhai o'i blant. Byddai'n aros am tua mis cyn symud at y nesaf am oddeutu'r un cyfnod o amser. Mae un stori amdano yn ystod y cyfnod anghofus hwn, a f'ewythr John a'i deulu yn ei ddisgwyl ym Mhenbryn, Glan'rafon. Gwyddent y byddai'n cyrraedd rywdro cyn diwedd yr wythnos, ond nid oeddynt yn sicr ar ba ddiwrnod yn hollol.

Sut bynnag, ar ddydd Iau yr wythnos honno, roedd rhyw berthynas go sidêt wedi trefnu i deithio i'w gweld am y diwrnod ym Mhenbryn. Roedd ei chartref hi gerllaw Wrecsam, a theithiodd ar y trên i Gorwen, ac wedyn ar fws i Glan'rafon, cyn cerdded y filltir lechweddog olaf hyd at y tŷ. Rhoddwyd croeso tywysogaidd iddi ar ddechrau'r prynhawn, a phan ddaeth amser te roedd y lliain gorau wedi'i osod ar fwrdd y gegin, a'r llestri tsieni gorau'n sgleinio'u croeso i'r ymwelydd. Roedd y tegell wedi berwi, a'r te gorau'n mwydo yn y tebot, pan ddaeth cysgod heibio'r ffenestr. Pwy gerddodd i mewn ond Taid, oedd wedi cyrraedd i dreulio'i fis ym Mhenbryn, Glan'rafon.

Gwelodd fod yno wraig ddieithr, a phrysurodd i ddweud y byddai ef yn iawn yn eistedd ar y soffa rawn o dan y cloc, ac y câi baned wedi i bawb arall orffen. Eisteddodd yno'n dotio at y steil ar fwrdd y gegin. Ni chredai ei fod wedi cyfarfod y Miss Evans hon erioed o'r blaen, a chwiliodd yng nghelloedd ei gof am rywbeth y medrai ef ei gyfrannu at y sgwrs. Cofiodd am ei hanes yn yr Amwythig ar y prynhawn y bu'n gwylio crogi Edward Cooper, ac fe aeth ati i ddweud yr hanes, gan ymgolli ym manylion y stori, a chan dybio ei fod yn diddanu Miss Evans. Fe ddaeth at yr uchafbwynt, a'r dyrfa'n crochlefain am ladd y dihiryn. Roedd Taid wedi mynd i mewn i ysbryd y ddrama, ac fe atseiniai bonllefau'r dorf o gwmpas y distiau ym Mhenbryn.

'Hang the bugger' . . . 'Hang the bugger' . . . 'Hang the bugger'. . . meddai Taid ar ucha'i lais.

Ac yna, yn sydyn, dyma Miss Evans yn codi, yn cipio'i chôt o'r tu ôl i'r drws, ac yn mynd ar ffagal drot i chwilio am y bws i fynd â hi'n ôl i wareiddiad sidêt unwaith yn rhagor yn Wrecsam.

Dyna John Lloyd, fy nhaid – gŵr y byddwn wedi hoffi cael ei gyfarfod pan oedd yn anterth ei nerth. Ond doedd hynny ddim i fod a rhaid, bellach, fodloni ar straeon amdano. Rwy'n ddyledus iawn i dri o'i blant am iddynt rannu'u hatgofion gyda mi.

F'ewythr Dafydd (g. 1877) oedd yr hynaf o'r genhedlaeth newydd o deulu'r Llwydiaid, a'r unig un o'r teulu i gael ei eni ym Mrymbo, yn y flwyddyn 1877. Ef a ddaeth i ddenantiaeth Penbryn, Bethel ar ôl ei dad, gan fod y ddau frawd arall eisoes wedi symud oddi cartref cyn i Taid roi'r gorau i ffermio. Yno y cofiaf f'ewythr Dafydd, pan fyddem yn galw ym Mhenbryn. Gŵr tawel a gofiaf fi, er y byddai Mam yn dweud ei fod yn arfer bod yn dipyn o adroddwr pan oedd yn iau – un dramatig a thanllyd iawn, yn ôl pob sôn.

Pan fyddem yn ymweld â Phenbryn, byddai Mam ac yntau'n hel atgofion am y dyddiau gynt, pan oedd yr aelwyd yn llawn prysurdeb a bwrlwm, gyda saith o blant parablus yn byw yno. Cofiaf hwy'n sôn un tro am ffotograff o'r teulu a dynnwyd tua'r flwyddyn 1899. Roedd y llun wedi'i fframio, ac yn crogi ar wal y gegin yn edrych i lawr arnom. Buom yn astudio'r darlun, ac yn chwerthin wrth weld mai o flaen wal y beudy roedd y ffotograffydd wedi dewis tynnu llun y grŵp, gyda'r ddau gloerdwll yn y wal yn amlwg iawn yn y llun. Pe byddai wedi mynd hyd at ben draw'r buarth, byddai wedi cael llawer gwell golygfa'n gefndir!

Yn ystod un ymweliad, cofiaf fy mam a minnau'n mynd ar draws y caeau hyd at ffynnon bach y Cwm. Oddi yno y byddent yn mofyn eu dŵr yfed, ac fe honnai fy mam mai dyna'r dŵr gorau yn y byd. Erbyn heddiw, mae elfen o dristwch yn dod i mi wrth sôn am y ffynnon, oherwydd yn ystod gwaeledd olaf fy mam ym 1958, fe ofynnodd am gael llymed o ddŵr o ffynnon fach y Cwm, a bûm innau yno'n mofyn llond fflasg thermos ohono. 'Bendigedig' oedd ei hymateb wrth iddi ei yfed.

Roedd Catherine, merch f'ewythr Dafydd, yn fwy dieithr na'm cyfnitherod eraill oherwydd ei bod oddi cartref yn gweithio ers blynyddoedd. Yn ystod yr Ail Ryfel Byd gadawodd ei gwaith i fynd i weithio i'r NAAFI, a chofiaf ei gweld un diwrnod pan oeddwn i wedi mynd i aros gyda fy modryb a'i theulu yn Hen Golwyn. Galwodd Catherine yno, ac aros dros nos. Y bore wedyn, penderfynais fynd ar y bws i Fae Colwyn, ac roedd hithau'n teithio gyda mi. Yn wir, dywedodd ei bod am dalu am fy nhocyn. Ac meddai

19

wrth y gwerthwr tocynnau, 'One and a scholar, please'. Ni wnaeth neb arall erioed, na chynt na chwedyn, fy ngalw i'n ysgolor. Mae'n rhaid ei bod hi'n ddynes graff!

Bu Catherine yn arbennig o garedig wrth ei thad hefyd yn ystod ei flynyddoedd olaf, ac rwy'n edifar na fyddwn wedi gweld mwy ohoni er mwyn cael gwybod mwy o'i hanes.

Roeddwn yn fwy cyfarwydd â theulu'r Fedw, Llanycil, ger y Bala. Yno roedd Dodo Winifred (g. 1878) a'r teulu'n byw. Mai, merch hynaf Dodo Winnie, oedd yr unig un o blant y Fedw i aros ym Mhenllyn, a phe byddwn yn crybwyll mai yn Hafod-yr-Esgob, Cwm Tirmynach, yr oedd ei chartref ar ôl iddi briodi, fe ddichon y byddai myrdd o ffermwyr Cymru yn moeli'u clustiau, gan ddweud 'Gwartheg Duon', fel côr adrodd. Pery ei merch, Gwenfair, i gynnal y traddodiad hwnnw hyd heddiw yn yr hen gartref, ac mae ei dwy chwaer bellach yn Sir Amwythig a Glyn Ceiriog.

I'r weinidogaeth gydag enwad yr Annibynwyr yr aeth Trebor, ac am y rhan fwyaf o'i yrfa bu'n weinidog ar eglwys y Tabernacl, Treforys yng Nghwm Tawe – eglwys a elwir weithiau'n eglwys gadeiriol yr Annibynwyr. Mae'r Tabernacl yn gapel anferth, ac fe gofiaf fod ynddo ar y nos Sul cyn i Eisteddfod Genedlaethol Pen-y-bont-ar-Ogwr agor ar y bore Llun canlynol. Roeddem ni fel teulu'n aros yng nghartref Trebor yn Nhreforys, a chawsom gyfle i fynd i rihyrsal olaf Côr Meibion Orffiws, a oedd yn paratoi at gystadlu ar ddiwedd yr wythnos, dan arweinyddiaeth Ifor Sims. Safai ef yn y pulpud, a'i gôr yn ymddangos fel petaent hanner milltir i ffwrdd ar yr oriel uwchben y cloc. Roedd eu canu'n wefreiddiol, a'r hyn a aeth â'm sylw oedd y ffaith nad oedd yr arweinydd prin yn symud ei freichiau, ond roedd ymateb ei gôr iddo'n ddim llai na gwyrthiol. Yn y dyddiau hynny roedd Côr Meibion Orffiws, Treforys, ymhlith cystadleuwyr cyson ein Prifwyl. Trueni eu bod wedi peidio.

Priododd Gwen, y Fedw, â gweinidog gyda'r Presbyteriaid, gan ymgartrefu yn Lerpwl ac yna gerllaw Caernarfon. Bu Emlyn yn gweithio adref yn y Fedw am gyfnod, cyn symud i fyw i'r Ffôr ger Pwllheli. Megan a deithiodd bellaf o holl blant y Fedw, gan fod ei phriod yn y Llu Awyr, ac felly'n cael ei symud yn weddol aml i fannau pellennig.

Roedd Dodo Jane (g. 1881) yn gymeriad diddorol iawn, ac fe ddeuthum i'w hadnabod yn well na'r modrabedd eraill gan mai i'w chartref hi yn Hen Golwyn y byddwn yn arfer mynd i dreulio peth o'm gwyliau ar lan y môr. Cyn priodi, roedd hi wedi bod yn gweini byddigions yn ninas Lerpwl, ac roedd ganddi ddawn y cyfarwydd wrth adrodd hanes rhai o'r argyfyngau y bu ynddynt yn ystod y cyfnod hwnnw. Ar ôl iddi briodi Richard Wynne, ymgartrefwyd yn Hen Golwyn, gan sefydlu busnes gwerthu dillad yn London House yn gyntaf, cyn symud i siop fwy moethus o'r enw'r Regent. Roedd cartref Dodo Jane yn dŷ agored i Gymry ifanc a ddeuai i weithio ar y glannau, a bwrlwm a hwyl bob amser yn nodweddu'r aelwyd.

Roedd ei phriod, Yncl Wynne, yn hanu o Sir y Fflint, ac roedd yn dynnwr coes o'r radd flaenaf. Nid oedd modd dweud pa bryd yr oedd o ddifrif a pha bryd yr oedd yn cellwair. Cafodd fy mam brofiad o'i dynnu coes, a fu bron â chodi hunllef arni. Pan oeddem ni fel teulu'n byw yn Brithdir, ger Dolgellau, a minnau'n saith oed, penderfynwyd y buaswn i – am y tro cyntaf erioed – yn cael aros yng nghartref Dodo Jane ar fy mhen fy hun, ac y byddai fy rhieni'n dod i'm cyrchu adref ar ddiwedd yr wythnos. Pan oedd fy rhieni ar fin cychwyn am adre, a'm gadael i yno ar ddechrau fy 'ngwyliau', fe gofiodd fy mam yn sydyn fod plant capel Hebron, Hen Golwyn, yn arfer dweud adnod yn gyhoeddus yn y gwasanaeth bore Sul. Nid oedd hyn yn arferiad yng Nghapel Brithdir. 'Mae popeth yn iawn, Kit,' meddai Yncl Wynne, 'mi wna i ofalu am adnod iddo fo.' Ac i ffwrdd â nhw am Sir Feirionnydd.

Ar y dydd Sadwrn dilynol, fe ddychwelodd fy rhieni a deall fy mod wedi mwynhau fy hun yn fawr, ac wedi bihafio. Ac yna'n sydyn, fe gofiwyd am yr adnod. 'Ydi Yncl Wynne wedi dysgu adnod i ti?' holodd Mam. 'Ydi,' atebais yn reit hyderus. 'Wel, gad i mi ei chlywed hi, te,' gorchmynnodd. A dywedais innau'n gwbl ddiniwed, 'Profwch bob peth, ond deliwch yn Siop Wynne.' Bu bron i Mam gael haint! Rydw i wedi meddwl sawl tro y byddai cynulleidfa Hebron wedi mwynhau'r jôc, pe bai fy Mam heb holi!

Roedd fy nghefnder, Ifor, oddi cartref yn gweithio yn y banc, ond roedd fy nwy gyfnither, Myfanwy a Gwyneth, yn gwmni gwerth chweil, ac yn gwybod i'r dim sut i drin a thrafod hogyn oedd yno ar ei wyliau.

Ni welais chwaer arall fy mam erioed. Bu farw Margaret (g. 1882) (neu Ilw fel y byddent yn ei galw am ryw reswm) o lid yr ymennydd pan oedd hi'n bedair ar hugain oed. Roedd ei cholli'n ergyd drom i'r teulu oll, oherwydd roedd hi'n ferch ifanc brydweddol ac yn llawn bywyd. Bu farw flwyddyn ar ôl i dwymyn y Diwygiad ysgubo trwy Gymru. Cafodd pobl ifanc ardal Glan'rafon eu dylanwadu'n drwm ganddo, ac yn eu plith blant Penbryn, Bethel. Cofiaf fy mam yn hel atgofion am y cyfnod hwnnw, ac adroddai fel yr oedd pedwar ohonynt, un noson loergan leuad, yn cerdded y ddwy filltir adref i Benbryn ar ôl bod yn un o gyfarfodydd y Diwygiad, a'r pedwar yn oedi ar eu siwrne wrth giât Braich-du i ganu'r emyn 'Y Gŵr wrth Ffynnon Jacob'. Fel y digwyddai, roedd John yn denor, Bob yn faswr, Margaret yn alto, a hithau, Catherine, yn soprano. Byddai wedi bod yn braf cael eu clywed.

Ni ddywedaf air yn y fan yma am Catherine (g. 1884) a'i

phlant, gan y daw cyfle i sôn amdanynt eto. Yn hytrach, af ymlaen i ddweud gair am y nesaf yn nhrefn y teulu, sef John (g. 1886). Dau lygad glas, glas, llais tenor hyfryd, a dawn i sgwrsio a rhyfeddu. Dyna nodweddion f'ewythr John. Cafodd ef denantiaeth y Penbryn arall sydd yn fy stori, sef Penbryn, Glan'rafon, ac yno y bu'n ffermio hyd nes iddo fynd heibio oedran ymddeol. Yn y Penbryn hwn hefyd y magwyd Tecwyn, neu D. Tecwyn Lloyd, yr awdur a'r beirniad llenyddol.

Roeddwn yn adnabod f'ewythr John yn well na'r un o'r brodyr a'r chwiorydd eraill oherwydd fy mod wedi teithio'r dair milltir i Benbryn ar fy meic bob bore Sadwrn drwy gyfnod yr Ail Ryfel Byd i mofyn deubwys o fenyn a llond can o laeth enwyn, a byddai f'ewythr a minnau'n ymddiddan yn hir ac yn rhoi'r byd yn ei le. Roedd ganddo ddawn i dynnu plentyn i sgwrsio, yn rhannol oherwydd ei fod wedi cadw dawn plentyn i ryfeddu. Rwy'n cofio dweud wrtho rhyw fore bod fy nhad wedi mynd i bwyllgor yn Nolgellau. 'Wel, taw da ti,' meddai, 'wedi mynd i Ddolgellau!' Yn union fel pe bai fy nhad wedi mynd i Siberia!

Ar ôl iddo ymddeol, fe aeth Tecwyn ag ef ar wyliau i Awstria, ac roedd gwrando arno'n dweud yr hanes pan ddaeth adref yn brofiad ynddo'i hunan. Gallech fynd ar eich llw ei fod wedi cyfarfod â Mozart yn y cnawd, ac roedd ei ddisgrifiadau o rai o'r golygfeydd a'r adeiladau a welodd yn gwbl gyfareddol.

Wrth gwrs, roedd digon o ddawn rhyfeddu a disgrifio gan Tecwyn ei fab hefyd. Cofiaf un ymweliad a wnaethom fel teulu â Phenbryn pan oeddwn i tua saith mlwydd oed. Roedd hi'n fin nos braf o haf, a'm rhieni wedi mynd am dro o amgylch y caeau gyda f'ewythr a'm modryb, gan adael Tecwyn i ofalu amdanaf i. Roedd ef bryd hynny ar fin dechrau yn y coleg ym Mangor, os cofiaf yn iawn. Fe

aethom i'r tŷ, lle dechreuodd Tecwyn ddweud stori.
Dechreuodd sôn am y grât, lle roedd dau nobyn pres ar y
cwfl oedd yn gwthio allan uwchben y tân. Yn ôl Tecwyn,
llygaid yr ysbryd oedd yn byw yn y grât oedd y rhain, ac
roedd yn berygl rhoi gormod o broc i'r tân, neu byddai'r
ysbryd yn cynhyrfu ac yn dod allan. Ni fûm erioed yn fwy
balch o glywed sŵn traed fy rhieni nag oeddwn y noson
honno!

Flynyddoedd yn ddiweddarach, clywais amdano'n
dweud straeon ysbrydion ar ôl swper mewn cwrs ym
Mhlas Gregynog, a gwneud hynny mor effeithiol nes bod
nifer o'r merched oedd ar y cwrs yn rhy ofnus i fynd i'w
gwelyau!

Roedd ganddo yntau, fel ei dad, ddawn i fynd i fyd
plentyn. Ar ôl i ni symud i fyw i Gorwen, lle roedd gardd
bur fawr, fe dreuliodd Tecwyn a minnau ambell awr yn
chwarae cowbois ar hyd y llwybrau. A phan oeddwn
ychydig yn hŷn, ac ar fin sefyll yr arholiadau allanol yn yr
ysgol, roeddwn wedi ffoli ar griced, ac wedi cael gafael ar
lyfr defnyddiol o'r enw *How to Bowl*. Yng nghyfnod y
rhyfel, roedd golau dydd yn parhau hyd tua hanner awr
wedi deg bob nos oherwydd ein bod yn troi'r clociau
ymlaen ddwy awr. Un min nos, roeddwn wedi bod yn
ceisio mynd trwy fy ngwaith, a tua deg o'r gloch allan â mi
i fuarth yr ysgol gerllaw'r tŷ i ymarfer fy mowlio. Daeth
Tecwyn heibio, gan holi beth oeddwn yn ei wneud.
Dangosais y llyfr iddo gan ddweud fy mod yn ceisio
darganfod sut i fowlio *googly*. 'Mae hynny'n reit hawdd,'
meddai yntau. 'Roeddwn i wedi dysgu sut i fowlio *double
googly*,' ychwanegodd, 'sef y bêl yn llamu i'r dde yn gyntaf,
ac ar y naid nesaf yn llamu i'r chwith. Doedd gan y batiwr
ddim siawns yn f'erbyn i.' Rhyfeddais innau, a dweud,
'Wel, dangos i mi sut i wneud y fath beth.' Atebodd yntau,
'Mi fuaswn i'n gwneud hynny â chroeso, ond mi fûm yn

codi gwair i ben y gowlas heddiw'r pnawn, a rydw i wedi straenio f'ysgwydd. Tro nesa, efallai, os bydda i wedi gwella.'

Gyda chefnder fel hyn doedd ryfedd fy mod yn arfer edrych ymlaen at ei ymweliadau mynych. Roeddem yn ffodus ein bod yn byw yng Nghorwen, ac yntau'n byw dair milltir i ffwrdd ar y tir uchel. Os byth y byddai angen iddo ddal trên cynnar, arferai ddod atom i dreulio'r nos cyn dal y trên yn y bore. Felly hefyd pan ddeuai adref o'i grwydriadau. Ar ôl swper byddem yn cael hanesion ei holl deithiau, a hynny hyd oriau mân y bore.

Mae un eto ar ôl yn y genhedlaeth hon o'r Llwydiaid, ac efallai yr enw mwyaf adnabyddus ohonynt i gyd, sef Robert (1888) neu Llwyd o'r Bryn, neu Bob Lloyd, a'r unig un o'r teulu i gael ei eni ym Mhenbryn, Bethel. Priododd â merch y Derwgoed, ac yno y bu'n byw hyd nes iddo ymddeol. Roedd yn ŵr cyhoeddus; yn flaenor yng nghapel Cefnddwysarn; yn arweinydd eisteddfodau, yn adroddwr a gipiodd y brif wobr am adrodd yn Eisteddfod Genedlaethol yr Wyddgrug yn y flwyddyn 1923; yn hyfforddwr ac yn ddarlithydd. Ef oedd arweinydd Parti Cyngerdd Tai'r Felin; yr oedd hefyd yn feirniad. Ac ar ben hyn oll, roedd yn ffermwr.

Arferwn edrych ymlaen at gael mynd i aros yn y Derwgoed, oherwydd byddai llu o bobol yn galw, a byddai sgwrs ddifyr i'w chael yno bob amser. Nid oedd f'ewythr Bob yn gallu gyrru modur, ac eto arferai deithio llawer. Roedd yn gyfarwydd iawn ag amserlen gyrwyr lorïau llaeth hufenfeydd Rhydymain, Llandyrnog a Rhydygwystl, ac roedd yr holl yrwyr yn ei adnabod pan welent ef ar y briffordd. Dywedir mai ef a fathodd y gair ffawd-heglu. Yn ôl ei ddisgrifiad ef, y cwbwl a wnâi oedd cerdded y ffordd, edrych yn ei ôl, a gwneud wyneb disgwylgar.

Trwy aros yn y Derwgoed a gwrando ar y sgwrs y

dysgais i am ysgrifau Saunders Lewis a Gwilym R. Jones yn y *Faner*. Yno y clywais gyntaf erioed am D.J. Williams a Gwenallt, am Fois y Cilie ac am eisteddfodau Ceredigion. Deuai nifer o egin-adroddwyr yno i ymarfer adrodd ar gyfer eisteddfodau, a byddai raid rhoi stop ar bopeth ar adegau, i chwarae rymi neu liwdo. Ac yng nghanol yr holl brysurdeb byddai Anti Annie, ei briod, yn teyrnasu'n dawel a hamddenol.

Yno hefyd byddai Dwysan, eu merch. Roedd hithau'n adrodd ac yn canu'r piano. Fe gofiaf eu bod hwy a minnau wedi bod mewn cyngerdd yng Nghorwen un tro, ac am ddyddiau ar ôl hynny Dwysan fyddai Chas Clements, a minnau'n Thos Williams, a byddem yn canu rhannau o'r *Messiah* gan Handel, gyda f'ewythr yn canu pytiau yma ac acw. Roedd Dwysan yn hanesydd bro, fel y dengys y llyfr a gyhoeddwyd ganddi'n ddiweddarach, *Ardal y Pethe: Hanes Ardal y Sarnau* (Gwasg Carreg Gwalch, 1996). Roedd ganddi hefyd lawer o grefft yn ei dwylo, ac nid yw'n syndod fod ei mab, Eilir, wedi dangos dawn arbennig ym myd celf a cherflunio. Bellach, mae llu o erddi wedi'u cynllunio'n artistig iawn ganddo mewn gwahanol rannau o ogledd Cymru. Ym myd cerddoriaeth wedyn, mae Glian Llwyd, ei ferch ef a Heulwen, yn bianydd proffesiynol sydd â dyfodol disglair iawn o'i blaen. Fel y dywed yr hen air, 'Mae cyw o frid yn well na phrentis'.

Ie. Dyddiau braf oedd dyddiau'r Derwgoed, ac yno y dysgais y gwahaniaeth rhwng 'byw i ffermio' a 'ffermio i fyw'.

* * *

Ychydig dros gan mlynedd yn ôl, fe gamodd saith aelod o'r gangen hon o Lwydiaid Defeity dros drothwy canrif newydd. Ychydig a ddychmygent bryd hynny gymaint o newidiadau a datblygiadau y byddai raid iddynt eu hwynebu. Collwyd un ohonynt yn gynnar yn y ganrif, ond cafodd y gweddill fyw i weld hanner canrif a mwy o chwyldro mewn cymdeithas ac mewn ffordd o fyw. Bu pob un ohonynt, yn eu gwahanol ffyrdd, yn driw i'r fagwraeth a gawsant, gan wneud eu cyfraniad unigryw eu hunain i'w hardaloedd ac i'w cymdeithas.

TEULU AC IDDO
YSFA GRWYDROL

Yn wahanol i Lwydiaid Defeity, roedd elfen grwydrol yn perthyn i deulu'r Dafisiaid, ac yn eu blynyddoedd cynnar nid oedd iddynt ddinas barhaus. Ganed fy nhaid, William Richard Davies, yng Nghaergybi yn y flwyddyn 1857, lle bu ei dad yn glerc ar y rheilffordd yno. Oriadurwr oedd fy nhaid wrth ei alwedigaeth, hynny yw, atgyweiriwr clociau ac oriaduron – ac roedd yn falch o gael ei alw'i hun yn 'master watchmaker', yn ôl ffasiwn yr oes. Merch o Harlech oedd Nain, a'i henw cyn priodi oedd Mary Roberts. Cyn iddynt symud o Gaergybi i fyw, roedd eu mab hynaf William Caradog wedi'i eni iddynt ym 1878. Ond ar ôl gweithio yng Nghaergybi am nifer o flynyddoedd, symudodd Taid ei deulu i dref Caernarfon am gyfnod byr, ac yno ym 1879 y ganwyd eu hail fab, sef Mathew Henry. Ni fu eu harhosiad yn faith yno chwaith, cyn i'r teulu symud eto i Lanfyllin yn Sir Drefaldwyn, gan fyw a chynnal busnes yn Narrow Street yno. Bu'r teulu'n byw ym Maldwyn hyd 1894, ac erbyn hynny roedd Taid wedi cael cynnig gwaith fel asiant yswiriant a fyddai'n ychwanegu at ei incwm prin fel atgyweiriwr clociau.

Yn Llanfyllin y cafodd fy nhad, John Llewelyn, ac Evelina ei chwaer, eu geni – hi yn y flwyddyn 1881, a Nhad ym 1889. Cyn i blentyn olaf y teulu weld golau dydd, roedd Taid a'i deulu wedi symud eto; yn gyntaf i Lanfair-pwll ar Ynys Môn, ac yna i dref Conwy. O'i gartref yng Nghonwy yr aeth fy nhad i'r ysgol ramadeg, sef Ysgol John Bright, Llandudno. Cyn hir fe ddaeth mudo pellach, y tro hwn i Langollen, ac yno y ganwyd Goronwy yn y flwyddyn 1897, ac ef oedd y cyw melyn olaf. Yn Llangollen bu Taid yn rhedeg y ddau fusnes hyd ei farwolaeth yno ym 1932.

Roedd yr holl symud a fu yn hanes y Dafisiaid yn rhan ola'r bedwaredd ganrif ar bymtheg yn gwbl wahanol i sefydlogrwydd Llwydiaid Penbryn, Bethel. Mae'n wir i un o blant Penbryn fynd i weini yn Lerpwl cyn priodi, ac yna symud i fyw a sefydlu busnes yn Hen Golwyn, ond fe arhosodd y gweddill i bob pwrpas o fewn eu milltir sgwâr. Mor wahanol oedd hanes y Dafisiaid. Bron na feddyliech fod gwaed Romani yn eu gwythiennau! Ar y llaw arall, fe all fod y symud parhaus wedi rhoi iddynt fwy o amrywiaeth profiad.

Er na fu i blant cenhedlaeth hŷn y Dafisiaid godi pac mor aml ag y gwnaeth fy nhaid, eto i gyd, o ystyried hynt a helynt rhai o blith y pump oedd yn y genhedlaeth honno, mae'n amlwg fod ambell un ohonynt wedi etifeddu rhyw gymaint o'r hen ysfa symudol. Wrth gwrs, fe ddaeth y Rhyfel Byd Cyntaf ar warthaf rhai ohonynt, ac nid o'i wirfodd yr aeth fy nhad i ffosydd Ffrainc, er enghraifft. Fe ddichon fod yr un peth yn wir hefyd yn achos ei frawd ieuengaf, Goronwy. Yn sicr, yr un fwyaf sefydlog yn eu plith oedd eu chwaer Evelina (tybed o ble y cafwyd yr enw!) Sut bynnag, steil neu beidio, Anti Lena oedd hi i mi. Ac er iddi orfod symud cryn dipyn gyda gweddill y teulu yn ystod ei dyddiau cynnar, yn Llangollen y treuliodd y rhan helaethaf o'i bywyd.

William Caradog (g. 1878) oedd mab hynaf y teulu, ond nid oes gennyf gof i mi ei weld erioed. Nid yw Meinir, fy chwaer, chwaith yn cofio cyfarfod ag ef. Yng Nghaernarfon yr oedd yn byw, a merch o Gaernarfon o'r enw Elizabeth (Lizzie) oedd ei wraig. Bu iddynt ddau o blant; yr hynaf oedd Gwladys Mary, oedd yn athrawes yn ardal Caernarfon ar hyd ei hoes. Fe ddaeth yr hen ysfa grwydro i draed ei brawd, a thua canol y tridegau penderfynodd ei fod am ymfudo i Seland Newydd. Fel 'Dei New Zealand' y byddai gweddill y teulu'n sôn amdano byth ar ôl hynny. Credaf iddo ddod yn ôl adref un waith yn unig yn ystod ei fywyd, ond yn ei ôl yr aeth, gan briodi merch o dras Albanaidd o'r enw Flora. Arferai fy nhad anfon llythyr ato ar adeg y Nadolig bob blwyddyn i groniclo hanes y teulu, a byddai yntau'n ymateb yn yr un modd.

Athro crefft a pheirianneg yn un o ysgolion uwchradd Auckland oedd Dei, ac nid oedd hyn yn synnu dim ar fy nhad, gan ei fod yn un da iawn ei law bob amser. Yn ei lythyrau, fe fyddem yn cael llawer o hanes ei ysgol, a thîmau criced a rygbi Seland Newydd, ond prin iawn oedd hanes ei deulu. Fodd bynnag, dal i ohebu a wnâi fy nhad, a phan fu ef farw, daeth fy chwaer i'r adwy i barhau'r ohebiaeth flynyddol. Rhyw Nadolig, tua chanol blynyddoedd y nawdegau, ni ddaeth ateb oddi wrth Dei. Serch hynny fe anfonodd Meinir lythyr eto y flwyddyn ddilynol, rhag ofn fod llythyr wedi mynd ar goll yn y post. Eto, dim ateb. Daethom i'r casgliad fod Dei New Zealand wedi mynd at ei wobr.

Fe aeth blynyddoedd heibio, ac yna, tua mis Mai yn y flwyddyn 2001 derbyniais neges o'm hen ysgol – Ysgol Maes Garmon, Yr Wyddgrug – yn gofyn i mi alw i mewn, am fod e-bost wedi cyrraedd i mi. Bûm yn crafu fy mhen. Pwy ar y ddaear fyddai wedi ceisio cysylltu efo fi trwy e-bost Maes Garmon? Euthum yno a chanfod, er mawr syndod i mi, bod mab Dei New Zealand wedi dechrau cymryd diddordeb yn achau ei deulu, a thrwy rhyw ryfedd wyrth roedd wedi clywed fod gennyf fi gysylltiad ag Ysgol Maes Garmon. John Davies yw ei enw, ac mae'n brifathro ar ysgol gynradd fawr yn Auckland. Yn y ddinas honno y mae ei gartref, ac yn ôl ei lythyrau, mae'n hwyliwr ac yn 'sgotwr selog. Ac mae ei ysgrifen yn felltigedig o fân!

Bu ei ddwy ferch yma'n ein gweld, ac yn sydyn un diwrnod fe gawsom alwad ffôn yn gofyn a oeddem adref, gan fod ei chwaer, Margaret (nad oedd ef wedi sôn un gair amdani yn ei lythyrau) wedi cyrraedd cyn belled â Llangollen, ac yn awyddus i'n gweld. Cawsom sgwrs ddifyr gyda hi a'i phartner cyn iddynt fynd a'n gadael. Rhyfedd nad oedd John wedi sôn gair amdani yn yr un o'i lythyrau.

Rwy'n siŵr y byddai fy nhaid crwydrol yn teimlo'n falch bod o leiaf un gangen o'i deulu wedi cymryd y goes i bellafoedd daear. Wedi'r cwbwl, fedrai neb fynd ddim pellach!

Yn wahanol iawn i deulu Penbryn, Bethel, roedd bywyd a diddordebau teulu'r Dafisiaid yn gwbl wahanol i'w gilydd. Roedd gwaith pob un yn wahanol, ac felly hefyd y ffyrdd y treulient eu horiau hamdden.

Mathew Henry (g. 1979) oedd yr ail fab o'r un genhedlaeth â Nhad, ac i fyd masnach yr aeth ef, gan brentisio mewn siop groser fawr ym Mhenbedw ar lannau Mersi. Yr adeg honno roedd disgwyl i unrhyw un oedd am fod yn groser go iawn dreulio cyfnod pur faith fel prentis. Ac erbyn meddwl, yr adeg honno, nid oedd deall holl gyfrinachau grosera'n dasg hawdd, gan mai mewn sachau mawr y deuai siwgr a the a reis a nwyddau felly i'r siop. Byddai'n rhaid mesur a phwyso a thorri'r gwahanol gynhwysion yn becynnau hwylus i wraig y tŷ. Heddiw, wrth gwrs, daw popeth wedi'i bacio'n barod i'r siop, ac nid oes unrhyw grefft ynghlwm â'r gwaith o gwbl.

Maes o law, fe ddaeth Yncl Nen (fel y galwem ni Mathew Henry) yn rheolwr ar siop groser brysur nid nepell o'r Eglwys Gadeiriol yn ninas Llanelwy, ac yno y bu hyd ei ymddeoliad. Pan fyddem ni fel teulu'n ymweld â'r teulu yno, byddem bob amser yn ceisio mynd ar ddydd Iau, gan fod y siop yn cau yn y prynhawn. Ar bob ymweliad, yr un fyddai trefn pethau. Cyrraedd ar ddechrau'r pnawn, a sgwrsio am y byd a'i bethau efo Yncl Nen ac Anti Blodwen. Byddwn innau'n cael cwmni fy nghefnder, Osborne, oedd ychydig yn hŷn na mi.

Ar ôl te, byddai f'ewythr yn sicr o holi a fyddai fy chwaer a minnau'n hoffi gweld y siop, a chan fod eu cartref y tu ôl i'r siop, ac uwch ei phen, ni fyddai gennym siwrne bell. Ar ôl cyrraedd y siop efo'i harogleuon cymysg o goffi, te, cig moch a bara, byddai Meinir a minnau'n cael prawf ar grefft grosera gan Yncl Nen. Byddai fy chwaer yn cael marciau llawer uwch na mi bob amser, ond wedi'r cwbwl, roedd hi ychydig hŷn na mi!

Byddai dalen o bapur glas wedi'i osod ar y cownter o flaen y ddau ohonom, gyda'r gorchymyn, 'Reit, gwnewch baced pwys o siwgwr i mi'. Sgŵp i'r ddau ohonom, a sach o siwgwr o'n blaenau, ac yna y gwaith poenus o geisio amcangyfrif pa bryd y byddai pwys o'r stwff melys wedi crynhoi ar y ddalen bapur. Wedyn, y dasg amhosibl i mi, sef ceisio plygu a rhwymo'r pwys o siwgr yn becyn taclus. Fel arfer, byddai Meinir wedi gwneud joben go dda, ac yn ennill cymeradwyaeth. Ochneidio y byddai f'ewythr fel arfer o weld f'ymgais i. Yn fuan iawn yn fy ngyrfa fe benderfynais nad oeddwn am fod yn groser. Ac yna, fel pe bai'n atgyfnerthu fy mhenderfyniad, byddai Yncl Nen yn clirio'r cownter, yn mofyn dalen lân o bapur lapio ac yna, gan rawio un pwys union o'r sach i'r papur, yn mynd ati i ffurfio pecyn perffaith ei siâp, a'i glymu'n dwt cyn ei roi ar y glorian. Bron iawn yn ddi-feth, byddai ei becyn ef o fewn trwch asgell gwybedyn i fod yn bwys union.

Pan oedd f'ewythr yn ŵr ifanc yn Llangollen, roedd wedi mwynhau cymryd rhan mewn sioeau llwyfan, ac roedd yr ysfa i ganu'n dal yn gryf ynddo. Daethai'n dipyn o

giamstar ar chwarae bowls ar ôl dod i fyw i Lanelwy. Un o
ferched Ynys Môn oedd Anti Blodwen, a bu'n nyrsio ar
lannau Mersi. Nid oes neb wedi dweud hynny wrthyf, ond
tybiaf mai tra bu f'ewythr yn gweithio ym Mhenbedw y
cyfarfu'r ddau. Mae Osborne wedi treulio'i oes yn nyrsio,
ac wedi byw am ran helaeth o'i fywyd yn Burnage, ger
Manceinion.

Evelina (g. 1881) oedd enw trydydd plentyn William
Richard Davies, a hi oedd yr unig ferch. Soniwyd eisoes
bod tarddiad yr enw bedydd a roddwyd iddi'n dipyn o
ddirgelwch. Digon yw dweud mai fel Lena y câi ei
hadnabod gan ei theulu, a phawb arall hefyd, am wn i.
Merch ddi-briod oedd hi, yn cadw siop fechan i werthu
melysion a baco a sigaréts ar stryd fawr Llangollen.

Mae gennym nifer o ffotograffau ohoni pan oedd hi'n
ferch ifanc, yn eneth fain, smart, brydweddol. Mewn llawer
o'r lluniau, mae fel pe bai wedi gwisgo i fyny ar gyfer
perfformiad ar lwyfan, ac mae'r olwg hon a geir ohoni'n
awgrymu na fyddai wedi gwrthod cyfle i fynd yn actores
pe byddai wedi cael cynnig. Pwy a ŵyr? Efallai ei bod wedi
cael cyfle ym mlynyddoedd cynnar y ganrif ddiwethaf i
gymryd rhan mewn dramâu neu sioe o ryw fath ar
lwyfannau amatur Llangollen. Ond, os felly, ni wireddwyd
ei gwir ddymuniad, a chadw siop fechan yn y dref a
wnaeth hi am weddill ei hoes.

Ei chryfder pennaf oedd ei sgiliau gwaith llaw. Roedd ei
gwaith pwytho'n cyrraedd safon aruchel iawn, ac yn
dangos ei gallu rhyfeddol i drin edau a nodwydd. Byddai'n
ymarfer ei chrefft i lunio llieiniau bwrdd, clustogau,
darluniau a llenni, a'r cyfan ohonynt wedi'u cynllunio a'u
pwytho'n berffaith ac yn artistig iawn. Mae gennym
enghraifft neu ddwy wedi'u fframio yn ein cartref ni, ac ni
pheidiaf â rhyfeddu at geinder ei gwaith. Byddaf yn
meddwl weithiau, tybed ai ar gyfnodau pan fyddai

cwsmeriaid yn brin yn y siop y byddai hi'n difyrru'r amser gyda'r nodwydd a'r edafedd lliwgar? Neu tybed ai rhyw fath o ddihangfa artistig oedd y brodwaith, gan na fu iddi fedru gwireddu ei dymuniadau ym myd y ddrama? Pwy a ŵyr? Fe aeth hanner canrif a mwy heibio er pan fu hi farw, gan gario'r atebion i'n cwestiynau gyda hi i'w bedd.

John Llewelyn (g. 1889) oedd trydydd mab yr oriadurwr a'i briod, a nhad innau. Er mai yn Llanfyllin y cafodd ei eni, a lle y treuliodd flynyddoedd cynnar ei fywyd, roedd ganddo bob amser fwy i'w ddweud wrth Gonwy a Llangollen lle symudodd y teulu'n ddiweddarach. Yn ei arddegau, fe gafodd ei addysg uwchradd yn Llandudno lle byddai plant tref Conwy yn arfer mynd. Aeth ymlaen wedyn i ddilyn cwrs yng Ngholeg y Brifysgol, Bangor, ac i dderbyn hyfforddiant fel athro ysgol.

Roedd John Llewelyn yn wahanol i weddill ei frodyr oherwydd mai mewn llenyddiaeth Gymraeg yr oedd ei ddiddordeb pennaf. Ei arwr mawr oedd Syr John Morris-Jones, gan iddo fynychu ei ddarlithoedd ef yn y coleg. Ef a'i harweiniodd i fyd llenyddiaeth a barddoniaeth, ac a roddodd iddo ei hoffter o lyfrau, ac nid oedd yn syndod iddo fynd yr holl ffordd i Lanfair-pwll ar ddydd angladd ei arwr ym 1929. Bu am gyfnod ar ymarfer dysgu yng Nghlynnog Fawr, ond ei swydd ddysgu gyntaf oedd fel prifathro yn ysgol Llawrybetws, ger Corwen; yno y cyfarfu ag un o ferched Penbryn, Bethel, oedd yn gweithio ar y pryd fel gwniadwraig ifanc yn Siop Glan'rafon. Y ferch hon oedd Catherine, fy mam, ac mae'n rhaid mai rywdro yn y cyfnod hwn y dechreuodd y garwriaeth rhyngddynt.

Yn ystod y cyfnod cyn y Rhyfel Byd Cyntaf, roedd fy nhad yn lletya yn Hengaer Isaf, ar aelwyd ddiwylliedig iawn. Bu hyn yn gymorth mawr iddo i ymgartrefu yn ei ardal newydd fel prifathro ifanc, yn enwedig gan fod y sgwrs ar yr aelwyd yno'n aml iawn yn troi i fyd llenyddiaeth a barddoniaeth. Tua'r un cyfnod, rhwng 1912 a 1913, roedd prifathro newydd wedi cyrraedd Ysgol y Sarnau, sef yr ysgol agosaf at Ysgol Llawrybetws. Y prifathro hwnnw oedd Robert Williams Parry, sef bardd cadeiriol Eisteddfod Genedlaethol Bae Colwyn ym 1910, gydag 'Awdl yr Haf'. Bu ef a nhad yn gweld cryn dipyn ar ei gilydd yn ystod y cyfnod hwn, cyn i Williams Parry adael y Sarnau i fynd i fyw am gyfnod yn y De. Dyna'r adeg y lluniodd ef y cwpled hiraethus hwn:

> Yn stŵr di-Dduw'r strydoedd hyn – 'rwyf o 'ngho',
> O! mi allwn wylo am Llwyniolyn.

Chwarter canrif yn ddiweddarach, pan ddaeth yr Eisteddfod Genedlaethol i Fachynlleth ym 1937, fe aeth fy nhad â mi o Brithdir i faes yr eisteddfod yn unswydd er mwyn i mi gael y fraint o ysgwyd llaw â'i arwr.

Roedd sôn mynych yn ein tŷ ni am rai o straeon y cyfnod 1912–1913. Clywais yn aml am yr ofn nos oedd yn llethu Williams Parry ar brydiau. O leiaf unwaith bob wythnos, arferai prifathro'r Sarnau ddod i Lawrybetws ar ei feic i dreulio'r min nos yng nghwmni fy nhad a theulu'r Hengaer. Byddai'r sgwrs yn felys, a'r amser yn hedfan. Ar ôl sgwrsio'n hir uwchben eu swper, byddai Williams Parry yn edrych ar y cloc, ac yn dweud, 'Brensiach, Llew! 'Drycha be 'di'r amser. Mae'n rhaid i ni fynd'. Ac er bod fy nhad yn lletya yn yr Hengaer, ac na fyddai ei daith ef i'w wely ond ychydig o lathenni, byddai'n rhaid iddo fynd i mofyn ei feic er mwyn danfon y bardd adref yr holl ffordd i'w lety yn ardal y Sarnau – taith o ryw dair milltir bob ffordd.

Byddai gan f'ewythr Bob lu o straeon am Brifathro'r Sarnau yn y cyfnod hwnnw hefyd, ac yn aml iawn pan ddeuai ef acw byddai'r sgwrs yn troi i gyfeiriad Bardd yr Haf a'r cyfnod byr, ond hynod hapus, a dreuliodd ef yn ardal 'Llyn y Ffridd ar Ffridd y Llyn'. Pan briodwyd fy nhad a'm mam yng Nghapel Llawrybetws ar 15 Rhagfyr 1915, derbyniwyd cywydd gan Robert Williams Parry i ddymuno'n dda iddynt, a hefyd i ymddiheuro na fedrai ddod i'r briodas.

CYFARCHIAD PRIODAS
GAN ROBERT WILLIAMS PARRY
[yn null Dafydd ap Gwilym]
Ar achlysur priodas Mr John Llewelyn Davies, Ysgolfeistr
Llawrybetws â Miss Lloyd, Penbryn, Bethel

Dos, O Dos, y deheu wynt,
Dros fin nos, fy newiswynt,
I Feirion dŵg fy araith
O Forgannwg â'i mŵg maith,
Tros Wysg ehed yn llednais,
Tros ŵy a chyrrau tir Sais.
 A cherdd yn gryfach o hyd
 Hwnt i Hafren, wynt hyfryd.
 Heb aros, gâd y Berwyn
 Heb un brâd am Benybryn,
 Ac yn y neithior 'fory
 Diddan cân i'r deuddyn cu.

Os bu oer dros y Berwyn,
Mae yn braf ym Mhenybryn,
Caf yma lw'r cyfamod
Wnaed rhwng dau am ddyddiau i ddod.

Pan ddêl y gwanwyn swynol
A dyddiau haf hyd y ddôl,
Deuaf, â mêl hyd fy min;
Chwythaf drwy fynych eithin,
Ehedaf ar fy adain
Drwy'r drws oddiar flodau'r drain,

Treuliaf yr haf ar ei hyd
Ym mhluf cymylau hefyd,
Cymylau pinc a melyn
Pan bo'r hwyr dros Benybryn.
Pob tlws wrth eich drws a drig,
Pob mesur mwyn, pob miwsig.
Bydded glew y Llew llawen,
Bore da i'w briod wen.

Trefnwyd y briodas oherwydd bod fy nhad wedi cael gwŷs i ymuno â'r fyddin, a'r Rhyfel Byd Cyntaf erbyn hynny yn ei anterth. Ymunodd â chatrawd nad oes sôn amdani mwyach, sef y 'Royal Anglesey, Royal Engineers'; ar ôl gorffen y cyfnod o hyfforddiant sylfaenol cawsant eu hanfon i wasanaethu yn Ffrainc, ac yno y bu nhad tan ddiwedd y rhyfel. Fe geisiais lawer gwaith ei berswadio i siarad am ei brofiadau yn ystod y Rhyfel Mawr, ond roedd yn ymarhous iawn i siarad am yr hyn a welodd a'r hyn a ddigwyddodd yn ystod y brwydro yno. Byddai'n troi'r stori yn bur sydyn i sôn am rai o adeiladau enwog Rouen neu Amiens, gan iddo dreulio cryn dipyn o amser yn yr ardal honno. Am ryw reswm, roedd Jeanne d'Arc yn dipyn o arwres ganddo, a byddai'n sôn hefyd am ryw baneidiau hyfryd o Café au Lait a gâi mewn tŷ bwyta yn St Quentin. Ond am y rhyfel ei hun, ni ddywedodd nemor ddim.

Ar ddiwedd y rhyfel daeth yn ei ôl yn ddianaf, a bu'n ffodus o gael ei benodi'n brifathro yn Ysgol Brithdir, ger Dolgellau, lle treuliodd ugain mlynedd hapus iawn yn byw yn un o ardaloedd hyfrytaf Sir Feirionnydd. Roedd Tŷ Ysgol yno, felly ni fu raid iddo ef a Mam fynd ati i chwilio am gartref. Yng nghyflawnder yr amser, yno y ganwyd fy chwaer a minnau, ac yno y treuliais flynyddoedd fy mhlentyndod hyd at naw mlwydd oed.

Bryd hynny, roedd cwricwlwm llawn i ofalu amdano,

gan fod nifer o'r plant yn dal yn yr ysgol hyd eu harddegau cynnar. Wrth edrych yn ôl, gyda phrofiad deugain mlynedd o ddysgu fy hun y tu cefn i mi, ni fedraf beidio ag edmygu gwaith athro a phrifathro mewn ysgol fach yn y wlad. Roedd yn rhaid dysgu tipyn o bopeth – y tair 'R', wrth gwrs, gyda sylw i'r ddwy iaith, a hefyd fyd natur, arlunio, daearyddiaeth, hanes a cherddoriaeth. Roedd dysgu ar y cof yn bwysig – nid yn unig y tablau, ond barddoniaeth hefyd, a hyd yn oed gyflwyniad syml i'r cynganeddion. Byddem yn cael rhyw gymaint o arddio yn nhymor y gwanwyn, a gwaith llaw'n ogystal. Hoffter fy nhad yn y maes hwn oedd rhwymo llyfrau, ac yn llygad fy meddwl yn awr fe welaf yr offer angenrheidiol yn cael eu paratoi – y feis bren i ddal y llyfrynnau'n dynn tra byddent yn cael eu torri; y plaen y byddai'n ofynnol gofalu bod min da ar y llafn, neu byddai'r papur yn rhwygo; y teclyn i ddal y llyfrynnau wrth iddynt gael eu pwytho, a'r gwnïo gofalus i'w cael i orwedd yn daclus. Felly y byddem yn casglu ynghyd rifynnau o *Cymru'r Plant* a llyfrynnau caneuon gwerin yr Urdd; fe gofiaf unwaith hefyd fod rhai o'r disgyblion wedi dod â chasgliad o gylchgronau ffermio i'r ysgol i gael eu rhwymo. Tybed beth yw hanes y llyfrau hynny heddiw? Ar fin nos, pan oedd y chwiw rhwymo llyfrau ar fynd, a'r celfi i gyd wrth law, byddai fy nhad yn mynd yn ôl i'r ysgol ar ôl te, ac o ganlyniad mae gan Meinir a minnau gasgliad gweddol gyflawn o gylchgronau o'r 1920au a'r 1930au. Mae'r *Llenor* yno, a hefyd *Y Ford Gron, Cymru'r Plant, Cymru*, a *Children's Treasure House* (Arthur Mee).

Mae D. Tecwyn Lloyd yn ei lyfr *Bore Da, Lloyd*, mewn ysgrif am fy nhad, neu 'Yncl Defis' fel y geilw ef, yn dweud 'Canys dyn llyfrau oedd Yncl Defis: un o'r rhai mwyaf difyr-ddiwylliedig a gwrddais, a dyn swil. I un felly, 'roedd lle mor hyfryd neilltuedig a thawel â'r Brithdir fel yr oedd ar ddechrau'r ganrif hon yn demtasiwn gref i aros yno.'

Yn nechrau mis Medi 1939 daeth diwrnod y mudo mawr i Gorwen, ac yn Nhŷ'r Ysgol yng Nghorwen y treuliais i flynyddoedd fy arddegau. Yno y buom yn byw fel teulu hyd nes i nhad ymddeol. Yng Nghorwen eto, fe ymrôdd fy nhad i'w waith addysgol a hefyd i'r hyn a deimlai ef oedd ei gyfrifoldeb fel prifathro. Dyma eiriau D. Tecwyn Lloyd eto: 'Fe wasanaethodd dref Corwen hyd eitha'i allu; ymroes, fel cynt, i waith capel a chymdeithas ddiwylliannol a dosbarth nos a phethau eraill sy'n rhan o fap gweith-garwch prifathro da i'w ysgol a'i ardal.'

Dwy ardal braf oedd Brithdir a Chorwen, a chredaf i'm rhieni fod yn ddedwydd yn y ddwy fro. Bûm innau'n ffodus o gael byw mewn dwy ardal a roes gymaint i mi. Heddiw, mae rhyw chwithdod i'w deimlo pan af i dref Corwen ar ymweliad, gan fod y tŷ lle cefais dreulio mwy na deng mlynedd o'm hoes erbyn hyn wedi'i chwalu i wneud lle i nifer o dai annedd. Mae'r ysgol hefyd wedi'i dym-chwel, gan symud i adeilad newydd ar lecyn mwy heulog yr ochr arall i afon Dyfrdwy, ond yn llygad fy meddwl mae'r hen dŷ yn dal yno, a'r atgofion am y dyddiau diddan yn dal yn fyw iawn yn fy nghof.

Goronwy (g. 1896) oedd y brawd ieuengaf, ac roedd ef yn gwbl wahanol i weddill y teulu. Ychydig o ddiddordeb oedd ganddo mewn na llyfrau na siop. Er iddo ddechrau`i yrfa gyda'r bwriad o fynd yn athro ysgol, fe newidiodd y Rhyfel Byd Cyntaf holl batrwm ei fywyd, a hynny er gwell, dybiwn i, gan na fedraf ei ddychmygu yn dilyn gyrfa fel athro.

Yn ystod Rhyfel 1914–18 fe wasanaethodd yng Nghatrawd y Royal Artillery, ac mae'n amlwg i'w waith yno dderbyn cymeradwyaeth, gan iddo gael cynnig gwaith yn Woolwich Arsenal ar ôl iddo ymadael â'r fyddin ar ddiwedd y rhyfel. Ac yno y bu'n gweithio i'r llywodraeth am gyfnod, cyn derbyn dyrchafiad a'i gorfododd i symud i fyw i ddinas Salisbury. Roedd Yncl Gron, fel y galwn i ef, yn ŵr delfrydol i waith o'r fath, gan ei fod yn berson cyfrinachol iawn, gŵr y byddai holl ddirgelion y llywodraeth yn gwbl ddiogel yn ei ddwylo. Gŵr prin ei eiriau oedd Goronwy, ac ni ddefnyddiai ddeg gair os y gwnâi pedwar y tro! Er i Mam drio'n galed sawl tro i ganfod beth yn hollol oedd ei waith beunyddiol, ni chafodd yr un manylyn ei ddatgelu. Roedd yr 'Official Secrets Act' yn gwbl ddiogel yn ei ddwylo ef!

Roedd ei briod yn wraig gwbl wahanol ei natur; merch o Paignton yn Nyfnaint oedd hi, ac yn Seisnig iawn ei hacen a'i diddordebau. Constance oedd ei henw, ac Anti Connie oedd hi i ni. Ar yr adnabyddiaeth gyntaf medrech dybio y byddai hi a Mam yn cael trafferth i ddod i ddeall ei gilydd, gan mor gwbl wahanol oedd eu cefndir, ond er mawr syndod i bawb, roedd y ddwy yn ffrindiau mawr – er gwaetha'r iaith! Ni chredaf ei bod hithau un gronyn yn nes na ninnau at wybod beth yn union oedd gwaith ei gŵr. Y cwbl a wyddai oedd ei fod yn gadael cartref bob bore i fynd i weithio i Porton Down, lle sy'n arbennig am gadw'i gyfrinachau iddo'i hun, a byddai lle felly wrth fodd calon Yncl Gron.

Bob yn ail flwyddyn byddai'r ddau deulu yn cyfarfod yng nghartrefi'r naill a'r llall – un flwyddyn yn Brithdir, y flwyddyn nesaf yn Salisbury. Pan ddeuai ein tro ni i'w croesawu, byddai raid ceisio llunio teithiau neu ddigwyddiadau i'w diddanu nhw fel teulu, sef Yncl Gron, Anti Connie a thri o blant – Alan, Brenda a John. Fel arfer, byddai taith wedi'i threfnu i fyny llethrau Cader Idris, neu i draeth y Friog neu'r Bermo. Un flwyddyn – 1936 rwy'n credu – cafodd fy rhieni weledigaeth. Clywsant fod Treialon Cŵn Defaid i gael eu cynnal yn y Bala yn ystod y cyfnod y byddai ein hymwelwyr yn aros gyda ni, a chynigiwyd y syniad iddyn nhw. Doedd gan Anti Connie ddim syniad beth oedd treialon o'r fath, ond fe gytunodd i fynd. Ac i ffwrdd â ni, gan gyrraedd y Bala mewn da bryd. Cafwyd cadeiriau mewn llecyn hwylus, ac yn fuan iawn roedd Anti Connie wedi'i chyfareddu gan gampau'r cŵn. Nid oedd hi erioed wedi dychmygu y medrai ci defaid fod mor ddeallus. Yn sicr, ni fedrai cŵn Paignton na Salisbury wneud dim o'r fath beth!

Gwrthododd symud o'i chadair hyd yn oed i gerdded o amgylch y cae, ac yno y bu am ddiwrnod cyfan wedi dwbwl ryfeddu. Bu raid aros hyd at y diwedd un er mwyn gwylio'r ddau gi gorau yn y gystadleuaeth yn ymryson am y cwpan. Y ci olaf i gystadlu oedd ei ffefryn hi er y cychwyn cyntaf, ac fe weithiai hwnnw'n berffaith yn y rownd olaf hefyd. Fe ddaeth at y corlannu, a'r defaid yn cerdded yn bwyllog tua'r gorlan. Roedd y ffermwr yn chwifio'i ffon, ac yn gafael yn rheffyn y giât, ac Anti Connie'n meddwl ei bod hi'n feirniad craff i fod wedi gweld potensial llawn y ci hwn o'r cychwyn cyntaf. A'r foment honno, dyma un ddafad yn penderfynu cymryd y goes, gan redeg heibio'r giât ac ar draws y cae. A'r eiliad nesaf, dyma lais mawr treiddgar yn bloeddio 'Damn and Blast' dros bob man a Mam, fel Presbyteriad selog, yn edrych i gyfeiriad arall fel petai perchennog y llais mawr oedd yn bloeddio rhegiadau Seisnig dros bob man yn ddynes hollol ddieithr na welodd hi mohoni erioed o'r blaen. Fe aeth saga Treialon Cŵn Defaid y Bala i blith llên gwerin ein teulu ni.

O blith y gronfa o straeon teuluol, mae un saga arall hefyd sydd yn haeddu sôn amdani, er nad yw'n ymwneud yn uniongyrchol â thylwyth Salisbury. Er hynny, mae'n wir dweud na fyddai'r ddrama fawr byth wedi digwydd heb gysylltiad teuluoedd Salisbury â Brithdir. Rwyf yn ymarhous i honni hyn, ond tybed a wyddech chi mai oherwydd ein teulu ni y gohiriwyd dyddiad cychwyn yr

Ail Ryfel Byd? Anhygoel, mi wn, ond efallai bod rhyw lygedyn o wirionedd yn yr awgrym.

Yn Awst 1939 fe ddaeth tro ein teulu ni i dreulio pythefnos gyda theulu Salisbury, ond yn ychwanegol at yr arhosiad hwn roeddem wedi sicrhau tŷ ar osod am wythnos ychwanegol ar lan y môr yn Southbourne, ger Bournemouth, a byddai Dodo Jane a'i dwy ferch, Myfanwy a Gwyneth, yn ymuno efo ni yno. Felly, dyma'n teulu ni yn gwneud y daith fer o Salisbury i Southbourne ar ddiwedd ein arhosiad yno, gan ddisgwyl y byddai teulu Colwyn yn cyrraedd cyn diwedd y dydd. Buom yn archwilio'r tŷ, a gweld bod popeth yn hwylus iawn, ac eithrio un peth. Nid oeddem ni – o unigeddau Brithdir – wedi sylweddoli bod paratoadau rhyfel wedi carlamu yn eu blaenau ar lannau môr de Lloegr. Gwelem fyrdd o lorïau'r fyddin ymhobman, ac roedd Capten Mainwaring a'i griw i'w gweld ar y strydoedd, a Wardeniaid ARP yn dod o gwmpas wedi iddi nosi i weld a oedd goleuni i'w weld heibio'r llenni.

Wel, dyna broblem! Yn sicr nid oeddem ni, mewn tŷ ar osod, yn mynd i dalu am gael llenni 'blacowt' mewn tŷ dieithr, felly dyma ni a theulu Colwyn yn cytuno na fyddem yn defnyddio unrhyw oleuni ar ôl iddi dywyllu. Un min nos, roedd ffilm dda yn cael ei dangos yn sinema'r dref, ac roedd teulu Brithdir yn awyddus i fynd yno. Roedd teulu Colwyn, fodd bynnag, oedd yn fwy soffistigedig na ni, eisoes wedi gweld y ffilm honno yn sinema'r Supreme yn Hen Golwyn. Felly, i ffwrdd â ni, bedwar o Brithdir, i weld y ffilm, ond erbyn i ni ddod allan roedd wedi dechrau nosi.

Yn y dyddiau hynny nid oedd gorthrwm y set teledu wedi cyrraedd, ond gyda sŵn rhyfel lond y gwynt, un o raglenni radio pwysica'r dydd oedd y newyddion am naw o'r gloch bob nos. Pan ddaethom yn ôl i'r tŷ, roedd tywyllwch yn teyrnasu, ond fe glywem sŵn y radio o'r stafell ffrynt. Pan aethom i mewn i'r ystafell, yr hyn a welem oedd teulu Colwyn yn gylch o gwmpas y radio, ond yn dal ambarél agored rhwng y radio a'r ffenestr, rhag ofn bod Adolf Hitler efo'i delesgôp yn edrych i gyfeiriad Southbourne, ac y byddai'n gweld golau gwan y radio! Pwy ŵyr na fyddai'r Ail Ryfel Byd wedi torri allan wythnosau ynghynt oni bai am ambarél teulu Colwyn!

Ar ôl i ni symud o Brithdir i fyw yng Nghorwen, roedd hi'n gyfnod rhyfel ac fe ddaeth ein hymweliadau bob dwy flynedd i ben er bod John, mab ieuengaf Yncl Gron ac Anti Connie, wedi bod yn aros efo ni yn Nhŷ'r Ysgol fel ifaciwî am rai misoedd ar gychwyn y rhyfel. Ond trwy gyfnod yr heldrin, byddem ni yng Nghorwen yn cael dau ymweliad bob blwyddyn gan f'ewythr o Salisbury. Awgrymais eisoes mai dyn prin ei eiriau oedd ef, ac fel arfer y cwbl a dderbyniem fel rhybudd ei fod ar fin ein cyrraedd fyddai cerdyn post, ac arno neges fer yn Saesneg – rhywbeth tebyg i hyn: 'Arriving on Tuesday at 4.20. Love, Gron.'

Gwyddem o ddehongli'r neges gryptig mai o gyfeiriad Rhiwabon y byddai'r trên GWR yn cyrraedd am 4.20. Dysgasom o brofiad mai am ddwy noson y byddai'n aros cyn mynd adref yn ei ôl. Arferwn i edrych ymlaen yn fawr iawn at yr ymweliadau hyn, oherwydd byddai dwy frwydr yn cymryd lle yn ystod arhosiad f'ewythr. Fe wyddwn yn iawn mai fy mam fyddai'n ennill y frwydr gyntaf, ond gwyddwn hefyd, er trio'n galed bob tro, na fyddai hi'n ennill yr ail frwydr.

Ar ôl cyrraedd y noson gyntaf byddai f'ewythr yn gwneud datganiad, gan ddweud wrth Mam, 'I've forgotten all my Welsh, Kit. You'll have to speak to me in English'. Ond er gwaethaf ei brotestiadau, ni chymerai fy mam unrhyw sylw ohono, ac erbyn yr ail noson byddai Yncl Gron wedi llusgo'r iaith Gymraeg o gelloedd ei gof, a byddai buddugoliaeth Mam yn gyflawn.

Does gen i ddim syniad pam y byddai hi'n ymdrechu o gwbl gyda'r ail frwydr, oherwydd fe ddylai profiad fod wedi dweud wrthi mai colli a wnâi. O'r noson gyntaf ar ôl iddo gyrraedd, byddai Mam yn defnyddio pob sgêm posibl i ddarganfod beth oedd pwrpas ei ymweliad. Ond yr unig gliw a roddai ef iddi oedd dweud ar y noson gyntaf (pan oedd yn dal yn Sais): 'I want to catch the eight o'clock train tomorrow morning, Kit.' Byddai Mam wedi deall o'r wybodaeth a dderbyniodd mai ar y trên LMS i gyfeiriad Dyffryn Clwyd y byddai'r ymwelydd yn teithio. Ond i beth? Ac i ble? Ni fyddai hi 'run blewyn callach.

Dim ond ar ôl i f'ewythr farw y cawsom ddeall fel teulu mai fel aelod o dîm arolygaeth y llywodraeth y byddai f'ewythr yn dod i ogledd Cymru o Porton Down. Archwilio'r gwaith yn Rhyd-y-mwyn ger yr Wyddgrug oedd pwrpas yr ymweliad, oblegid yno yr oedd un o'r mannau peryclaf yng ngogledd Cymru yn ymdrin â nwyon gwenwynig a phethau dieflig felly. Yno hefyd y cychwynnwyd arbrofion ar gynhyrchu bomiau atomig cyn i'r gwaith hwnnw gael ei symud i Unol Daleithiau America.

* * *

A dyna i chi deulu'r Dafisiaid. Teulu hollol wahanol i deulu Llwydiaid Defeity, ac yn llawer mwy symudol. Roedd eu diddordebau a'u gweithgareddau oriau hamdden yn llawer mwy amrywiol, ac o'r pump ohonynt fy nhad oedd y tebycaf ei anian i deulu'r Llwydiaid. Mewn ffordd ryfedd, fe ddylem fod yn ddiolchgar i Syr John Morris-Jones am roi iddo gariad at yr iaith Gymraeg, ond mae llawer o ddiolch hefyd yn dyledus i'r ffaith fod ei linynnau wedi syrthio mewn ardaloedd lle roedd bri ar lenyddiaeth, diwylliant gwerin a barddoniaeth. Ac yn ddistaw bach, synnwn i flewyn nad oedd rhyw gymaint o ddylanwad Mam wedi bod o gymorth i'r broses.

GWELD GOLAU DDYDD

Rwy'n cofio ar ddiwedd fy nhymor olaf yn y coleg yn Aberystwyth fod gennyf gymaint o nialwch (chwedl Mam!) i'w gario'n ôl, nes bod fy rhieni wedi gorfod dod â'r car i'm cyrchu adref. Ac yn rhywle cyn cyrraedd Corris, fe ddaethom y tu ôl i lorri fawr o eiddo'r cwmni Pickford, a'i dilyn fu raid i ni'r holl ffordd drwy Fwlch Tal-y-llyn hyd nes i ni gael pwt syth o briffordd yng Nghwm Hafod Oer. Wrth ddilyn y cerbyd araf o amgylch pob trofa, mae'n rhaid fy mod i wedi cwyno, nes peri i Mam ddweud: 'Mae'n frenin ar y bobol yma'n symud tŷ. Tase ti wedi gweld dy dad a minne'n mudo erstalwm, mi fase gen ti achos i gwyno.'

A dyna pryd y cefais stori'r mudo a ddigwyddodd, yn hanes Nhad a Mam, yn fuan ar ôl diwedd y Rhyfel Byd Cyntaf. Wrth gwrs, yn y cyfnod hwnnw, ni fyddai ganddyn nhw ddigon o ddodrefn na llestri, na dillad na llyfrau na phethe felly i lenwi chwarter llond lorri Mr Pickford. Ond ar ddiwrnod y mudo mawr yn y flwyddyn 1919, symud celfi o ardal Glanrafon ger Corwen i Dŷ'r Ysgol yn Brithdir oedd y dasg, a F'ewythr Bob (brawd Mam) a'i drol oedd Mr Pickford.

Roedd hi'n daith o tua 25 milltir, ac nid oes gennyf amcan sawl awr y byddai Jess a Loffti wedi'u cymryd i gwblhau'r daith. Ond i'r rhai hynny ohonoch sy'n gyfarwydd â daearyddiaeth y siwrne, byddwch eisoes wedi dyfalu mai'r rhan galetaf o'r daith gyfan oedd y filltir a hanner olaf, oherwydd o orsaf y Bontnewydd i wastatir rhan uchaf pentref Brithdir mae'r Drofa Ddu, gydag allt serth iawn yn codi hyd at Dŷ Nant ar ben ucha'r rhiw.

Ond yn nodweddiadol o gymdogaeth dda ardaloedd gwledig y cyfnod, roedd Lewis Jones, Bryn Bras, wedi galw yn yr ysgol ychydig ddyddiau ynghynt i gynnig mynd â'i gaseg i lawr i'r Bontnewydd i helpu i dynnu'r llwyth i ben ei siwrne. A dyna sut ardal fu Brithdir i'n teulu ni trwy gydol yr ugain mlynedd y bu fy nhad yn brifathro yno, a chyn symud i Gorwen. Rhag ofn i unrhyw un sy'n darllen y geiriau hyn feddwl fy mod i'n cofio diwrnod mawr y symud hwnnw, gwell prysuro i ddweud na fu i mi weld golau ddydd hyd yn agos i ddeng mlynedd wedi hynny; ond roedd fy chwaer, Meinir, wedi fy rhagflaenu, ac wedi dod i lonni'r aelwyd rai blynyddoedd o'm blaen i. Cefais fy atgoffa gan fy annwyl chwaer fod beirdd lleol wedi anfon eu croeso i'r ddau ohonom:

> Mwy annwyl wyneb Meinir – na gemau
> mwyn gymoedd y Brithdir.
> I'w noddi'n hael, eiddunir
> Iesu â'i hedd drwy oes hir.

Dyna gyfarchiad John Evans, Doluchadda, Llanfachreth iddi hi, ond gan Owen Owen, Dregerrig, y daeth fy nghyfarchiad i, er bod fy chwaer hefyd yn 'mentioned in dispatches'!

> Mirain lanc, mor annwyl wyd. – Eilun bach,
> Cyflawn beth i'r gronglwyd.
> Mor dawel, 'Meinir' welwyd
> 'n ildio lle i 'Aled Llwyd'.

Bu fy rhieni'n arbennig o hapus dros gyfnod o ugain mlynedd yn ardal Brithdir, ardal oedd yn gyforiog o weithgarwch o bob math. Yn ystod y blynyddoedd cynnar, mae'n siŵr nad oedd hynny'n hawdd gan nad oedd yno

46

Neuadd Bentref a fyddai wedi bod yn ganolbwynt i fywyd cymdeithasol yr ardal. Yn y capeli neu'r ysgol y cynhelid unrhyw ddarlith, ac yn yr ysgol y trefnid pob 'cyfarfod bach' neu weithgareddau eraill, er bod adeilad yr ysgol gryn dri chwarter milltir o ganol y pentref. Ym 1931 y dechreuwyd trafod y syniad o godi Neuadd Bentref. Roedd ambell un, megis gŵr Gerddi Gleision, yn gadarn yn erbyn y syniad, gan ofni y byddai'n tynnu oddi ar y dynfa i'r ddau gapel. Ond fe gariwyd y dydd gan frwdfrydedd pobol fel Morris Owen, Tŷ Nant; Hughie Roberts, Perthi; Edwards y Stesion, a Nhad, ac yn y flwyddyn 1932 codwyd y neuadd bren newydd ar dir a roddwyd at y pwrpas gan ffermwr Tŷ Nant. Wedi hynny, yno y cynhelid pob math o gyfarfodydd seciwlar, ac mae gennyf ddau atgof sy'n aros gyda mi bob tro y byddaf yn pasio drwy Brithdir.

Ar lawer cyfrif, roedd canol pentref Brithdir ar y blaen i sawl ardal wledig arall yn ystod blynyddoedd cynnar y tridegau, diolch i ddyfeisgarwch a haelioni Morris Owen, Tŷ Nant. Dros y ffordd i'w gartref roedd y ffermwr peniog wedi codi cronfa ddŵr, a thrwy gyfrwng tyrbein gallai greu digon o bŵer trydan i gyflenwi ei gartref, y neuadd, ac ambell dŷ cyfagos hefyd, synnwn i ddim. Yno yn nechrau mis Hydref bob blwyddyn y cynhelid Sosial i agor tymor y gaeaf. Byddai'r byrddau wedi'u hulio gan wragedd caredig y fro, ac yn dilyn y bwyd cynhelid adloniant. Ond yr hyn a gofiaf yw y byddai'r golau trydan yn gwanio, gwanio wrth i'r fin nos fynd rhagddi; toc, byddai Morris Owen yn codi ac yn mynd allan, ac ymhen rhyw bum munud fe ddeuai llif o oleuni llachar i'r bylbiau ar ôl i'r ffermwr fynd i hel dail o'r gratin oedd yn atal dŵr rhag llifo i'r tyrbein.

Mae'r atgof arall sy'n dod i'm meddwl am yr hen neuadd yn un pur wahanol. Cofio cyngerdd a wnaf, er na fedraf gofio enwau'r artistiaid ac eithrio un. Ac ef i mi oedd seren y noson – seren sy'n dal i ddisgleirio'n fwy llachar bob tro y byddaf yn meddwl amdano, a phob tro y byddaf yn gwrando ar ei lais ar ddisg. Crwt wythmlwydd oed oeddwn i ar y pryd, ond medraf ddweud i sicrwydd mai'r noson honno y syrthiais i mewn cariad efo cerdd dant. Nid oedd y canwr wedi teithio ymhell i ddod i Brithdir, gan mai ger pentref Rhydymain yr oedd ei gartref, ond fe wnaeth llais arian William Edwards i mi benderfynu'r noson honno mai canwr penillion y mynnwn innau fod, pe medrwn.

Fe ddylwn ddweud bod fy nhad hefyd yn hoff o ganu penillion. Roedd ef yn un o'r llu o athrawon a phrifathrawon yn ysgolion Meirionnydd oedd wedi ffoli ar y llyfr a gyhoeddwyd gyntaf gan Delynor Mawddwy yn y flwyddyn 1911. Roedd y gyfrol *Y Tant Aur*, a ailargraffwyd ym 1916 oherwydd y gwerthiant trwm a fu arni, yn rhoi allwedd i fyd canu penillion yn nwylo athrawon oedd yn awyddus i gynnwys elfennau traddodiadol yn eu dysgu. Mae'n wir nad ar gyfer plant ysgol yn benodol y bwriadodd y telynor dall ei lyfr, gan mai casgliad o hen osodiadau llafar Mawddwy oeddynt. Ond gan nad oedd defnydd arall wrth law gan yr athrawon, rhaid oedd bodloni ar gynnwys y *Y Tant Aur*.

Rwy'n cofio un o'r darnau y byddai fy nhad a minnau'n ei ganu wrth deithio yn y car. Fy nhad oedd y delyn, a byddai'n la-la-laio'r gainc. Dyma fo'n cychwyn ar y gainc 'Pen Rhaw', a minnau'n taro i mewn efo detholiad o 'Cywydd y Daran' (Dafydd Ionawr) fel y gwnâi Telynor Mawddwy yn ei lyfr:

> Y fellten hoywaf wylltaith,
> nis gŵyr dyn derfyn dy daith,
> 'geir o d'ôl, gwir yw y daw
> crochlef, a llif y crychlaw.
> Y daran o'i du oror,
> mal berwawg, derfysgawg fôr.

Dyna i chi lond ceg i hogyn wythmlwydd oed! Ond roeddem yn cael hwyl, ac mae'n siŵr gen i fod y cerdd dant 'al fresco' yma wedi gwneud rhyw gymaint o les i mi ar gyfer y dyfodol.

Roedd fy nhad yn hoff iawn o farddoniaeth, a byddem yn dysgu llawer iawn o gerddi gydag ef yn Ysgol Brithdir. Byddai hefyd yn rhoi rhyw gymaint o ddealltwriaeth o'r cynganeddion i ni. Yr hyn sy'n rhyfedd yw fy mod yn medru dwyn i gof heb drafferth o gwbl ddarnau reit sylweddol o awdl 'Y Lloer', awdl 'Min y Môr', ac awdl 'Ymadawiad Arthur', a hefyd gerddi fel 'Melin Trefin', 'Eifionydd', 'Ronsyfal', 'Y Llwynog', 'Englynion Llys Ifor Hael', a llawer mwy, a'r cyfan wedi eu dysgu gennyf, a'u mwynhau, cyn i mi fod yn naw mlwydd oed. Heddiw, fodd bynnag, pan geisiaf fynd ati i ddysgu'r gerdd symlaf posibl, mae celloedd y cof fel pe baent yn gwrthryfela ac yn pallu.

Pan oeddem yn byw yn Nhŷ'r Ysgol, ein cymdogion agosaf oedd teulu Braich-y-Ceunant – fferm oedd rhyw led dau gae i ffwrdd. Brodor o Sir Drefaldwyn oedd Edward Roberts, gŵr distaw a chymdogol. Saesnes oedd ei wraig, a'i hynodrwydd pennaf oedd ei bod yn awdures. Enw ei llyfr oedd *Farm Wife*, ac ynddo fe soniai am ei bywyd fel gwraig fferm yng Nghymru. Roedd ganddynt dri o blant Rosemary – y ferch hynaf – Miles, a Margaret. Byddem yn cyd-chwarae llawer ar gaeau Braich-y–Ceunant.

Rhywdro tua diwedd haf 1938 fe ddaeth ychwanegiad i deulu Braich-y-Ceunant oherwydd iddynt gymryd bachgen ifanc tua'r un oed â mi i fyw atynt, a dyma'r tro cyntaf i mi fod yn ymwybodol o drais y Natsïaid yn yr Almaen. Ni wn beth yn hollol oedd y cysylltiad rhwng Mrs Roberts a theulu'r bachgen, ond yr oedd wedi ffoi o'r Almaen i ddiogelwch Cymru oherwydd mai Iddewon oedd ei deulu. Enw'r bachgen oedd Ludwig Werner Bruck, a gwelaf ef yn awr yn llygad y cof, yn fachgen tal am ei oed, ac yn hynod o gwrtais a bonheddig ei ymddygiad. Am rai misoedd bu'n mynychu Ysgol Brithdir, ac yn ymddangos fel pe bai'n ymdoddi'n dda i gymdeithas yr ysgol. Yna, heb eglurhad o gwbl, fe aeth i ffwrdd, ac ni chlywsom ddim mwy amdano, er ein bod wedi ceisio dyfalu lawer tro beth fu ei dynged. Ond Ludwig oedd ein cysylltiad cyntaf ni yng nghefn gwlad gorllewin Meirionnydd â'r hyn oedd yn digwydd i lawer o blant tebyg iddo ef ar gyfandir Ewrop.

Bryd hynny roedd nifer o deuluoedd bonedd yn dal i fod yn bobol o bwys yn ardal Brithdir a Llanfachreth. Y teulu Richards oedd yn byw yn y plas agosaf atom ni, sef Plas Caerynwch. Nid oeddem yn gweld llawer arnynt, ond roedd nifer o staff y plas yn cymysgu yn y cymdeithasau lleol. I ni'r plant, cyfraniad pwysicaf teulu'r Plas oedd eu bod yn darparu parti Nadolig i holl blant yr ysgol, a byddai pob un ohonom yn derbyn anrheg i fynd adref ar ddiwedd y parti yn y Neuadd Bentref.

Bu farw un aelod o'u teulu tra oedd yn gweithio yn yr Eidal, a chafodd ei gladdu yno. I'w goffáu, codwyd eglwys newydd yn Brithdir ar yr un patrwm yn union â'r eglwys yn yr Eidal. Mae Eglwys Brithdir yn werth aros i'w gweld, ac mae'r sgrin fawr o gopor gyrr yn rhyfeddol.

Yn Llanfachreth roedd teulu'r Fychaniaid, Plas Nannau, yn deulu oedd â'i wreiddiau'n llawer mwy Cymreig, ac yn mynd yn ôl am ganrifoedd. Mae'n ddiddorol sylwi mai 'Etifedd Nannau' oedd un o'r testunau ar gyfer beirdd y Talwrn yn Eisteddfod Corwen a gynhaliwyd yn llofft tafarn yr Owen Glyndŵr yng Nghorwen ym 1789.

Yn ystod cyfnod ein teulu ni yn Brithdir, y Cadfridog Vaughan oedd yn byw ym Mhlas Nannau, ac er nad oedd mor rhugl yn y Gymraeg â llawer o'i hynafiaid, roedd yn barod i wneud ei orau. Un min nos, a minnau tua saith oed, bu raid i fy nhad fynd â rhyw ddogfen i'w llofnodi gan y Cadfridog, a chefais innau fynd i'w ganlyn. Ar ôl iddynt orffen siarad a llofnodi, trodd y Cadfridog at y bychan seithmlwydd oed, gan ddweud: 'Ti wedi bod ar injian trên erioed?' 'Naddo syr,' medde finnau. 'Ti gofyn i tad ti i fynd â ti i lawr i stesion Bontnewydd erbyn pedwar pnawn dydd Gwener nesa, a ti gael reid ar injian trên.'

Bu fy rhieni mewn gwewyr am weddill yr wythnos. Tybed a oedd gŵr Plas Nannau o ddifrif, ynte dweud unrhyw beth i ddangos diddordeb yn yr hogyn bach oedd ei fwriad? Sut bynnag, pan ddaeth pnawn Gwener, i ffwrdd â ni yn y car i lawr at y stesion. Cyrhaeddodd y trên, ac fe ddaeth gyrrwr yr injian allan i chwilio am fachgen bach saith oed, ei osod o ar y 'footplate', cyn gorchymyn i dad y bachgen deithio yn ei gar i stesion Dolgellau, ac aros am y trên yno.

Oedd, roedd y Cadfridog wedi cadw'i addewid, ac wedi trefnu popeth. Sut y llwyddodd i wneud y fath beth? Wel, mae'n siŵr mai un cymorth mawr iawn i wneud y cyfan yn bosibl oedd y ffaith mai ef oedd un o'r prif ddeiliaid cyfranddaliadau yng nghwmni'r Great Western Railway!

Er mor hapus fu cyfnod Brithdir yn hanes ein teulu ni, pan ddaeth 1939 roedd fy nhad wedi penderfynu ei bod yn amser symud, a cheisio am ysgol arall. A dyna sut y daeth yn bryd i mi godi pac a throi trwyn y car i gyfeiriad Dyffryn Dyfrdwy. Nid symud i ardal lle byddai'r dafodiaith yn wahanol a wnaethom, gan mai'r Bowyseg oedd ein tafodiaith ni ar yr aelwyd yn barod, am fod Mam yn dod yn wreiddiol o gyrion Edeirnion, a Nhad o Langollen. Colli ffrindiau, a cholli cymdeithas pobol Brithdir ac ardal Dolgellau oedd y boen fwyaf. Ac nid oedd sylwadau ambell Jeremeia yn darogan gwae fel petaem ar fin cychwyn i Siberia yn tawelu dim ar ein pryderon.

Ond fe ddaeth y dydd. Cyrhaeddodd y lorri, ac i ffwrdd â ni. Roedd pennod newydd ar fin agor ar ein cyfer yn nwyrain Meirionnydd.

BOIS Y TRÊN

Yn nechrau Medi yn y flwyddyn 1939, fe ddigwyddodd dau beth reit bwysig. Torrodd yr Ail Ryfel Byd allan, a symudodd teulu'r Dafisiaid o un ochr o Sir Feirionnydd i'r llall. Roedd byw mewn tref yn brofiad newydd i mi, a byddai sôn am bethau cwbl anghyfarwydd fel blacowt, rashions, cardiau adnabod a seiren yn gwneud bywyd gryn dipyn yn wahanol. Roedd Tŷ Ysgol Corwen yn edrych yn dŷ mawr oddi allan, ond siomedig oedd ei faintioli o'r tu mewn. Yn rhyfedd iawn, o gofio agoriad y bennod ddiwethaf, lorri Pickford o Aberystwyth a symudodd y celfi; cofiaf un o'r gweithwyr yn diarhebu at y nifer brawychus o lyfrau oedd gan fy nhad, ac yn dweud wrth ei fêt, 'Worse than a bloody preacher'.

Tref farchnad oedd Corwen, a thros y canrifoedd bu'n gwasanaethu trigolion Dyffryn Edeirnion. Bu hefyd yn gwasanaethu teithwyr, gan mai trwy Gorwen yr arferai'r goets fawr o Lundain i Gaergybi deithio bob dydd. Yn y flwyddyn 1862, daeth rheilffordd Cwmni'r LMS i gysylltu Dyffryn Clwyd efo Corwen; ddwy flynedd yn ddiweddarach, gwelwyd agor y rheilffordd i lawr Dyffryn Dyfrdwy i Langollen a Rhiwabon gan Gwmni'r GWR. Fe ddaeth y ddwy reilffordd â llawer iawn o gyflogaeth i'r dref, a llawer o hwylustod i deithwyr.

Ac yn wir, flwyddyn ar ôl i ni symud i Gorwen, fe ddeuthum innau'n un o 'fois y trên', gan deithio bob diwrnod ysgol am y saith mlynedd nesaf i Ysgol Tŷ Tan Domen yn y Bala. Ysgol ramadeg i fechgyn oedd yr ysgol, ac yr oedd iddi orffennol pur anrhydeddus, yn ôl pob sôn. Ysgol fechan oedd hi, yn nhermau heddiw, ac ar ei mwyaf nid oedd lawer mwy na 180 o ddisgyblion ynddi ar unrhyw adeg. Daliai i geisio cynnal hen arwyddion ei gorffennol gwych, gyda phob athro'n gwisgo gŵn, ac yn arddel yr iaith Saesneg fel cyfrwng addysgu, er i mi ddarganfod flynyddoedd yn ddiweddarach bod sawl un o'r athrawon yn rhugl yn y Gymraeg. Nid oedd 'Blwyddyn 1' yn bodoli yno, ac fe gychwynnai pob disgybl ei yrfa yn 'Nosbarth 2B', gan mai dyna'r arferiad mewn rhai o'r ysgolion bonedd gorau, medden nhw. Roedd y rhyfel hefyd wedi peri gwanychu'r garfan athrawon, gan fod sawl un wedi gorfod gadael i ymuno â'r lluoedd arfog. Cyfyng oedd y dewis o bynciau o'r herwydd, ac fe gyflogid ambell athro ac athrawes oedd ymhell dros oedran yr addewid.

Serch hynny, cawsom ddyddiau da yn Ysgol Tŷ Tan Domen, a buom yn ffodus dros y blynyddoedd o gael sawl athro ysbrydoledig – ambell un oedd wedi dychwelyd i ddysgu ar ôl bod yn gwasanaethu yn y lluoedd arfog. Rwy'n meddwl am un yn awr, sef Haydn Evans. Ef oedd yr athro gorau a gefais i erioed. Gŵr o Graig-cefn-parc yng Nghwm Tawe ydoedd, ac fe ddaeth i'r Bala fel athro Saesneg. Ef a roes i mi flas ar lenyddiaeth. Er nad oeddwn yn wyddonydd o unrhyw fath, cefais flas ar wersi Cemeg gydag Elwyn Jones hefyd – efallai oherwydd ei fod yn ganwr! Yn y cyfnod ansicr hwnnw yn ystod y rhyfel, byddem weithiau'n cael athrawesau ifanc yn syth o'r coleg, ac nid oedd bywyd yn hawdd i rai ohonynt mewn ysgol i fechgyn. Flynyddoedd yn ddiweddarach, pan fyddwn yn rhoi pregeth ar ymddygiad boneddigaidd i fechgyn anystywallt yn Ysgol Maes Garmon, Yr Wyddgrug, byddai fy nghydwybod yn rhoi proc i mi, o gofio am ein hymddygiad ninnau pan oeddem yn laslanciau. Ac i un o'r athrawesau dibrofiad hyn yr oeddwn i'n ddyledus am fy nghael drwy arholiadau'r Cyd-Bwyllgor Addysg mewn Daearyddiaeth.

Teithiai plant Edeirnion i'r ysgol ar un o drenau'r GWR ac, yn ddieithriad, cerbydau heb goridor oedd yn ein cludo. Y rheswm dros hyn oedd fod prifathrawes ein chwaer ysgol, sef Ysgol Ramadeg y Merched, Y Bala, yn amau cymhellion unrhyw ddisgybl gwrywaidd, gan ddeddfu nad oedd cwmni'r GWR i feiddio defnyddio cerbydau â choridor i gludo'i phraidd hi i'r ysgol. Ac onid oedd y ffaith fod twnnel ar y daith rhwng Llandderfel a Chyffordd y Bala yn berygl o greu anawsterau dybryd pellach?

Mae'n siŵr fod rhyw gymaint o garn i'r dadl honno, oherwydd roedd y twnnel yn medru creu pob math o styrbans. Dyna un o'r pethau pwysicaf a ddysgwyd gennym yn ystod yr wythnosau cyntaf o deithio ar y trên. Os am gyrraedd pen y siwrne'n iach a dianaf, roedd yn ofynnol i chi symud yr eiliad cyntaf yr âi'r trên i mewn i'r twnnel. Nid oedd hanner eiliad i oedi, neu byddech yn derbyn slap gan rywun, neu fe ddeuai bag ysgol i lawr ar eich pen. Erbyn i ni gyrraedd yr ail flwyddyn, roedd ein holl reddfau wedi'u tiwnio i symud, a hynny ar sbîd melltennol, fel pe bai rhywun yn troi swits. Efallai mai dyna oedd yn cyfrif am y ffaith mai hogie o Edeirnion fyddai'n ennill eu lle yn y rhan fwyaf o'r safleoedd maesu agos gan gapten tîm criced yr ysgol. Ond roedd boneddigesau ifanc Miss Dorothy Jones yn ddiogel yn eu cabanau *unisex* yn ystod yr holl sgarmesau hyn.

Bryd hynny, byddai gêmau ysgol yn cael eu chwarae ar foreau Sadwrn ym misoedd y gaeaf, gyda'r staff a'r disgyblion yn troi allan yn ddirwgnach. Nid oedd gennym athro addysg gorfforol yn Ysgol Tŷ Tan Domen, ond byddem yn cael gwasanaeth nifer o'r athrawon pwnc i weithredu fel dyfarnwyr. Weithiau byddai hyn o'n plaid, ond dro arall byddem yn gobeithio bod y dyfarnwr yn gwybod mwy am ei bwnc nag ydoedd am reolau pêl-droed. Y bêl gron oedd cyfrwng ein chwarae ni, ond roedd ambell ysgol o fewn y sir oedd yn defnyddio pêl o siâp rhyfedd! Yn wir, ni welais i gêm rygbi o gwbwl hyd nes i mi fynd i'r coleg yn Aberystwyth. Ond trwy gyfrwng y gêmau pêl-droed cyfeillgar (amheus!) y byddem wedi eu chwarae yn erbyn ysgolion fel Rhiwabon, neu Flaenau Ffestiniog, caem gyfle i ddod i adnabod llawer o'r hogie y byddem yn eu cyfarfod eto, maes o law, ar gaeau'r colegau. Byddai gennym fwy o dimau i chwarae yn eu herbyn ar y meysydd criced, gan y byddai Towyn a Dolgellau'n ychwanegu at galendr yr haf. Un lle y byddai angen polisi yswiriant i fynd iddo i chwarae criced fyddai Blaenau Ffestiniog, oherwydd byddai'r pridd yn brin yno, a llechi'n ddihysbydd ar eu llain griced hwy; fe gofiaf yn dda fod ganddynt fowliwr cyflym o'r enw Ernie Williams oedd yn beryg bywyd i geisio batio yn ei erbyn!

Yn rhyfedd iawn, ymhen nifer o flynyddoedd, fe ddaeth Ernie'n aelod o staff fy ysgol i yn Yr Wyddgrug, a chefais ei atgoffa o'i orffennol peryglus. Ond roedd ei ddyddiau criced ar ben erbyn hynny!

* * *

Rwy'n ystyried fy hun yn ffodus fy mod wedi cael treulio fy llencyndod yng Nghorwen, oherwydd ym mlynyddoedd y pedwardegau a dechrau'r pumdegau roedd bywyd cymdeithasol a diwylliannol y dref ar ei orau, ac Aelwyd yr Urdd yn un bwrlwm o weithgarwch a hwyl. Fel pobol ifanc, buom yn arbennig o ffodus fod yn y dref nifer sylweddol o bobol oedd yn barod i roi o'u hamser i'n hyfforddi ac i'n cynghori, ac roedd ymateb cadarnhaol yr ieuenctid yn siŵr o fod wedi rhoi llawer o bleser iddynt hwythau.

Ym myd cerddoriaeth roedd Robin Williams (Exchange),

Gwyneth Vaughan Jones (cyfeilyddes o'r radd flaenaf a gollwyd yn llawer rhy gynnar), R. W. Davies, a Christmas Evans; ac ym maes adrodd (cyn i'r gair 'llefaru' gael ei fathu!) roedd William Jones (Siop Gwaelod) a Llewelyn Davies (fy nhad). I droi i fyd dawnsio gwerin roedd Gwenllïan Berwyn a'i phriod, a hefyd brenhines y ddawns yng Nghymru, Lois Blake, oedd wedi symud i fyw i'r Dafarn Bric rhyw ddwy filltir o'r dref. Ac fel rhyw 'shop steward' dros y cyfan roedd y Parchedig Huw E. Jones, neu 'Jones y Ciwrat' fel y byddai pawb yn ei adnabod. Ef oedd arweinydd yr Aelwyd, ac fe deithiodd filltiroedd lawer ar ei hen feic mawr du i drefnu'r cyfan – Pwy oedd i gyfarfod? Ymhle? Faint o'r gloch? I ymarfer beth? Yn eu tro, bu pawb ohonom yn ei felltithio am iddo ein llusgo allan i ymarfer, yn lle cael mynd i'r pictiwrs, neu i ddawns, neu i gyfarfod â merch, neu i chwarae tennis neu bêl-droed. A siarad yn bersonol, rwy'n drwm iawn yn ei ddyled oherwydd iddo ef fynnu bod ymarfer yn bwysicach nag unrhyw beth arall. A fo oedd yn iawn. Roedd pobl ifanc Corwen yn meddwl yn uchel ohono, ac ni feiddiem ei wrthod. Credaf fod llawer o angen 'shop steward' fel Jones y Ciwrat yn ein cymunedau ni heddiw.

Pan oedd H.E. Jones yn symud i Sir Drefaldwyn o Gorwen, cynhaliwyd cyngerdd ffarwelio iddo yn y Pafiliwn, a dim ond rhyw un neu ddau yn unig o holl griw yr Aelwyd oedd yn absennol. Roeddwn i wedi llunio rhyw eiriau talcen slip; roedd Gwyneth Vaughan Jones wedi cyfansoddi alaw a threfniant, ac roedd fy nghyfaill, Emyr Jones, a minnau'n mynd i'w canu nhw. Wrth gwrs, mae llwyfan y Pafiliwn yn anferthol, a threfnwyd i ni ddod arno o'r naill ochor a'r llall, y ddau ohonom yn gwisgo coler gron ac yn marchogaeth treisicl bob un, gan ganu:

O! am gael beisicl, neis licl beisicl, fel sy gan H.E. Jones.
Fe'i gwelwch o'n mynd fel ffyddlon ffrind
I bobman yr â H.E. Jones.
Mae ganddo o fore hyd hwyr y dydd,
Ble bynnag yr elo, y beic a fydd.
Mae'n gyfaill i'r cyfaill ffyddlona sydd,
Yr anfarwol H.E. Jones.
Gwnawn, rhown i'r byd i gyd, ar ei hyd, rhyw-by-ryd
Pe cawn i afael ar
rhyw hen feisicl, neis licl beisicl, fel sy gan H.E. Jones.
   (ac felly ymlaen am dri phennill arall)

Roedd Gwyneth wedi cael gafael ar yr union arddull oedd ei hangen, ac ar ddiwedd y gân roedd y Parchedig yn ei ddagrau, a'r gynulleidfa gyfan yn uno i ddangos iddo gymaint roedd pawb wedi gwerthfawrogi'i gyfraniad tra bu yng Nghorwen. Mae yntau erbyn hyn wedi ein gadael, ac felly hefyd Gwyneth a'm ffrind, Emyr.

Wrth i mi sôn am y Pafiliwn, rwy'n gresynu bod Cyngor Sir Ddinbych (gan fod y sir honno erbyn hyn wedi cipio Edeirnion oddi ar Feirion) fel petaent yn barod i roi mwy o sylw ac arian i bafiliwn clwt Llangollen nag i bafiliwn Corwen. Ym Mhafiliwn Corwen, yn ddi-os, y mae'r acwsteg gorau o holl neuaddau cyngerdd Gogledd Cymru, fel y mae'r canwr Bryn Terfel yn barod i dystio.

Fe godwyd y Pafiliwn mewn pryd i groesawu Eisteddfod Genedlaethol Cymru ym 1919. Yn yr eisteddfod honno, y delynores swyddogol oedd Brenhines y Tannau o Ben-y-bont-fawr, sef Nansi Richards (Telynores Maldwyn). Hi hefyd oedd i gyfeilio yn seremonïau'r Orsedd.

Ar fore agor yr eisteddfod roedd Gorsedd y Beirdd i gyfarfod hanner milltir i fyny ar lethrau'r Berwyn, lle roedd cerrig yr Orsedd wedi'u gosod. Y noson cyn yr agoriad, roedd Nansi'n cysgu mewn llety ar fin sgwâr y dref, ac yn y bore cafodd ei deffro wrth glywed sŵn band pres yn pasio'i ffenestr. Sylweddolodd ei bod wedi cysgu'n hwyr, a bod gorymdaith yr Orsedd ar ei ffordd. Yn ffodus, roedd hi wedi trefnu i gyfaill gludo'i thelyn yn barod at y Cylch, ac felly yr unig beth roedd yn rhaid iddi ei wneud oedd rhedeg i gyrraedd yno o flaen yr orymdaith. Yn gyflym iawn clymodd wregys am ei chanol i gadw godre'i choban rhag dangos; gwisgodd ei chôt fawr amdani, a'i chau'n dynn. I ffwrdd â hi wedyn ar frys, gan basio'r orymdaith, ac erbyn iddynt gyrraedd y Cylch roedd Nansi'n eistedd wrth ei thelyn yn aros amdanynt.

Fe ddaeth y seremoni i ben, ond cyrhaeddodd negesydd o swyddfa ysgrifennydd yr eisteddfod i ddweud bod nifer sylweddol o gystadleuwyr yn disgwyl am y delynores yn ysgoldy Capel Seion er mwyn cael cychwyn y rhagbrawf cerdd dant. Ac yno y bu Nansi drwy'r bore yn canu'r delyn i lu mawr o gystadleuwyr – yn dal yn ei chôt fawr a'i choban!

Ar hynny, fe ddaeth negesydd ar frys o'r Pafiliwn i ddweud bod y gystadleuaeth gerdd dant gyntaf ar fin dechrau ar y llwyfan. Ond ble roedd y delynores? Erbyn hyn roedd yn ganol dydd, a'r tywydd yn grasboeth. Ond i ffwrdd â Nansi drwy'r dref, ac ar y llwyfan mawr yn barod am y cystadleuydd cyntaf. Caerwyn oedd arweinydd y bore, ac o'i gweld yn ei chôt fawr gofynnodd tybed a fyddai'n hi'n dymuno cael ei thynnu. 'Na. Dim diolch,' atebodd Nansi. 'Fel hyn rydw i'n leicio bod.' Ac fe aeth y gystadleuaeth yn ei blaen.

I bwy arall heblaw Telynores Maldwyn y byddai peth fel yna wedi digwydd? Drigain mlynedd yn ddiweddarach, mewn cyfarfod i'w hanrhydeddu hi am ei gwasanaeth i'r genedl, ac ar lwyfan yr un Pafiliwn, y llefarodd hi ymateb cofiadwy arall i ddatgan ei llawenydd, 'Tase gen i gynffon, mi faswn i'n ei hysgwyd hi!'

Pe medrai'r hen Bafiliwn siarad, byddai ganddo lawer i'w ddweud. Byddai'n cofio cyngherddau di-rif; anerchiadau gwych a gwachul; sawl arwerthiant codi arian; campweithiau theatrig a cherddorol dan arweiniad Brynle Hughes; cyfanweithiau cerddorol gan Gôr Unedig Dyfrdwy a Chlwyd; cyfnod o storio bwydydd dros gyfnod y rhyfel; tair Eisteddfod Genedlaethol – dwy ohonynt yn rhai Cenedlaethol Urdd Gobaith Cymru. Cofiaf y pryder a fu yn fy nghartref yn ystod yr wythnosau cyn Prifwyl yr Urdd ym 1946. Bu'n agos iddi gael ei gohirio gan nad oeddynt wedi gorffen clirio'r Pafiliwn ar ôl y rhyfel, ac roedd bataliwn o lygod bron â meddiannu'r lle. Fy nhad oedd y Trysorydd lleol, ac fe wn iddo golli cwsg lawer noson trwy boeni a fyddai'r pafiliwn yn barod. Yn y diwedd, fodd bynnag, bu'r ŵyl yn llwyddiant mawr. Mae'n anodd credu mantolen y Brifwyl honno. Cyfanswm y gwariant oedd £1,811.1.10 – a hithau'n un o'n gwyliau cenedlaethol! Gwnaed elw o £569. Mae'n siŵr bod llawer i'w ddweud o blaid yr hen ddywediad, 'Bala am Sasiwn, Corwen am Steddfod'.

Bu'r dref hefyd yn ffodus o gael gweinidogion ymroddgar a dawnus yn y gwahanol gapeli. Yn Seion fe gawsom ni J. Easter Ellis, Idan Williams a Brothen Jones yn ystod fy nghyfnod i; cyfranodd Idris Evans a Tom Davies a John Jones i fywyd Eglwys y Bedyddwyr a hefyd i ieuenctid y dref. Daw enwau dau weinidog Wesle – Arthur Williams a Ronald Griffith – i gof am eu cyfraniad bywiog; ac H.R. Howells ac Emlyn Jones am ofal hwythau dros ddiadell yr Annibynwyr. Roedd mynd mawr ar gymdeithasau a chwmnïau drama; yn wir, pery'r ŵyl ddrama flynyddol i ddal ei thir yno hyd heddiw dan ofal Ifor Parry a'i gyfeillion.

Roedd criced, tennis a phêl-droed hefyd yn hawlio cyfran helaeth o'n hamser, gan fynd i eithafion weithiau trwy bowlio peiriant torri gwair i lawr i'r cae chwarae yr holl ffordd o'm cartref ym mhen ucha'r dref, er mwyn paratoi'r wiced ar gyfer gêm bwysig. Ac fel y byddai'r Nadolig yn nesáu, byddai criw ohonom ni'r bobol ifanc yn paratoi ar gyfer sesiynau o ganu carolau o gwmpas yr ardal. Buom wrthi trwy gydol blynyddoedd y rhyfel, gan godi arian at Ymchwil Cancr – achos da yr oedd llawer llai o sôn amdano bryd hynny o'i gymharu â heddiw. Ni fedraf gofio pam y bu i ni benderfynu ar yr achos hwnnw yn y lle cyntaf, ond rhwng 1942 a 1950 mae'n rhaid ein bod wedi casglu rhai miloedd tuag ato.

Yn ystod y tymor carolau, oedd yn ymestyn dros dair wythnos cyn dydd Nadolig, mae'n siŵr fod myrdd o droeon trwstan wedi digwydd, rhai rhy niferus i'w rhestru yma, ond bodlonaf ar sôn am un. Ein trefn wrth grwydro'r ardal oedd bod person gwahanol yn ei dro yn ymateb ar ôl curo'r drws, i egluro am y gronfa yr oeddem yn ei chodi. Un flwyddyn, wedi cyrraedd plasty Bryn Tirion, tro Emyr oedd siarad pan agorid y drws, a gwell egluro bod Emyr yn dipyn o dynnwr coes. Perchnogion Bryn Tirion oedd y Llyngesydd Stapleton-Cotton a'i briod. (Nid pob ardal oedd ag Admiral byw yn trigo ynddi!) Roedd ei briod yn drwm ei chlyw, ac yn dal trwmped wrth ei chlust pan yn sgwrsio. Hi a atebodd y gnoc ar y drws. Aeth Emyr i fyny ati, ac meddai wrth ben llydan y trwmped, 'We've come to sing carols in aid of Cancer Research, Mrs Stapleton-Cotton. We've come to sing for you again this year. Is the Admiral in?... Yn adran olaf ei neges symudai Emyr ei wefusau, ond heb ddweud dim ar lafar. Tybiodd y wraig fod y trwmped wedi clogio, ac meddai dros ei hysgwydd wrth yr Admiral, gan ddyrnu'r trwmped yn erbyn ei chlun, 'Come here, George. This damned thing is blocked again.' Gallwch ddychmygu'r broblem a gawsom fel parti. Sut ar y ddaear y gallem ddifrifoli digon i fedru canu, gyda'r Llyngesydd a'i briod yn sefyll yno'n gwrando arnom?

Ardal braf i gael eich magu ynddi oedd ardal Corwen. Yn y dyddiau hynny, yn ystod gwyliau'r haf bob blwyddyn, byddem yn treulio'r dyddiau braf allan, naill ai ar y meysydd chwarae neu allan ar lethrau'r Berwyn yn chwarae neu yn hel llus. Byddai ambell un yn pysgota yn y Ddyfrdwy, ac ar ddyddiau poeth iawn yr afon oedd ein pwll nofio. Nid wyf yn credu bod fy mam, na mamau fy ffrindiau, yn bryderus ein bod yn crwydro'r ardal yn rhydd fel hyn. Gwyddent y byddai ein boliau'n dweud wrthym pa bryd i ddod adref i gael pryd o fwyd. Tristwch pethau erbyn heddiw yw nad oes modd i blant fwynhau'r un mesur o ryddid dilyffethair ag a wnaethom ni, ac mi wn y byddai pob un oedd yn eu harddegau ar yr un pryd â mi'n cytuno.

Yn y cyfnod hwnnw, roedd geiriau cywydd Cynddelw'n disgrifio'n sefyllfa ni i'r dim:

> Yn fore awn i Ferwyn,
> i'w frig iach ar fore gwyn
> yn Awst, a mynnwn eistedd
> ar y foel orau a fedd.
> Dymunol flodau mynydd,
> iach eu sawr i'w wychu sydd.
> Llawn o siffrwd brwd yw'r bryn,
> trydar ceiliogod rhedyn,
> a'r gwenyn yn côr-ganu
> fal un llais wrth fela'n llu.
> Adar ban cysongân sydd
> ar ei heulog orielydd,
> a'r hedydd ar ei aden
> â'i gân bêr yn uchder nen.

Gwyn ein byd yn y dyddiau pell hynny – y dyddiau na ddeuant byth yn ôl.

GER Y LLI

Dim ond ar ddiwrnod y trip ysgol Sul blynyddol i'r Rhyl, neu ar ymweliad â chwaer fy mam yn Hen Golwyn, y byddwn i'n arfer gweld y môr. Na! Bu bron i mi anghofio'r daith unwaith bob blwyddyn i weld modryb fy nhad yn nhref Caernarfon, a chyfnither iddo yn Nhalarocyn, Harlech. Roeddwn i'n arfer credu bod Caernarfon a Harlech wedi'u bendithio â rhyw feicro-hinsawdd cwbwl arbennig, oherwydd byddai'r haul yn tywynnu bob tro y byddem yn mynd i weld Modryb Sera-Jên ac Anti Beti. Dim ond flynyddoedd yn ddiweddarach y gwawriodd y gwir, ac mai tywydd tebyg i'n tywydd ni oedd yn y llefydd hynny hefyd, ond na fyddem ni fel teulu'n mentro cychwyn ar y daith os nad oedd y tywydd yn gadarn braf.

Roedd 1947 yn flwyddyn hynod iawn o ran tywydd. Ar ddechrau'r flwyddyn, fe gawsom eira mawr a rhew i'w ddilyn – cymaint o heth yn wir nes i Ysgol Tŷ Tan Domen fod ar gau am yn agos i dair wythnos a ninnau, ddisgyblion y chweched dosbarth, â llawer o waith heb ei gwblhau. Sut bynnag, fe ddaeth hindda, ac fe ddaeth arholiadau, ac nid oedd dim i'w wneud bellach ond aros i glywed y gorau neu'r gwaethaf. Cawsom wybod y byddai'r canlyniadau'n cael eu cyhoeddi ar ryw ddyddiad penodol ym mis Awst.

Erbyn dechrau'r gwyliau haf roedd y rhod wedi troi, ac fe gawsom un o'r hafau poethaf o fewn cof. Roedd tri ohonom wedi trefnu gyda'n gilydd i fynd ar daith feicio i lawr i Gernyw, gan gludo'n pebyll gyda ni. Ac i ffwrdd â ni

– George o Fryn Bwlan, Llandderfel; Hywel o Lidiart y Parc, a minnau. Dyma gyrraedd gogledd Dyfnaint yn ddianaf, ar wahân i swigod haul ar ein breichiau a'n coesau. Ond cytunodd y tri ohonom ei bod yn rhy boeth i ni ddal ati i feicio, a dyma aros mewn maes pebyll yn Blue Anchor, nid nepell o Ilfracombe, hyd nes y byddai'r gwres crasboeth yn tyneru rhywfaint. Ac yno y buom am wythnos neu fwy, ac mae'n anodd credu hyn ond roeddem yn gweddïo am law! Parhau'n hollol ddigwmwl roedd yr wybren, fodd bynnag, ac fe sylweddolwyd cyn hir fod dyddiad canlyniadau'r arholiadau ar ein gwarthaf. Ar fore Llun fe gawsom bwyllgor, a mawr oedd ein braw wrth sylweddoli mai dydd Iau yr wythnos honno oedd y dyddiad pryd y byddai ein tynged ni'n tri'n cael ei setlo yn natguddiad y canlyniadau.

Nid oedd dim amdani, gwres neu beidio, ond codi'r pebyll, a symud yn gyflym. Cymerwyd mantais o long oedd yn croesi'n ddyddiol o Ilfracombe i Abertawe; yna, dyma ni'n disgyn fel tunnell o frics yng nghartref fy nghefnder, Trebor, oedd yn byw yn Nhreforys. Y bore wedyn (Mercher) dyma ni'n beicio cyn belled â Chaerfyrddin, ac oddi yno'n dal trên i Aberystwyth, gan gyrraedd yno tuag wyth o'r gloch yn yr hwyr. Erbyn hyn, nid oedd digon o arian ar ôl i ni fedru cael dim mwy na llond bag o sglodion mewn siop ger y stesion, cyn pedlo ymlaen i gyfeiriad y Bala ar gyfer y canlyniadau drannoeth. Roedd pob batri i roi goleuni ar bob beic wedi fflatio, ond nid oedd gennym ddewis ond mentro ymlaen. Erbyn i ni gyrraedd Derwenlas roedd wedi llwyr nosi. Cawsom ein stopio gan heddwas ger Machynlleth, a chael pregeth ganddo am deithio'n ddi-oleuni, ond ar ôl clywed ein stori fe ddywedodd y cyfaill graslon, 'O'r gore 'te, ewch yn eich blaenau'n ofalus, ond peidiwch â dweud wrth yr un enaid byw eich bod wedi siarad efo fi'. Cristion, os bu un erioed!

Erbyn cyrraedd top Corris roeddem wedi llwyr ymlâdd, ac yn rhy flinedig i godi pabell – dim ond lapio'n pebyll amdanom, a thrio cysgu. Deffro neu ddadebru tua phump o'r gloch y bore; ymolchi yn nŵr un o'r pistylloedd ar fin ffordd Talyllyn; ac yna, gydag un ymdrech olaf, ymlaen â ni drwy Brithdir a Llanuwchllyn nes cyrraedd y Bala. A'r hyn a welsom ar ôl yr holl ymdrech oedd rhybudd ar ddrws yr ysgol yn hysbysu'r byd a'r betws na fyddai canlyniadau'r arholiadau i'w cael hyd y dydd Gwener!

Sut bynnag, pan ddaeth y dydd Gwener hwnnw, fe glywais fy mod wedi ennill fy nhrwydded i gael mynd i dreulio'r pedair blynedd nesaf yn y Coleg Ger y Lli yn Aberystwyth.

Daearyddiaeth, Hanes, Saesneg a Daeareg oedd y pynciau oedd i hawlio fy sylw yn ystod fy mlwyddyn gyntaf, ac yn yr hen adeilad ar lan y môr yr oedd pob un o'r adrannau hyn bryd hynny. Fy ngobaith oedd gollwng Saesneg a Daeareg ar ôl y flwyddyn gyntaf, ac yna fyw yn y gobaith o gael fy nerbyn i wneud cwrs anrhydedd Daearyddiaeth maes o law. Roedd y pwnc wedi ennyn fy niddordeb erioed, ac yn Aberystwyth roedd y ffaith mai'r Athro E. G. Bowen oedd Pennaeth yr Adran yn ychwanegu at yr apêl. Roedd ef ymhlith y ddau neu dri darlithydd gorau a glywais erioed, gyda dawn ryfeddol i orffen pob darlith yn union ar yr awr, a hynny heb gymorth cloc.

Buan iawn yr ymgartrefais yn Aberystwyth, gan aros mewn 'digs' yn Stryd y Bont gyda Mr a Mrs Jenkins, cwpwl di-blant – y gŵr o ardal Aberystwyth, a'i briod o Sir Gaernarfon. Cefais i a'm cyd-letywr am y ddwy flynedd gyntaf – gŵr ifanc o Lanbedr Pont Steffan – gartref glân a gwelyau cyfforddus, er na chawsom ddim o'r moethus-rwydd a ddarperir ar gyfer myfyrwyr heddiw yn eu hosteli crand. Ond roeddem mewn man canolog yn y dref, ac yn agos at adeiladau'r coleg – pwynt pwysig iawn os digwydd bod gennym ddarlith am naw y bore! A phwysicach fyth, roeddem yn agos at Neuadd y Plwyf lle câi cinio'r myfyrwyr ei weini, oherwydd ar ein bwyd ein hunain roeddem yn byw yn Stryd y Bont. Gwres, neu'n fwy cywir, diffyg gwres oedd ein problem fwyaf yn nhrymder gaeaf, ac nid oedd baddon na chyfleusterau ymolchi ar gael yno 'chwaith. Roedd yno dŷ bach, diolch i'r drefn, ond byddem yn cerdded ddwywaith bob wythnos i ystafelloedd newid maes chwarae'r coleg yn Heol Llanbadarn er mwyn cael cawod.

Buan iawn y daeth bywyd myfyriwr yn ffordd o fyw i ni, ac roedd yna rai defodau yn Aberystwyth roedd yn rhaid eu cadw. Roedd y ddefod o 'gicio'r bar' ar ben pella'r prom unwaith bob dydd yn draddodiad pwysig, ar wahân i'r ffaith ei fod yn gymorth i gadw pob un ohonom yn fwy ffit nag y byddem fel arall.

Roedd 1947 yn flwyddyn ddiddorol i fod yn y coleg, ac mae'n debyg fod ymhlith y garfan myfyrwyr fwy o gymysgedd oedran a phrofiad nag a gafwyd, o bosibl, er dechrau'r dauddegau. Y rheswm am hyn oedd bod nifer sylweddol o'r myfyrwyr wedi dod i'r coleg ar ôl treulio blynyddoedd yn y lluoedd arfog, a rhai ohonynt wedi cael profiadau ar faes y gad mewn gwledydd tramor. Daeth eraill yno ar ôl treulio cyfnod yn y pyllau glo. Roedd criw arall ohonom yno fel glaslanciau, yn syth o fywyd ysgol, yn llawn brwdfrydedd ond heb brofiad. Fe weithiodd y gymysgfa ryfedd hon yn annisgwyl o dda, a bu i'r naill garfan fanteisio ar gryfderau'r llall i greu uned ddiddorol iawn. Wrth gwrs, nid oedd ein niferoedd hanner cymaint ag y byddent o dan y drefn mynediad bresennol.

Gan fod y mwyafrif o'r myfyrwyr yn dilyn eu cyrsiau yn yr adeilad ger y lli, roedd pobman yn y dref o fewn cyrraedd hawdd. Roedd y cwad yn fwrlwm o bobol yn gwau drwy'i gilydd rhwng darlithoedd, ac yn fan cyfarfod am sgwrs; roedd y Rifféc hefyd yn lle prysur-gyfleus am baned. Heb fod ymhell roedd Caffi'r Marîn, a hefyd Gaffi'r Pengwyn, lle roedd Eidalwr rhadlon yn gwneud y coffi gorau yn y byd (meddai ef!). Rwy'n cofio Hywel Ponterwyd yn cyfansoddi cywydd i'r caffi hwn, a grŵp ohonom yn gosod y cywydd ar gainc er mwyn ei ganu yn un o gyfarfodydd y Gymdeithas Geltaidd. Yn anffodus, erbyn hyn nid oes copi ar gael, a dim ond rhyw dameidiau sy'n dal yng nghilfachau'r cof:

> Ym mhlas Antoniazzi
> fe geir sgons a lemons lu.
> Hir eu cŵyn ar amser cau
> yw ceiliogod colegau.
> Er cilio lleng o'r Pengwyn,
> o afael te ag Ofaltîn,
> dônt yn ôl yn leisiol li
> dan swae Antoniazzi.

Gyda chriw mor amrywiol yn cyd-gyfarfod, roedd yn anochel fod ambell unigolyn ecsentrig yn ein plith. Doedd neb yn fwy felly nag un gŵr ifanc cwbl unigryw – os ifanc hefyd, gan fod ei farf yn dechrau britho. Rwy'n credu ei fod yn hanu o Lundain, ac yn arbenigo mewn dyfeisio taclau mecanyddol o bob math. Pe byddech yn sefyll ar y mat ger drws ei ystafell yn yr hostel lle roedd yn lletya, byddai bwrdd mawr wedi'i osod ar ei ddrws, gyda golau trydan yn ymddangos ar gyfer un o'r dewisiadau canlynol: In a lecture; Gone to town; In bed; In the bath; Gone on holiday.

Un Nadolig, penderfynodd cynhyrchydd pantomeim blynyddol y coleg y byddai'n gofyn am ei gymorth i lwyfannu 'Babes in the Wood'. Yn wir, fe aeth ymhellach, trwy ofyn iddo chwarae rhan y 'dylwythen deg'. Cytunodd y gŵr â'r cais. Yn anffodus roedd yn rhaid llwyfannu'r sioe yn Neuadd y Plwyf – y neuadd lle roedd merched y gegin yn paratoi cinio dyddiol i'r myfyrwyr – felly nid oedd yn hawdd cael amser i ymarfer mewn lle mor brysur. Byddai'r syniad o 'dylwythen deg' farfog wedi bod yn ddigon o syndod, ond fe gafodd y cyfaill weledigaeth bellach. Pe gallai redeg gwifren gref o astell y galeri hyd at ralsen y llen ar dop y llwyfan, byddai'n bosibl i'r 'dylwythen' wneud mynediad dramatig o'r galeri i'r llwyfan trwy afael mewn pwli, wedi'i wisgo mewn tw-tw, a chyda'i ffon hud yn ei llaw. Fe gafodd rwydd hynt i osod y wifren, ond ni chafodd amser i ymarfer y gamp. Ar noson y perfformiad taflodd y 'dylwythen' ei hun i'r gofod, gan afael yn dynn yn y pwli, er syndod a braw mawr i'r rhai o'r gynulleidfa oedd yn eistedd yn seddau'r galeri. Ond, yn anffodus, sylweddol-odd y gŵr ei fod wedi anghofio cymryd ei bwysau ei hun i ystyriaeth wrth gynllunio'r gamp, ac o ganlyniad gwelwyd y 'dylwythen deg' yn sownd rhwng galeri a llwyfan, 'yn y nwyfre yn hofran', chwedl T. Gwynn Jones. Bu raid cael polyn agor ffenestri i'w lusgo i ben ei siwrne gerfydd ei draed, a bu'r gynulleidfa'n sôn am yr olygfa hon am fisoedd wedyn! Cymeriadau fel hyn oedd yn rhoi blas ar fyw.

Ond nid dyma gywair pob digwyddiad sy'n dod i'r cof. Roeddwn yn digwydd bod yn Aberystwyth pan oedd y coleg yn dathlu'i ben blwydd yn 75 mlwydd oed, a chafwyd cyfarfod mawr i nodi hynny yn Neuadd y Brenin. Roedd yr Athro T.H. Parry-Williams wedi llunio cywydd i ddathlu'r amgylchiad, a chefais innau wŷs i gasglu ynghyd barti cerdd dant i ganu'r cywydd. Pum 'pennill' oedd i'r cywydd, a phobl od yw pobl cerdd dant. Daeth i ni rhyw deimlad y byddai cael chwe phennill yn well, gan y byddai hynny'n rhoi 'dau gylch' cyflawn o eiriau i ni ar y gainc. Soniais wrth y parti, a'r ateb a gefais ganddynt oedd, 'Wel, dos di i ofyn iddo fo'.

A dyma fynd i'w weld, er yn bur bryderus rhag ofn

tramgwyddo. Ond cefais groeso mawr ganddo, ac wedi i ni gael sgwrs am bopeth heblaw y cywydd, dyma'r Athro yn holi beth oedd fy neges, a minnau'n egluro y byddai cael englyn naill ai ar flaen y cywydd neu ar y diwedd yn rhoi i ni ddau gylch cyflawn. Cytunodd â mi, ac yna dywedodd, 'Wel, pam na wnewch chi un eich hunan, Aled bach? Maen nhw'n bethau digon hawdd i'w llunio.' Wfftiais at ei syniad, gan egluro na luniais i englyn erioed. Yna trodd ataf, a medrwn daeru bod awgrym o wên y tu ôl i'w sbectol, pan ddywedodd, 'Oes gennych chi bwt o bapur a phensel?' 'Oes,' atebais innau, ac yna, gan bwyso ar ystlysbost drws ei ystafell, fe ddywedodd yn bwyllog, 'I goleg y colegau' (saib i mi ysgrifennu). 'Rŵan, y gair cyrch, a gorffen y paladr,' meddai, gydag ambell saib i roi'r argraff ei fod yn llunio'r cyfan yn fyrfyfyr; ' – y canwn; Fe fu cenedlaethau'... Saib bychan arall, yna ymlaen yr aeth:

'Llawn o hoen yn llawenhau
Yn nodded dy neuaddau.'

Ac meddai i gloi ein sgwrs, 'Dyna chi. Roeddwn i'n dweud wrthych chi eu bod nhw'n bethau digon hawdd i'w gwneud.' A hyd heddiw, rwy'n argyhoeddedig fod yr englyn yma ganddo yn ei gof er peth amser, a'i fod wedi cael hwyl yn smalio'i lunio ar y pryd. Daethom ein dau i adnabod ein gilydd yn llawer gwell ar ôl hynny, ac roedd ei briod, y Fonesig Amy, yn arbenigwraig ar gerdd dant hefyd. Yn y cyngerdd dathlu, fe aeth y perfformiad i lawr yn dda – yn rhyfeddol o dda a dweud y gwir, gan fod gennyf yn y parti tua saith allan o'r dwsin nad oeddent erioed o'r blaen wedi canu cerdd dant o unrhyw fath.

Bûm hefyd yn ffodus fy mod wedi cydoesi am ddwy flynedd yn y coleg gyda un o gymeriadau ardal Llan-uwchllyn, sef Geraint Edwards. Roedd Geraint yn hŷn na fi, a'i frawd Trefor yn nes at fy oedran. Ond pan ddaeth sôn fod cystadleuaeth deuawd cerdd dant ar raglen yr Eisteddfod Ryng-golegol, penderfynodd Geraint a minnau y dylem roi cynnig arni. Daethom at ein gilydd i ymarfer unwaith neu ddwy yn Aberystwyth cyn mentro i lawr i gystadlu yn Abertawe. Geraint a ddewisodd y geiriau. Roedd wedi dotio at englynion J. Lloyd Jones yn awdl 'Y Gaeaf' – cyfres sy'n cloi gyda'r geiriau:

> Gwên a gormes, gwin a gwermod – yw'r oes,
> > orau un ei chyfnod.
> Chwiliwch hi, haul a chawod,
> munudau Duw'n mynd a dod.

Llunio ein cyfalawon ein hunain oedd y drefn gennym, a'r ddwy gyfalaw yn plethu drwy'i gilydd. Mae'n rhaid fod y perfformiad wedi plesio'r beirniad, y Parch. Gwyndaf Evans, oherwydd enillwyd y wobr, ac fe wnaethom yr un peth efo darn arall y flwyddyn ddilynol.

Wrth sôn am yr Eisteddfod Ryng-golegol, rwy'n cofio'r ŵyl yn dod i Aberystwyth, ac yn cael ei chynnal yn Neuadd y Brenin. Fe aeth yn hwyr, gyda'r arweinydd yn cael trafferth i gael pethau i redeg yn hwylus. Roedd y Brif Unawd ar fin cychwyn, ac yn y gystadleuaeth hon roedd Aber yn ffyddiog y byddai'r baswr trwm, Dyfrig Evans, yn cipio'r wobr. Ac fe ganodd yn ardderchog. Yn syth wedi hynny, fe ddigwyddodd rhywbeth rhyfedd ac annisgwyl. Fe alwyd ar y canwr nesaf ymlaen, ac fe gamodd myfyriwr eiddil yr olwg o Goleg Caerdydd i'r llwyfan i ganu'r 'Serenâd' allan o'r cyfanwaith 'Y Ferch Deg o Perth' – cân sy'n agor gyda'r geiriau 'It is the hour of midnight'. Am ryw reswm, trodd llygaid pawb at y cloc ar y mur uwch ei ben, ac roedd bysedd hwnnw'n union ar hanner nos. Roedd canu'r gŵr ifanc o Gaerdydd y noson honno'n wefreiddiol, a gallech fod wedi clywed pìn yn disgyn. Caerdydd a orfu, gydag Aberystwyth yn ail. Ac enw'r canwr buddugol oedd Clifford Bumford.

Ond nid oedd popeth yn fêl i gyd yn Aberystwyth chwaith. Cofiaf un penwythnos pan fûm yn dioddef o'r ddannoedd. Ni fedrai bore Llun ddod yn ddigon buan, ond pan ddaeth cefais fy siomi. Bûm yn syrjeri pob deintydd y gwyddwn amdano yn y dref, ond y cwbl y medrent ei gynnig i mi oedd i ddod yn ôl rywdro ar y dydd Iau. Golygai hyn ddioddef poen am dridiau cyn cael gwneud rhywbeth yn ei gylch. Yna'n sydyn fe gofiais fod y bardd-bregethwr T.E. Nicholas yn byw mewn tŷ ym Mhlas Crug, ger yr orsaf. Fe gofiwn amdano'n dod i bregethu i Gorwen, gan ddod â'i offer deintyddol gydag ef rhag ofn y deuai cwsmer ato ar y bore Llun cyn iddo ddychwelyd i Aberystwyth. Dyma fynd at ei dŷ, a churo'r drws. Daeth ei briod i agor, a dywedais fy neges. 'Ma' fe mas yn yr ardd yn prwno rhosod,' meddai hi, gan fy arwain i'r syrjeri. 'Steddwch chi. Fe af i mas i'w mo'yn e.' Ac allan â hi. Toc, fe ddaeth gŵr i mewn gyda hi – gŵr yn gwisgo cap stabal, ac yn smocio trwy ddaliwr sigaréts. 'P'run yw e?' gofynnodd. Pwyntiais innau i gyfeiriad top fy ngheg, ar yr ochor dde. Aeth gŵr y cap i chwilota mewn drôr am chwistrellydd, ac ar ôl ei lenwi rhoddodd bigiad i mi yn rhywle'n agos at y boen. 'Ishteddwch chi'n fanna,' meddai wedyn. 'Rydw i'n mynd mas i orffen prwno.' Ac allan ag ef. Ymhen rhyw ddeg munud daeth yn ei ôl. Chwiliodd yn y drôr unwaith eto am efail bedoli; agorais fy ngheg yn llydan, ac allan y daeth y dant ar y plwc cyntaf, ac ni theimlais unrhyw boen ar ei ôl. Gyda balchder y byddaf yn ailadrodd y stori wrth fy ffrindiau. Wedi'r cwbwl, nid pawb sydd wedi cael tynnu dant gan Niclas y Glais!

Yn ystod fy nwy flynedd olaf o dan gronglwyd Mr a Mrs Jenkins yn Stryd y Bont, fe gefais gydymaith arall i rannu'r 'digs' gyda mi yno. Roeddwn yn ei adnabod yn dda, gan ei fod yn gyfaill o ardal Corwen, a buom yn gyd-ddisgyblion yn Ysgol y Bala. Fel Gwynn Tynewydd yr oeddwn i'n ei adnabod, ond fel Gwynn Corwen y daeth i gael ei adnabod gan bawb ar ôl ei gyfnod yn y coleg. Fe gawsom lawer o hwyl gan fod ein diddordebau'n gogwyddo i'r un cyfeiriad. Braf oedd cael gŵr ifanc o'r un anian yn cyd-letya â mi.

Cawsom un weledigaeth a fu o gryn help i ni pan fyddem yn meddwl am siafio. Roedd cyfaill arall i ni oedd yn hanu o Fwlchgwyn, ger Wrecsam, wedi ymgartrefu mewn tŷ lle roedd basn ymolchi a chyflenwad o ddŵr poeth yn ei lofft. I Gwynn a minnau, roedd hyn yn foethusrwydd o'r radd flaenaf, ac fe wnaethom drefniant gyda Dewi Lloyd y byddem yn cael mynd i'w lofft ef i siafio. Roedd Mr Davies, perchennog y Sun Temperance Hotel, a ninnau'n cael sgwrs yn reit amal yn y lobi neu ar y grisiau – mor fynych yn wir nes i Gwynn a minnau ddod i gredu nad oedd Mr Davies yn siŵr iawn a oeddem ni'n drigolion yn y Sun ai peidio.

Cyfaill arall yn ein criw ni yn Aberystwyth oedd Gwynn Tudno, a byddem yn anwahanadwy yn ystod ein horiau hamdden. Rwy'n cofio Gwynn Tudno'n cael ei ddewis i gymryd rhan mewn drama newydd sbon o waith Islwyn Williams. *Y Ddeuddyn Hyn*, rwy'n credu, oedd teitl y ddrama, ac fe benderfynodd y pwyllgor y buaswn i'n cael gweithredu fel cofweinydd i'r cwmni. Roedd llawer o bobl bwysig wedi cael tocynnau i ddod i weld y 'première' ar lwyfan Neuadd y Brenin, a byddai'r awdur hefyd yn bresennol.

Yn y prynhawn fe gafwyd y rihyrsal olaf, a gallai'r cofweinydd fod wedi mynd adref gan mor berffaith oedd cof pob actor. Erbyn y nos roedd cynulleidfa deilwng iawn wedi ymgynnull, ac fe roddwyd croeso cynnes i'r awdur. Cododd y llen, a chychwynnodd *Y Ddeuddyn Hyn* ar ei siwrne. Aeth popeth yn hwylus hyd at dudalen 4, ac yna fe ddechreuodd pethau fynd yn shambls hollol gan yr holl griw actorion. O ganol tudalen 4 fe neidiwyd i dudalen 26, yn cael ei ddilyn gan 8, yna 37, ac yna 21. Roedd y cofweinydd druan mewn trafferthion difrifol – mewn panig, yn wir – a heb wybod sut ar y ddaear i ddod â phawb yn ôl at eu coed.

Erbyn hynny, roedd y gynulleidfa – llawer iawn ohonynt yn fyfyrwyr – wedi deall bod rhywbeth mawr o'i le, ac fel pe baent yn mwynhau ymdrechion yr actorion i unioni pethau. Ond roedd *Y Ddeuddyn Hyn* druan yn chwilfriw mân. Does gen i ddim cof o sut yn hollol y daeth y noson i ben, ond cofiaf fod yr awdur siomedig wedi cerdded allan a'i wyneb yn ddu iawn.

Roedd y ddau Gwynn yn gaffaeliad mawr i'r parti cerdd dant oedd yn codi'i ben yn ysbeidiol gennym yn y Gymdeithas Geltaidd. Un diwrnod, yn gwbl ddirybudd, fe dderbyniais lythyr gan Donald Moore o'r Barri. Roedd ef mewn cysylltiad â'r pwyllgor oedd yn trefnu gŵyl werin flynyddol yn Llydaw. Roeddynt yn awyddus i gynnwys cynrychiolaeth o Gymru y flwyddyn honno, ac wedi gwahodd Donald Moore i drefnu hynny. Mae'n rhaid ei fod wedi clywed ein parti cerdd dant ni'n canu yn rhywle yn ystod un o'i ymweliadau ag Aberystwyth, ac fe hoffai wybod a fyddai gennym ddiddordeb mewn mynd i'r Grande Fête de Cornouaille oedd i'w chynnal y flwyddyn honno yn ninas Kemper. Nid oedd angen iddo holi ddwywaith. Byddem yn falch o dderbyn ei gynnig. A dyna sut yr aethom dramor, fel parti digon dibrofiad, i ganu rhyw gymaint o gerdd dant a chaneuon gwerin. Gyda ni yr oedd parti dawns o Aelwyd Dolgellau o dan gyfarwyddyd Telynores Dwyryd, a hefyd barti canu gwerin o foneddigesau yn eu hoed a'u hamser o dref y Barri. Cafwyd wythnos braf yng nghwmni ein cyd-Gymry, ac ymysg ein cefndryd Celtaidd.

Yn ystod pob gwyliau haf yng nghyfnod y coleg, byddwn yn ceisio chwilio am ryw fath o waith fyddai'n talu cyflog er mwyn cadw'r blaidd o'r drws. Treuliais un haf yn glanhau ffenestri yng Nghorwen gan nad oedd cymwynaswr felly'n bodoli yn y dref bryd hynny. Treuliais ran helaeth o'r gwyliau haf nesaf yng nghwmni fy ffrind Emyr Jones, ar ôl llwyddo i gael gwaith yn un o geginau Gwersyll Billy Butlin ym Mhenychain, ger Pwllheli. Gan nad oedd gwasanaeth bysiau i'n cludo yno, arferem ffawdheglu'n rhyfeddol o lwyddiannus. Byddem yn gweithio am chwe niwrnod, gan aros yn y cabanau yno, cyn cael deuddydd neu dri i ffwrdd a bodio adref, gan ddibynnu ar garedigrwydd gyrwyr lorïau, moduron ac ambell dractor.

Cawsom fyrdd o hwyl yn ystod y cyfnodau ym Mhenychain, er bod y gwaith yn bur drwm. Roedd holl adloniant proffesiynol y gwersyll yn rhad ac am ddim i'r sawl oedd yn gweithio yno, ond er hynny roedd yn braf cael mynd adref am seibiant.

Mae'n rhyfedd fel y mae ambell beth yn sefyll yn y cof. Rwy'n cofio un bore braf, a'r ddau ohonom ar ein ffordd yn ôl i Benychain. Buom yn ffodus o gael ein cludo mewn lorri o Gorwen ar hyd yr A5 hyd nes i'r gyrrwr orfod ein gollwng wrth iddo droi am Ysbyty Ifan.

Cawsom gyfnod llwm iawn wedyn, a gorfod cerdded am yn agos i ddwy filltir heb weld yr un Samariad trugarog. Ac yn ystod y cerdded hwn y lluniais fy englyn cyntaf erioed, a dyna'r unig reswm, am wn i, dros fentro ei gynnwys yma:

Yn ferw i gyd ar fore gwyn, – dau hoenus,
    dau heini sy'n cychwyn.
'Rôl bodio hir, wel, be' 'di hyn?
Bwtler i William Butlin.

Cyn i mi fedru troi'r englyn cyntaf hwn yn awdl, fe ddaeth

73

gyrrwr caredig heibio a chynnig ein cludo'r holl ffordd i Bwllheli.

Yn wir, dyddiau difyr oedd dyddiau coleg, a theimlaf yn freintiedig fy mod wedi cael byw yn Aberystwyth mewn cyfnod mor ddiddorol. Ni fûm yn ymwybodol o gwbl o'r rhwyg y mae rhai pobol yn sôn amdano rhwng y myfyrwyr a brodorion y dref. Bu Aelwyd yr Urdd yn Aberystwyth yn groesawgar iawn tuag atom ni fel myfyrwyr, ac yn fan cyfarfod â llawer o bobl ifanc a ddaeth yn ddiweddarach yn ffrindiau agos. Byddai'r capeli hefyd yn estyn eu croeso, ac yn fy achos i roedd mynychu oedfaon yn achlysurol yn Seilo yn brofiad dyrchafol, pe bai ond i wrando ar Charles Clements yn cyflwyno amrywiadau ar yr organ o ambell dôn adnabyddus ar noson cymun.

Roedd y coleg ei hun yn cynnig cyfle i fyfyrwyr o bob diddordeb gymysgu â'i gilydd, gan nad oedd eu nifer wedi cynyddu i'r graddau â heddiw, ac roedd y teimlad o 'berthyn' yn bodoli mewn gwirionedd. Yn ychwanegol at hyn, roedd yno gyfle i wrando ar rai o feddyliau mawr ein cenedl yn darlithio, ac roedd cael y fraint o wrando ar wŷr fel yr Athro T.H. Parry-Williams, Alwyn D. Rees, Alun Davies ac Emrys Bowen, ymhlith eraill, yn darlithio, yn brofiad nad anghofiaf tra byddaf byw.

Erbyn heddiw mae rhai o hen griw y myfyrwyr wedi mynd i'w haped, chwedl Daniel Owen, ond mae sawl un ohonom yn dal ar ôl, a phan gyfarfyddwn fe gawn gnoi cil ar lawer o hen atgofion. Mae Gwyn Corwen yn dda iawn am gadw trac ar y cyn-Aberiaid sy'n byw yn y De, ac mae maes y Brifwyl bob blwyddyn yn lle ardderchog i adnewyddu hen gyfeillach. Byddaf yn derbyn epistol unwaith neu ddwy bob blwyddyn gan Douglas Bassett, cyn-Brif Weithredwr yr Amgueddfa yng Nghaerdydd, a phob tro y gwelaf yr amlen, ac adnabod ei lawysgrifen, byddaf yn cofio am un o lwyddiannau mawr y Gymdeithas

Geltaidd tua 1949/50, pan lwyfannwyd ffug-opera ar lwyfan Neuadd yr Arholiadau.

Defnyddiwyd alawon adnabyddus o fyd yr opera, ond gyda phlot a geiriau od o wamal. Seren y noson yn ddiamau oedd Douglas Bassett fel *diva* arbennig o hirgoes. Byddai Giuseppe Verdi wedi cael haint, ond fe gawsom ni noson i'w chofio. Dyddiau felly oedd dyddiau coleg!

Mae ymweld â thref Aberystwyth heddiw yn brofiad dieithr braidd i hen begor fel fi, a'r rhai eraill heini hynny a fu'n cyd-oesi â mi ym mlynyddoedd cynnar y pumdegau. Bryd hynny, roedd rhan helaeth iawn o'r coleg ar lan y môr, ac roedd niferoedd y myfyrwyr yn llawer iawn llai. Erbyn heddiw, ar lethrau Penglais y mae mwyafrif llethol o weithgareddau'r coleg yn digwydd, ac mae'r 'bar' sydd ar ben pella'r prom yn dechrau dangos olion rhwd.

Ond er bod bywyd pawb ohonom – hen ac ifanc – wedi newid, tra pery myfyrwyr ifanc heddiw i gyrchu i Aberystwyth i geisio addysg, mae'n braf cofio'r hen air sy'n mynnu ein hatgoffa o hyd, gan ddweud 'Nid byd, byd heb wybodaeth'.

NEWID BYD

'Hir yw pob ymaros' meddai'r hen air, ac yn sicr bu hyn yn wir yn fy hanes i yn y flwyddyn 1951. Roeddwn wedi cwblhau fy nghyrsiau yn y coleg, ac yn disgwyl clywed gair gan rywun o rywle i'm gorchymyn i newid byd, a mynd i wisgo lifrai'r brenin am gyfnod. Roeddwn wedi clywed mai yn Adran Addysg y fyddin y byddwn yn treulio f'amser, ond y byddai'n ofynnol i mi gwblhau cwrs o hyfforddiant sylfaenol am gyfnod cyn hynny. Am ryw reswm roedd yr alwad honno'n hir yn dod, ac ni wyddwn i ble y byddai'n rhaid i mi fynd i dderbyn yr hyfforddiant hwnnw.

Cefais hamdden trwy gydol dyddiau'r haf, ac fe aeth yn ddechrau Medi cyn i mi glywed 'cnoc y llythyr-gludydd', chwedl Ceiriog. Roedd fy mam a minnau wedi bod yn disgwyl y gnoc honno ers wythnosau a medraf weld, y funud hon, yr amlen holl bwysig yn disgyn ar y mat wrth ddrws blaen y tŷ. Dyma ruthro i'w agor, ac nid wyf yn siŵr p'un ai Mam ynte fi a gafodd y braw mwyaf. Y neges oedd: 'You will report for Infantry Training with the City of London Regiment at the Tower of London next Tuesday, 8th September at 1500 hrs. A rail warrant is provided.'

Roedd un o'm cyrsiau hanes wedi fy nysgu mai i'r gaer arbennig honno y byddai troseddwyr yn cael eu cludo i gael eu dienyddio; ac onid yno y dygwyd pen Llywelyn ap Gruffydd yn y flwyddyn 1282 i gael ei osod ar waliau'r castell, a'i watwar gan drigolion Llundain? Roedd dychymyg Mam yn llai gwaedlyd, gan holi ai ymuno â'r

Beefeaters oedd fy mwriad. Sut bynnag, mynd fu raid, yn hogyn o gefn gwlad Meirionnydd, i fyw am rai wythnosau ymhlith criw dinesig a gwahanol iawn eu diwylliant a'u diddordebau.

Roedd hi'n flwyddyn brysur yn Llundain, gan mai hon oedd blwyddyn Gŵyl Prydain (Festival of Britain). Heidiai'r tyrfaoedd i Dŵr Llundain er mwyn cael cipolwg ar y trangalŵns brenhinol, a phob dydd gwelid cynffon hir o ymwelwyr llygadrwth yn sefyllian i aros eu tro i fynd i Dŵr Warwick i weld yr holl drysorau. Byddai'r gynffon hir yn dolennu reit o amgylch y sgwâr lle byddem ni, newydd-ddyfodiaid trwsgwl a di-glem, yn ceisio ymateb orau gallem i floeddiadau'r sarjiant-major. Gwisgo dillad denim llac yr oeddem, gan fod eu llacrwydd yn gwneud adnabyddiaeth yn fwy anodd. A diolch byth am hynny ddwedwn i, oherwydd un bore fe welais ŵr a gwraig o Gorwen roeddwn yn eu hadnabod yn dda yn sefyll yn amyneddgar ar ochor y sgwâr, a'r peth olaf a ddymunwn oedd iddynt hwy fy adnabod a chario'r stori am fy nhrwsgwleiddiwch yn ôl i Gorwen!

Yn Nhŵr Beauchamp yr oedd ein barics, ac yno y cyfarfûm â chriw o bobl ifanc o ddwyrain Llundain na fyddwn fyth dragwyddol wedi eu cyfarfod oni bai eu bod nhw a minnau yno ar yr un perwyl. Roedd pedair ystafell barics ar ein cyfer, a phob un ystafell yn cartrefu tua ugain o fechgyn. Yn ein sgwad ni roedd sawl aderyn brith (ar wahân i mi!) ac ambell un ohonynt y bûm yn darllen ei hanes yn y papurau newydd ymhen y rhawg. Dysgais un wers ddiddorol, sef bod elfen gref o wirionedd yn yr hen ddywediad Saesneg 'there's honour among thieves'. Roedd holl eiddo aelodau'n hystafell ni yn gwbl ddiogel, ond gwae eiddo unrhyw un o aelodau'r ystafelloedd eraill. Roedd athroniaeth fel hyn yn ddieithr iawn i hogyn o Feirionnydd!

Mae'n rhaid fod tinc o hiraeth wedi treiddio i mewn i un o'r llythyrau a anfonais adref o Dŵr Llundain, oblegid daeth cais i mi yn y llythyr nesaf yn gofyn a oedd unrhyw obaith i mi fedru bod yn rhydd ar y prynhawn Sadwrn canlynol i fynd i orsaf Paddington i gyfarfod y trên tri o'r gloch. Atebais ar fy union, a phan ddaeth y Sadwrn cyrchais i Baddington, ac yno gwelais Meinir fy chwaer, gyda Myfanwy fy nghyfnither. Roeddynt hwy ar eu ffordd i dreulio gwyliau yng Nghaint, ond wedi dod ag anrheg i mi o Gorwen, sef clamp o darten mafon duon braf wedi'i choginio ar blât enamel. Wedi ffarwelio efo nhw, i ffwrdd â fi'n ôl i'r Tŵr, lle gwneuthum gamgymeriad mawr. Yn lle bwyta'r darten yn ddistaw, a chadw'r hanes i mi fy hun, mae'n rhaid fy mod wedi cyhoeddi'r ffaith wrth ei chario i mewn. Daeth sawl llwy a *mess can* i'r golwg ar unwaith, â bu raid rhannu'r blasusfwyd rhwng tyrfa. Dim ond un darn o darten gefais i wedi'r cwbwl – a darn bach digon main oedd o hefyd – ond o leiaf roedd o'n ddarn o Gorwen!

Yr hyn a'm synnodd i oedd fod rhai o'r bois wedi dod ataf wedyn i holi pa ffrwyth oedd yn y darten, ac ymhle yr oedd i'w gael. Synnwyd o glywed yr eglurhad mai casglu'r mafon ar ochr y mynydd ac yn y cloddiau roedd fy mam wedi'i wneud, a mynegwyd syndod pellach eto o glywed bod y cyfan am ddim!

* * *

Wedi treulio cyfnod digon cyffrous yn y Tŵr, roedd fy hyfforddiant gyda'r gwŷr traed ar ben, a chafodd tri ohonom ein symud i ddinas Caer-gaint i dreulio deuddeg wythnos bellach. Erbyn hyn roeddwn yn llai ar bigau'r drain, ac mewn cyfnod o dri mis roedd mwy o gyfle i ni ddod i adnabod ein gilydd a gwneud ffrindiau newydd. Er mawr syndod i mi, un o'r bechgyn cyntaf a welais yno oedd Alan Rees. Roedd Alan yn cydoesi â mi yn Aberystwyth, ond ei fod ef yn gwneud Anrhydedd Hanes, tra mai Daearyddiaeth oedd fy mhwnc i. Ac yn bwysicach na hynny, roedd Alan yn Gymro Cymraeg o Rydaman, a bu ef a minnau'n selogion y Gymdeithas Geltaidd yn Aber.

Yn rhyfedd iawn, er i ni dreulio llawer o amser yn sgwrsio yn ystod cyfnod Caer-gaint, ni ddigwyddodd ein llwybrau groesi wedyn hyd nes y gwelsom ein gilydd ar faes Eisteddfod Genedlaethol Cymru yn Llanelli yn y flwyddyn 2000. Er bod yn agos i hanner can mlynedd wedi mynd heibio, llwyddasom i adnabod ein gilydd ar y cipolwg cyntaf, a braf oedd cael hel atgofion.

Cyfnod difyr oedd cyfnod Caer-gaint. Digwyddai fod yn hydref braf a chynnes, ac roedd crwydro'r wlad o gwmpas y gwersyll yn bleser pur. Fe gawsom ein bendithio â Rhingyll oedd yn meddu ar synnwyr digrifwch – elfen gymharol brin yn y rhan fwyaf o'r brid hwnnw! Fe ddaw sawl atgof yn ôl yn fyw i'r cof am y tri mis a dreuliwyd yno. Cofio ambell fin nos Sul yng ngwasanaeth gosber yr Eglwys Gadeiriol, a chael pleser wrth wrando ar leisiau côr yr eglwys yn codi tua'r distiau uwchben, a'r lleisiau'n plethu i'w gilydd mewn harmoni pur. Roedd eu seiniau'n gwbwl wahanol eu natur i'r canu grymus, cynnes roeddwn i wedi arfer ei glywed yng Nghymru, ond yr oedd rhywbeth dyrchafol yn y seiniau dieithr hyn hefyd.

Cofiaf un bore heulog braf, a ninnau allan yn ddeuoedd ar ymarfer darllen map. Fy nghydymaith ar y daith oedd cyfaill o Colchester, ac ar ôl i ni ddilyn cyfarwyddiadau'r map yn gywir am ryw saith milltir, fe ddaethom dros gefnen yn y Downs, a gwelem ddiwedd y daith rhyw ddwy filltir oddi tanom a thŵr yr Eglwys Gadeiriol yn galw arnom bob chwarter awr. Cerddem ar hyd ffordd drol

ddigon diarffordd yr olwg, a'r ddau ohonom yn ham-
ddena'n ffordd tuag adre. Rhyw filltir i ffwrdd, gwelem
gar coch yn cychwyn dringo tuag atom ar hyd y gefnffordd
roeddem ni'n cerdded arni. Deuai'n nes, nes o hyd, a'n
cyrraedd yn y man. Stopiwyd y car, a phwysodd y gyrrwr
ei ben drwy'r ffenestr i'n cyfarch. Ar ôl cytuno ei bod yn
fore anarferol o braf, estynnodd y gŵr dieithr ei law allan
o'r modur gan ddweud, 'Here you are. Have one of these
each, boys,' gan estyn dau gopi o Efengyl Mathew i ni. A
dyna pryd y dywedais i, yn jarff i gyd, 'I'm sorry, but I don't
read it in that language.' Ni chynhyrfodd y gŵr dieithr o
gwbl, a'r cyfan a wnaeth ar amrantiad oedd rhoi ei law
mewn bocs ar sêt y car, ac estyn llyfr arall i mi, gan dweud,
'Well you'd better have one of these then, hadn't you?' Ac
yn fy llaw fe roddodd gopi Cymraeg o Efengyl Mathew. A
minnau'n sefyll yno'n syfrdan, ail-daniwyd peiriant y
modur, ac efo 'Good morning, boys' serchog i ffwrdd â fo,
heb roi cyfle i'r Cymro bach powld ymddiheuro, na holi sut
y gwyddai mai Cymro oeddwn i.

Soniais i ni gael ein bendithio â hydref braf a heulog.
Roedd hyn yn wir hyd at ein pythefnos olaf yng Nghaer-
gaint. Daeth y tywydd braf i ben yn ddisymwth, a chafwyd
storm fawr, gyda holl wragedd a ffyn y bydysawd pe baent
yn disgyn ar y gornel hon o Loegr . Bylchwyd y Wal Fôr yn
Dymchurch, gan adael i lifddyfroedd orchuddio llawer
iawn o'r tir yn ne Caint. Cawsom ninnau dreulio pythefnos
gyfan yn teithio mewn pedair lorri bob dydd i lenwi bagiau
tywod yn Dymchurch er mwyn ceisio cau'r bwlch. Os caf
fyw, rwyf am geisio mynd draw cyn belled â'r ardal honno
rhyw ddiwrnod, pe na bai ond i weld a oes rhywun,
rhywdro, wedi gosod plac o werthfawrogiad ar un o
furiau'r dref am yr hyn a ddigwyddodd ym 1951. Fe fu
hanner cant ohonom ni yno am bythefnos gyfan. Tua

Teulu'r Llwydiaid, Penbryn, Bethel, tua dechrau'r 20fed ganrif.
Cefn (o'r chwith): Jane; Dafydd; Maggie; Catherine (fy mam).
Blaen (o'r chwith): Robert (Llwyd o'r Bryn); John Lloyd (Taid); Winifred Lloyd (Nain); Winnie; John.

Pob cefnder a chyfnither mewn picnic ger Llyn Caereini oddeutu 1932.

Rhes uchaf (o'r chwith): Gwyneth (Hen Golwyn); Dwysan (Derwgoed, Cefnddwysarn).

Rhes ganol: Myfanwy (Hen Golwyn); Emlyn (Y Fedw); Gwen (Y Fedw); Megan (Y Fedw).

Rhes flaen: Mai (Y Fedw); Trebor (Y Fedw); Ifor (Hen Golwyn); Meinir (Brithdir); Aled (Brithdir); Tecwyn (Glan'rafon).

Teulu'r Dafisiaid, Llangollen oddeutu 1910.

Cefn (o'r chwith): William Caradog; Evelina; Mathew Henry; Sarah Jane (chwaer Taid); John Llewelyn (fy nhad);
Blaen: William Richard Davies (Taid); Goronwy; Mary Davies (Nain).

Priodas John Llewelyn Davies a Catherine Lloyd, 15 Rhagfyr 1915.

Dechrau'r daith: Ysgol a Thŷ'r Ysgol, Brithdir, ger Dolgellau.

Teulu Tŷ'r Ysgol.
John Llewelyn a Catherine gyda Meinir ac Aled, oddeutu 1931.

Cystadleuaeth Gwisg
Ffansi, Sefydliad y
Merched, Dolgellau
oddeutu 1933.

Brawd a chwaer ar
Fwlch yr Oernant, 1953.

Mam a Meinir ar
eu gwyliau ar lan
y môr.

D. Tecwyn Lloyd, llenor,
cefnder ... a chricedwr
(medde fo!).

Dau gyfaill dyddiau
coleg,
Gwyn Tudno Jones
a T. Gwynn Jones.

Rhai o griw y Gymdeithas Geltaidd yn y Coleg Ger y Lli oddeutu 1950.
Cefn (o'r chwith): Elystan Morgan; J. Beverley Smith; Alwyn Roberts;
Gwyn Tudno Jones.
Blaen: Aled Lloyd Davies; Islwyn Jones (Gus); T. Gwynn Jones; John Morris.

Dydd priodas Aled Lloyd Davies a Beryl Woodward,
23 Awst 1955 yng Nghapel Mynydd Seion, Trelogan, Sir y Fflint.

Côr Cerdd Dant Ysgol Brynhyfryd, Rhuthun, yn ennill Cwpan Môn am y tro cyntaf yn Eisteddfod Genedlaethol Llangefni, 1957.

Parti Cerdd Dant Brynhyfryd ar lwyfan y Genedlaethol yng Nghaernarfon yn canu 'Carol y Crefftwr' o waith Iorwerth Peate, i gyfeiliant Telynores Eirian.

Cwpan Môn eto yn Llanelli 1962 – am y pumed tro mewn chwe blynedd.

Ar lwyfan Brynhyfryd: *Pirates of Penzance*, 1957.

Gilbert and
Sullivan eto.
The Gondoliers
y tro hwn, yn
chwarae rhan
Giuseppe,
a Beryl yn
chwarae rhan
Tessa.

Llun ar gyfer fy ail record ym 1968.

Meibion Menlli ym 1978, cyn cychwyn i Batagonia.

Cefn (o'r chwith): Tecwyn Jones; Alun Baines Jones; Ieuan Williams; Emyr Lloyd; Dewi Hughes; Dilys Salisbury Davies (cyfeilyddes); Idris Jones; Elwyn Wilson Jones; Arthur Roberts; Arwel Davies.

Blaen: Elwyn Evans; Morgan Smith; David Salisbury Davies; Aled Lloyd Davies; Tudor Salisbury Davies; Gwynedd Jones; Geraint Roberts.

Rhys Jones, y cyfaill a'r cerddor a'n tywysodd ni'n ddiogel drwy'r ddwy gyfres radio *Canu'n Llon*.

Byddwch yn medru adnabod y cymeriadau hyn yn reit hawdd trwy edrych ar y darlun ar y dudalen flaenorol.
Dyma Feibion Menlli mewn rhan o'r sioe lwyfan, *Croeso Dominique*.

diwedd y cyfnod, amcangyfrifodd un o'n cwmni ein bod wedi llenwi mwy na chwarter miliwn o fagiau tywod ac y dylai hynny gyfiawnhau medal, o leiaf, i bob un ohonom ni. Hyd yn hyn, ni chlywsom yr un gair!

* * *

Daeth yn bryd codi pac unwaith yn rhagor. Y tro hwn, cawsom ein symud i Beaconsfield, oherwydd mai yno yr oedd Canolfan Addysg y fyddin. Roedd y gweithgareddau y byddem yn ymwneud â nhw yno'n debycach i'r gwaith yn yr Adran Addysg yn Aberystwyth, ac yn delio efo materion oedd yn fwy cyfarwydd. Serch hynny, byddai'r awdurdodau o bryd i'w gilydd yn ein hatgoffa mai yn y fyddin yr oeddem, a bod cyfrifoldeb yn wynebu'r rhai oedd yn gweithio ym myd addysg mewn gwersylloedd milwrol i gynnig rhaglenni bywiog a pherthnasol, er gwaethaf gwrthwynebiad ambell hen warrior y byddem yn siŵr o ddod ar ei draws nad oedd yn credu mewn addysg o unrhyw fath!

Mwynheais fy arhosiad yn Beaconsfield, er i mi deimlo ar ôl dechrau yn fy swydd gyntaf yn myd addysg nad oedd y rhai oedd yn ein hyfforddi wedi ein paratoi ar gyfer bywyd go iawn y gwersylloedd y byddem yn cael ein hunain ynddynt. Er enghraifft, ni chawsom yr awgrym lleiaf y byddem yn cyfarfod dynion yn eu hoed a'u hamser oedd yn methu darllen hyd yn oed eu henwau eu hunain pan gyhoeddid y rheiny ar Orchmynion y Dydd. Ac ym mhen arall y sbectrwm, ni soniwyd gair y byddai rhai milwyr yn dibynnu ar yr Adran Addysg yn eu gwersyll am gymorth gydag arholiadau Lefel A a'r City and Guilds. Ni chawsom unrhyw fanylion ychwaith am gynnwys meysydd llafur arholiadau'r fyddin ei hunan.

Ond roedd llygedyn bychan o oleuni i'w weld ym mhen

draw'r twnnel erbyn hyn; cyn bo hir byddem yn ymwahanu, ac yn cael ein hanfon i gynnal baner addysg mewn rhyw wersyll pellennig yn rhywle. Hynny yw, os na fyddem wedi cael ein dewis i fynd am gyfnod o hyfforddiant pellach trwy dreulio rhai wythnosau ychwanegol yng ngwersyll Eaton Hall yng Nghaer. Dyna fu fy nhynged i, a rhyw wyth arall o blith y criw. Yn wir, mae'n rhaid cyfaddef bod y syniad o fynd i Gaer wedi apelio ataf, gan y byddai hynny'n fy ngosod rhyw ugain milltir o'm cartref, a siawns na fyddai gobaith am bryd o fwyd call am unwaith. Felly, Caer amdani!

* * *

Hen blasty teulu'r Grosvenor oedd Eaton Hall, a'r Iarll oedd y gŵr oedd â'r enw o fod y dyn cyfoethocaf ym Mhrydain. Ond cyn i unrhyw un neidio i'r casgliad ein bod wedi cael byw mewn moethusrwydd yn y plas, gwell prysuro i ddweud mai mewn cytiau Nissen ar rai o lawntiau'r plas yr oedd ein barics, a'r cyfleusterau ymolchi gryn hanner milltir i ffwrdd o dan rhyw goed ar fin y sgwâr anferthol oedd yn wynebu'r brif fynedfa. Ychwanegaf hefyd nad oedd yr Iarll na'r Iarlles yn byw yn Eaton Hall yn y cyfnod hwnnw. Roedd bywyd yn galetach i ni yno nag ydoedd yn Beaconsfield, ac yr oeddem yn ôl eto yn yr hen drefn o fwy o ddrilio a mwy o waith nos. Ac i wneud pethau'n waeth fyth, dim ond un cyfle a gefais i ddianc adre am bryd o fwyd!

Un o'r pethau doniol ac annisgwyl a ddigwyddodd i mi tra oeddwn yng Nghaer oedd un noson pan oeddem wedi gorfod mynd allan ar ymarfer darllen mapiau, a dod o hyd i lwybrau yn nhywyllwch nos. I ffwrdd â ni'r noson honno mewn lorïau, gan ddadlwytho mewn tywyllwch dudew rhyw filltir i'r gorllewin o Rydtalog, ar fin y briffordd A5104 sy'n arwain o Goed-talon tua Chorwen. Rhoddwyd map i ni, a gorchymyn ein bod i gyd-gyfarfod â'r lorri mewn cyfeirnod map arbennig ar fin ffordd A525, heb fod ymhell o'r Four Crosses. Nid oedd llwybr i'w ddilyn, a dim ond grug, crawcwellt ac ambell ddarn corslyd oedd o dan ein traed. Oherwydd fy mod wedi hen arfer teithio ar draws Maes Maelor ar fy ffordd o Gorwen i Wrecsam, ymhell cyn dyddiau'r fyddin, fe wyddwn yn dda am yr ardal. Gwyddwn hefyd, o ddal gormod i'r chwith, fod llyn a chors Nant y Ffrith yn gyfeiriad i'w osgoi, ac fe lwyddwyd i gyrraedd pen y daith gyda thraed sychion – yn wahanol iawn i rai o'r hogiau eraill. Dyna un fantais o fod yn hogyn lleol!

Weithiau, mae rhywbeth cwbl annisgwyl yn digwydd, ac mae digwyddiad felly yn sicr o sefyll yn y cof. Pan oeddwn yn laslanc yng Nghorwen, a hefyd pan oeddwn yn fyfyriwr coleg ac yn digwydd bod adref ar wyliau, byddwn yn cyfarfod o bryd i'w gilydd â gŵr oedd ar y pryd yn digwydd bod yn byw gerllaw Llandrillo. Eric Omaney Skaiffe oedd ei enw, ac ef oedd perchennog Plas Crogen. Erbyn i mi ddod i'w adnabod, roedd yn Frigadydd yn y fyddin, ond yn ystod y Rhyfel Byd Cyntaf fe'i cymerwyd yn garcharor rhyfel. Brodor o Ogledd Lloegr ydoedd, a heb gysylltiad Cymreig o gwbl hyd nes iddo ganfod bod nifer o'i gyd-garcharorion yn perthyn i gatrawd Ffiwsilwyr Brenhinol Cymru. Dyna pryd y dechreuodd ymddiddori yn yr iaith Gymraeg, a dyna a'i arweiniodd maes o law i brynu plasty yng Nghymru.

Cyflwynodd y dyn yma nifer o delynau'n rhodd i Urdd Gobaith Cymru, ac fe ddaeth yn aelod brwdfrydig o Orsedd y Beirdd gan ddwyn yr enw Gwas Derfel. Pan fyddai yn nhref Corwen yn siopa, pe gwelai unrhyw un o'i gydnabod, er mwyn cael ymarfer ei Gymraeg byddai'n cornelu'r person hwnnw ac yn sgwrsio'n ddiddiwedd am hyn a'r llall. Nid oedd unrhyw reswm nac esgus yn tycio dim. Roedd cyfle i ymarfer ei Gymraeg yn bwysicach iddo na dim arall. Dyna sut y deuthum i'w adnabod, a dyna hefyd sut y cefais wahoddiad ar sawl achlysur i fynd i ganu mewn nosweithiau llawen ym Mhlas Crogen.

Tua diwedd fy nghyfnod yn y coleg, roedd y Brigadydd wedi symud o'i gartref yng Nghrogen i Ddolserau ger Dolgellau, ac fe gollais y sesiynau sgwrsio ar sgwâr Corwen. Sut bynnag, a minnau bellach yn y fyddin, un bore heulog roedd tri ohonom ar ein ffordd i sesiwn ymarfer corff yn y gymnasiwm oedd yr ochr bellaf i sgwâr mawr y gwersyll, gyda'n dillad a'n tywelion o dan ein ceseiliau. A beth a welsom yn gyrru i mewn trwy'r brif fynedfa ond clamp o gerbyd mawr, gyda baner ar ei flaen yn arddangos bod rhywun go bwysig yn cael ei gludo. Ond och a gwae! roedd y cerbyd yn dod i'n cyfeiriad ni ein tri. Cawsom bwyllgor brysiog, a phenderfynwyd y byddai'n ddoeth i ni godi'n breichiau mewn salíwt. A dyna a wnaethom. Ond cyn i'r cerbyd fynd mwy na rhyw ddegllath heibio i ni, fe glywsom sŵn brêcio sydyn. Yn reddfol, arafodd ein camau ninnau, gan dybio'n siŵr ein bod wedi gwneud rhywbeth o'i le.

Ond gwelsom ffenestr y cerbyd yn agor, ac o'r tu mewn daeth llais yn galw, 'Aled . . . tyrd yma.' Yn betrus iawn, dyma fi'n agosáu at y ffenestr, a phwy oedd yno ond y Brigadydd, a lwyddodd i gyflawni'r wyrth o'm hadnabod er gwaethaf dieithrwch y wisg denim oedd amdanaf. Safai fy nau gydymaith yno'n gegagored, a'r cwbl a glywais ganddynt mewn rhyw is-lais syfrdan oedd y geiriau, 'God! Taff's talking to a bleedin' General!'

Ymhen y rhawg cafodd fy nghyfaill, y Brigadydd, ei gladdu ym mynwent Eglwys Brithdir, yn dal i arddel yr enw Gwas Derfel ar ei garreg fedd. Mae'n gorwedd ger porth yr eglwys, ac weithiau pan fyddaf ar fy ffordd i

Aberystwyth, byddaf yn galw heibio rhag ofn ei fod yn dymuno cael sgwrs.

Crisialwyd cyfraniad Eric Omaney Skaiffe i Gymru yn daclus iawn mewn englyn o waith Trefin (Edgar Phillips):

> I'r wlad a fabwysiadodd rhoes – yn hael.
>> Rhoes o'i nerth, nes pallodd.
>> Hon a'i gwerin a garodd;
>> Cymru a fu wrth ei fodd.

Ar y cyfan, melys yw'r atgofion am fy arhosiad byr yng Nghaer, a bu dod o hyd i loches ambell noswaith yn Aelwyd yr Urdd yn y ddinas, a chael cymryd rhan yn y gweithgareddau yno, yn falm i'r galon. Ond ni pharhaodd y diddanwch hwn yn hir, oherwydd ar ddiwedd ein cwrs roedd pawb ohonom yn y gwersyll yn ceisio dyfalu i ba ran o'r hen ddaear yma y byddem yn cael ein hanfon. Fe ddaeth y bore tyngedfennol, a gwelais fod fy enw i lawr ar gyfer gwersyll mewn tref cwbl ddieithr, a honno yng nghanol Gwastadedd Salisbury, yn ne Lloegr. Yn nhref Devizes y treuliais weddill fy nyddiau yn lifrai'r brenin.

*   *   *

Cefais wybod bod dau wersyll milwrol yn nhref Devizes, ac y byddai disgwyl i mi rannu f'amser rhwng y ddau le. Yn ffodus nid oedd ond hanner milltir rhyngddynt, ond penderfynwyd mai gyda Chatrawd Wiltshire yr oeddwn i wneud fy nghartref; y prif swyddog ar y gatrawd honno oedd gŵr o'r enw Major Newton-Dunn. Bûm yn tin-droi am dipyn cyn mentro i mewn i weld y Major, gan nad oedd gen i unrhyw syniad sut groeso a gawn. Ond, o'r diwedd, codais blwc a mentrais guro'r drws. Cefais orchymyn i fynd i mewn. Dywedais pwy oeddwn, a rhoi fy mwndel dogfennau iddo. Craffodd arnynt am funud neu ddau cyn codi'r teleffôn, a gofyn am gael ei gysylltu â chanolfan feddygol y gwersyll. Safwn innau yno mewn braw a dychryn, gan ddychmygu fy mod wedi cael rhywbeth tebyg i'r frech goch. Daeth ateb i'w alwad, a chlywais ef yn dweud, 'Is that you, Doc? I've got another bloody Welshman here.' A dyna pryd y clywais fod y meddygon oedd yn gwasanaethu'r ddau wersyll yn Gymry – Dr John Owen (o Gorris yn wreiddiol), a Dr Glyn Davies (yn wreiddiol o Lanbedr Pont Steffan). Ac yn bwysicach na hynny, roeddent yn Gymry Cymraeg.

Cefais lawer o gwmni'r ddau yn ystod y misoedd nesaf, a derbyniais groeso mawr ar aelwyd John yn arbennig gan ei fod ef a Mair, ei briod, yn byw yn weddol agos, a chefais fy nerbyn bron fel aelod o'r teulu. Ymhen rhai blyn-yddoedd wedyn, clywais fod John yn feddyg teulu ym Mhorthcawl ac ef, yn amlach na pheidio, fyddai'n ymddangos i drafod unrhyw broblem feddygol a godai yn ystod rhaglenni teledu *Heddiw* o Gaerdydd.

Rai blynyddoedd yn ddiweddarach, daeth meddyg dieithr i agor gwasanaeth meddygol yn nhref Rhuthun, lle roeddem ni fel teulu'n byw ar y pryd. Pwy oedd y meddyg newydd meddech chi? Neb llai na Dr Glyn Davies! Beth yw'r hen ddywediad? 'Cynt y cyferfydd dau ddyn na dau fynydd.' A gwir y gair.

Gan fy mod wedi gorfod treulio deunaw mis fel un o ddinasyddion Devizes, fe ddeuthum i adnabod yr ardal yn weddol dda. Roedd hi'n dref gartrefol, braf, gyda sgwâr mawr yn ei chanol. Ar ddiwrnod marchnad roedd yn dref brysur iawn, gan fod mart anifeiliaid yno hefyd. Am weddill dyddiau'r wythnos newidiai i fod yn dref dawel a hamddenol. Roedd y wlad o gwmpas y dref yn gyforiog o hen, hen hanes, gan mai hon oedd ardal y cylchoedd cerrig ar y bryniau, hen gladdfeydd o'r oesoedd a fu yn amlwg ar bob map, a hyd yn oed geffyl gwyn anferth wedi'i naddu ar lethrau Dyffryn Pewsey.

Yn nes at y dref ei hun roedd rhyfeddod hynod arall i'w weld ar gamlas Avon-Kennet, sef cyfres o 29 gris ar y gamlas er mwyn i gychod fedru codi 237 troedfedd o fewn pellter o ddwy filltir.

Roedd dau ohonom yn gyfrifol am wasanaeth addysg y ddau wersyll, ac ym mherson Bob Kerr fe gefais gyfaill triw iawn. Gŵr wedi'i fagu yn Armagh yng Ngogledd Iwerddon oedd Bob, a llwyddasom i gydweithio a chydweld ar bopeth oedd yn ymwneud â gwaith. Ond roeddem yn llwyddo i anghydweld yn llwyr ar un mater, a hynny oedd agwedd Protestaniaid Gogledd Iwerddon tuag at Babyddion eu gwlad. Buom yn dadlau'n hir ac yn aml ar y mater hwn, ond yn y diwedd rhaid oedd cytuno i anghytuno. Pan ganfu mai Presbyteriad oeddwn i, roedd yn methu'n lân â deall na fyddai fy marn i yn union fel ei un ef. Ond er yr holl anghydweld, roeddem ein dau yn ffrindiau mawr, ac roedd ei briod, Rosemary, yn ddigon doeth i weld bod swper da yn peri i ni anghofio'n dadleuon! Roeddynt hwy yn byw mewn tŷ ar rent ym mhentref Potterne, a byddwn yn treulio cryn dipyn o amser yno gyda'r teulu.

Roedd Bob hefyd yn ŵr lwcus iawn, ac nid anghofiaf fyth iddo ennill car modur mewn raffl. Y rheswm pam na wnaf fyth anghofio'r ffaith yw'r atgof sydd gennyf am y prynhawn Sadwrn cyntaf ar ôl iddo dderbyn ei degan newydd, sef Singer 12 o liw brown golau. Roedd ei gynberchennog wedi derbyn gwŷs sydyn i fynd i ffwrdd dros y môr. Nid oedd amser i hysbysebu'r car i'w werthu, felly trefnwyd raffl – a Bob Kerr a enillodd y modur.

Rwy'n credu mai car o wneuthuriad 1931 oedd y Singer, ac roedd y cyn-berchennog wedi cael gafael ar dun o baent brown golau, ac wedi rhoi trwch ohono dros y modur er mwyn cuddio'r rhwd. Fe ddylwn ddweud hefyd nad oedd pwmp petrol yn bodoli ar y model arbennig hwn, dim ond gosod y tanc petrol yn union uwchben yr injian a disgwyl i ddisgyrchiant gario'r tanwydd i lawr y bibell. Pan gafodd Bob y modur, nid oedd y cyn-berchennog wedi rhoi un-rhyw amcan iddo sawl milltir roedd y Singer yn ei gwneud i'r galwyn.

Felly, ar y prynhawn Sadwrn cyntaf ar ôl derbyn y modur, dyma'r perchennog newydd a'i wraig a'u dau blentyn a minnau'n penderfynu mynd cyn belled â Chippenham – taith o ryw ugain milltir – er mwyn profi'r car. Roedd hi'n ddydd Sadwrn arbennig o oer ym mis Ionawr 1953 pan gychwynnwyd ar y daith – un o'r dyddiau clir, heulog hynny pan fo'r gwynt yn chwipio rhewi er gwaetha'r haul. Fe aeth y daith o Devizes i Chippenham yn gampus, a'r perchennog newydd yn canmol ei gar.

I ddod allan o Chippenham ar y ffordd adref, roedd yn rhaid i'r Singer ddringo rhiw serth i godi o'r dref, a chyn i ni gyrraedd pen y rhiw roedd yn amlwg fod y modur yn tagu a phesychu. Llwyddasom i ddod i ben yr allt, ac am ryw bum milltir roedd yn ymddangos fel pe bai wedi adfywio. Ond yna fe ddechreuodd gambihafio eto. Stopiwyd, er mwyn i'r perchennog newydd gael cyfle i archwilio'r injian. Cododd y boned heb weld dim o'i le, yna aeth i archwilio'r tanc petrol, ac fe welodd ar unwaith beth oedd achos y broblem. Roedd y cyflenwad petrol bron â gorffen, ac wrth i ni deithio roedd awyr yn mynd i lawr y bibell gan achosi'r pesychu.

Dyna pryd y cafodd fy nghyfaill weledigaeth sut y medrem ddal i deithio hyd nes dod at garej yn rhywle ar hyd yr A365. Sylwodd fod y Singer yn meddu ar 'running board' llydan ar y ddwy ochr i'r car, a'r weledigaeth oedd i mi sefyll ar yr un oedd ar yr ochr chwith; i wrando ar sŵn yr injian; a phob tro roedd yn pesychu, i chwythu i mewn i'r tanc petrol er mwyn gyrru hynny o danwydd oedd yn weddill i lawr i grombil y peiriant. Mae'r olygfa yn llygad fy nychymyg yn dal i godi hunllef arna i. Dyna lle roeddwn i, a gwynt deifiol mis Ionawr yn chwipio o gwmpas fy nghlustiau, a'r dasg o chwythu i'r tanc yn dod yn fwy mynych. Moduron eraill yn pasio, a'r teithwyr i gyd yn rowlio chwerthin wrth weld y creadur rhyfedd yma'n gwneud i'r car fynd ar bŵer gwynt. O'r diwedd, diolch i'r drefn, fe welwyd garej, a chafodd y chwythwr druan ddod i mewn i gynhesrwydd y car. Fe roddais fy nghas ar y Singer byth oddi ar hynny, a medrwn ddeall yn iawn pam y bu i'r cyn-berchennog ei werthu trwy gyfrwng raffl.

Daw llu o atgofion yn ôl i'r cof wrth feddwl am gyfnod Devizes, ac mae'n chwith meddwl bod mwy na hanner canrif wedi mynd heibio oddi ar y dyddiau difyr hynny. Mewn rhyw ffordd ryfedd medraf ddweud fy mod wedi mwynhau'r cyfnod. Yn sicr, fe wnaeth les i mi gymysgu â phobl oedd o gefndir a diwylliannau gwahanol i mi fy hun. Nid yr un hogyn a ddaeth yn ôl ar ddiwedd y ddwy flynedd, a bu llawer o'r profiadau a gefais yn rhai na fyddwn fyth wedi eu cael fel arall. Yn ddiddorol iawn, deuthum yn ôl yn gadarnach a sicrach Cymro na phan gychwynnais y daith ddwy flynedd ynghynt.

PEG SGWÂR MEWN TWLL CRWN

Un o ganlyniadau anorfod bod yn hwyr yn y flwyddyn yn derbyn galwad i ymuno â'r fyddin ym 1951 oedd bod fy nghyfnod o ddwy flynedd hefyd yn hwyr yn gorffen. Efallai fy mod i fy hunan wedi bod yn esgeulus na fyddwn wedi gwneud ceisiadau am swyddi yn ystod fy chwe mis olaf yn Devizes fel bod swydd ddysgu yn aros amdanaf pan ddown 'yn iach o'm cadwynau yn rhydd'.

Ond o feddwl am y peth, fe ddichon fod rhyw gymhelliad arall yn llechu yng nghefn fy meddwl, un a barodd i mi oedi cyn anfon ceisiadau. Roeddwn wedi bod yn synfyfyrio rhyw gymaint ynglŷn â gyrfa, ac roedd wedi croesi fy meddwl tybed a oeddwn wedi cyflyru fy hunan i feddwl mynd yn athro, heb unwaith ystyried bod yn ddim byd arall. Roedd fy nhad wedi treulio'i oes yn dysgu plant; roeddwn innau wedi cwblhau cwrs hyfforddi fel athro, ac wedi gwneud dau gyfnod o ymarfer dysgu. Erbyn hynny roeddwn hefyd wedi treulio deunaw mis ym maes addysg oedolion. Tybed a oeddwn wedi meddwl gwneud gwaith o fath gwahanol erioed? Oni ddylwn o leiaf roi ystyriaeth i'r peth? Ac yn awr fy mod ag amser ar fy nwylo, a dim gwaith yn y golwg, wel, beth amdani?

Dyna pryd y clywais fod swydd dros dro ar fin cael ei hysbysebu gan Adran Gyllid Cyngor Sir Feirionnydd. Teitl swyddogol y swydd oedd 'Accountancy Assistant'. A dyma anfon cais. Chwerthin wnaeth llawer o'm cyfoedion, oherwydd eu bod yn cofio na fu mathemateg erioed yn bwnc cryf gennyf yn yr ysgol erstalwm, ac yn sicr nid oeddynt yn fy ngweld yn greadur a fyddai'n dygymod â chyfrifon, na'r manylder arithmetig y byddai ei angen wrth archwilio llyfrau cownt. Ond penderfynais anwybyddu eu barn a thorri fy nghŵys fy hun. Teithiais i Ddolgellau – prif dref y sir – a chael sgwrs ddigon anffurfiol gyda Thrysorydd Meirionnydd. Albanwr oedd ef, gydag enw anarferol a hawdd ei gofio, sef Archibald Hemphill – enw a fyddai wedi bod yn addas iawn yn un o nofelau Charles Dickens. Ond fe'i cefais yn ŵr serchog a hawdd sgwrsio ag ef y diwrnod hwnnw, a chytunwyd fy mod i ddechrau gweithio ar y bore Llun canlynol.

Pan gyrhaeddais adref ar ddiwedd y prynhawn, a chyhoeddi fy mod bellach yn gyflogedig, cwestiwn cyntaf Mam oedd, 'Ble gei di aros?' Ni wn eto sut y trefnodd hi fy lojins mor sydyn, ond amser te y diwrnod canlynol cefais fy hysbysu, 'Rydw i wedi trefnu lle i ti aros efo Mrs James yn Heol Glyndŵr. Mi fyddi di'n iawn efo hi. Rydw i'n ei nabod hi er pan oedden ni'n byw yn Brithdir ers talwm.' Setlwyd fy nhynged, felly, trwy ddirgel ffyrdd, ac mae'n rhaid i mi gyfaddef fod Mrs James, neu 'Anti Bet' fel y deuthum i'w hadnabod hi, wedi troi allan i fod cystal bob blewyn â geirda Mam. Roedd yn gartref bychan ond croesawgar. Yn byw efo Anti Bet yn 'Bodalchen', Heol Glyndŵr, yr oedd Mona, ei merch, a hefyd ei dwy nith Dilys a Jean. Medrwch ddyfalu, felly, fy mod wedi cael pob tendans, gyda phedair merch i edrych ar fy ôl! Mae'n rhaid i mi ddweud eu bod yn gwmni diddan, ac fe ymgartrefais ar unwaith.

Ar y bore Llun, cyrhaeddais y Swyddfa a chlywed mai rhan o fy libart arbennig i fyddai cyfrifon Ambiwlans a Chiniawau Ysgol y Sir. Cefais gyfarfod efo aelodau eraill staff yr Adran Gyllid, a chael pob un ohonyn nhw'n bobl hynod groesawgar. Buan iawn y daeth yr 'hogyn newydd' i ddeall arferion ei gyd-weithwyr, a diolch byth roedd eu hiwmor a'u chwerthiniad yn help i godi calon. Buan y sylweddolodd y newydd-ddyfodiad mai doethach fyddai peidio credu pob gair a ddywedai ambell un megis E.M. a Iorwerth Hedd Williams – dau arbenigwr ar dynnu coes. Ond pan mewn amheuaeth ynglŷn â beth oedd yn wir neu gau, byddai Alice wrth law i'w holi ymhellach, a'm helpu i ddod o hyd i'r gwirionedd.

Roedd yr awyrgylch gellweirus yma'n gymorth mawr i setlo i mewn, ac er bod cyfnodau pan fyddai baich y gwaith yn drwm, a'r amser i'w gwblhau yn brin, fe ddeuai ymateb doniol neu jôc fach sydyn yn fodd i ysgafnhau'r awyrgylch.

Go brin fod mis wedi mynd heibio cyn i mi sylweddoli nad mewn swyddfa gyllid y byddwn i'n dymuno treulio gweddill fy nyddiau. Er hynny, gan mai apwyntiad blwyddyn oedd wedi'i drefnu i mi, penderfynais wneud fy ngorau yn ystod yr un mis ar ddeg oedd ar ôl. Yn fuan iawn, roeddwn wedi dod i mewn i rythm y gwaith. Deuthum i adnabod enw a chyfeiriad pob siopwr oedd yn gwerthu nwyddau i geginau holl ysgolion y sir, a phob garej oedd yn arfer cyflenwi pob ambiwlans o fewn y sir.

Ie, sgwad ddifyr oedd staff adran gyllid y Sir, a theilwng yw nodi eu henwau gyda diolch: Iorwerth Hedd Williams, Idris Wyn Williams, J. I. Williams, Ernie Roberts, Alice Jane Griffith, E. Maldwyn Williams, Geraint Humphreys, Llew Roberts a Geoff Astle – yr unig un di-Gymraeg o'r criw – heb anghofio'r pen-bandit ei hun, Archibald Hemphill.

Cefais fy mwydo efo nifer o straeon – straeon nad wyf wedi llwyddo i'w profi'n wir neu anwir hyd y dydd heddiw – ond mae un o'r straeon chwedlonol hyn wedi aros yn y cof am ei bod yn hollol gredadwy, o gofio'r cymeriadau sydd ynddi. Roedd gan y Trysorydd system Tannoy yn ei gysylltu ef gyda'r swyddfa gyffredinol, ac o bryd i'w gilydd fe ddeuai cais neu orchymyn mewn acen Albanaidd drwchus dros y gwifrau, a byddai'n rhaid ymateb ar fyrder. Dyma'r stori. Mae'n ymddangos, flwyddyn neu ddwy ynghynt, bod llanc ifanc ychydig bach yn or-holl-wybodol wedi dod yno i weithio. Nid oedd undim nas gwyddai, ac fe gytunwyd yn dawel fod yn rhaid gwneud rhywbeth yn ei gylch. Y bore wedyn, a'r llanc newydd gyrraedd y swyddfa, fe ddaeth llais dros y Tannoy, 'Send in the post'. Gwthiodd rhywun y *Daily Post* i law'r bachgen a'i brysuro i mewn i swyddfa'r bòs. Daeth yn ei ôl ychydig yn fwy gwelw na phan aeth i mewn. Cyn hir, daeth y llais dros y Tannoy eilwaith, 'Send in the mail'. Ac yn ôl y stori a ddywedwyd wrthyf fi gan ŵr oedd â'i wyneb cyn sobred â sant, i mewn yr aeth y llanc eilwaith gyda chopi o'r *Daily Mail* o dan ei gesail. Bu'n ŵr ifanc llawer haws ei drin wedi hynny! Gwir ynte gau, nis gwn; ond o adnabod y cymeriadau oedd yn gweithio yno, rwyf yn tueddu i'w chredu.

Tref braf i fyw ynddi oedd Dolgellau yn y cyfnod hwnnw. Roedd yr Aelwyd yn fan cyfarfod reit bywiog, ac roedd blas hefyd ar gymryd rhan mewn drama neu ddwy gyda Chymdeithas Ddrama'r dref. Gan fy mod yn dod adref i fwrw Sul, go brin oedd fy ymweliadau ag oedfaon Salem, ond roedd blas ar fynychu ambell gyfarfod o'r Gymdeithas yno.

Bûm yn ffodus o ennill profiad mewn cyngherddau, gan i mi dderbyn gwahoddiad i ymuno â Chôr Godre'r Aran ar nifer o achlysuron. Ffurfiwyd parti cyngerdd bychan gennym hefyd, gan ddefnyddio talentau Trefor Rowlands (Bylan), gŵr ifanc yn meddu ar lais bas cyfoethog, ynghyd â Clwyd Hughes, y tenor ifanc o Ruthun a oedd hefyd yn gweithio yn Nolgellau ar y pryd. I ychwanegu at amrywiaeth ein rhaglen, deuai Margaret Owen gyda ni fel datgeinydd cerdd dant, y tri ohonynt yn enillwyr cenedlaethol. Fy ngwaith i fyddai arwain, a chyflwyno ambell adroddiad neu gân ysgafn. Bu'r cyfan oll yn brofiad amheuthun, a chawsom lawer o hwyl wrth grwydro cefn gwlad Meirionnydd a Cheredigion, yn gwmni llawen yn y Jowet Javelin, cerbyd Trefor.

Buan y daeth fy mlwyddyn yn Nolgellau i ben, ond er fy mod wedi deall yn weddol gynnar yn fy ngyrfa ym myd cyllid na fwriadwyd fi ar gyfer gwaith o'r fath, o edrych yn ôl rwyf yn gwbl sicr na fyddwn wedi dymuno byw heb gael y profiad a'r gwmnïaeth honno am bris yn y byd. Trwy dreulio cyfnod yn Nolgellau roeddwn, wrth gwrs, wedi dod yn ôl at fy ngwreiddiau yn Brithdir, a 'chas gŵr nas caro'r wlad a'i mago'. Ond troi'n ôl at ddysgu fu fy hanes, ac mae'r bennod nesaf yn fy ngosod mewn tref gwbl wahanol i Ddolgellau.

I FYD Y BWRDD DU A'R SIALC

Mae 'na gryn dipyn o wahaniaeth rhwng Dolgellau a Birkenhead, ond pan wawriodd y flwyddyn 1955, i Benbedw y trodd fy nghamre. Gadael 'Bodalchen', Heol Glyndŵr, a throi am Alderley Avenue, Claughton; gadael Sgwâr Eldon am Sgwâr Hamilton; a gadael Pont dros Wnion am dwnel dan afon Mersi. Daeth fy nhymor i ben yn Nolgellau, a bûm yn ffodus o gael swydd am ddau dymor i ddysgu Daearyddiaeth mewn ysgol fodern i fechgyn ym Mhenbedw.

I'r to ifanc sy'n codi gwell fyddai egluro, efallai, nad ysgol o adeiladau modern, cyfoes oedd ystyr y term 'ysgol fodern' yn y cyfnod hwnnw. Yn wir, roedd adeiladau Ysgol Hemingford Street, sef yr hen enw ar yr ysgol yr oeddwn ar fin mynd iddi, ymhell o fod yn 'fodern' yn ein hystyr ni o'r gair. Fe'i codwyd tua dechrau'r ugeinfed ganrif, yn adeilad solet, deulawr, reit ar fin y ffordd fawr, ac ynghanol y dref. Yn ystod y tymor cyn i mi gyrraedd, gwnaed ymgais gan yr Awdurdod Addysg i'w hailfedyddio, a rhoi iddi'r enw Hamilton Secondary School. Serch hynny, Hemingford Street School oedd yr ysgol o hyd i fwyafrif y bechgyn a'u rhieni.

Ystyr yr enw 'modern' yn y cyd-destun hwn oedd nad oedd ym mwriad yr Awdurdod Addysg i ddisgyblion yr ysgolion hyn ddilyn cyrsiau academaidd eu naws. Roedd angen rhoi sylw digonol i'r pynciau sylfaenol, wrth gwrs, ond ar ben hynny ceisid darparu cyrsiau mwy technegol a galwedigaethol eu natur. Mae'n wir fod rhai ysgolion 'modern' oedd yn meddu ar adnoddau digonol i ddarparu cyrsiau mwy academaidd ar gyfer y disgyblion hynny a fyddai wedi datblygu'n hwyr, ac ym Mhenbedw roedd un neu ddwy o'r ysgolion modern oedd yn gwneud hyn yn llwyddiannus iawn. Ond i bob pwrpas, er y parchuso a fu ar enw'r ysgol, plant y werin gyffredin ffraeth oedd yn mynychu'r hen Hemingford Street – criw hapus a chartrefol ar y cyfan, ond i lawer o'r disgyblion hŷn byddai diwrnod gadael ysgol yn ddydd o lawen chwedl, boed hynny i fynd i chwilio am waith, neu ynteu i'w osgoi, yn ôl eu greddf.

Roedd mwy na thri chant o fechgyn ar gofrestr yr ysgol, a buan y sylweddolais mai criw pur wahanol eu di-ddordebau a'u cefndir oeddynt i hogiau Ysgol y Bechgyn, y Bala, lle cefais i fy addysg. Plant tref fawr a phorthladd prysur oedd ym Mhenbedw, ac agwedd llawer ohonynt at fywyd yn dra gwahanol i agwedd plant Corwen. Fe gymerodd beth amser i mi ddod i'w hadnabod, ac iddynt hwythau ddod i'm hadnabod innau, ond ar ôl y mis cyntaf fe ddaethant hwy a minnau i ddeall ein gilydd yn burion. Yn wir, roedd y mwyafrif llethol ohonynt yn hen blant gwreiddiol a byrlymus – ychydig bach yn or-fyrlymus ar brydiau, ond mae hynny'n wir yn hanes unrhyw athro newydd mewn ysgol, yn enwedig os yw ei acen yn ddieithr.

O sôn am broblemau acen, fe gefais i broblem gwbl annisgwyl yn ystod wythnosau cyntaf fy nghyfnod yn yr ysgol. Roedd y prifathro wedi gofyn i mi, pan welais ef gyntaf, a fyddwn i'n barod i ymgymryd â'r gwaith o ddysgu dwy wers bob wythnos o Addysg Grefyddol yn ychwanegol at y dogn llawn o wersi Daearyddiaeth oedd gennyf ar fy amserlen. Roeddwn innau wedi cydsynio heb betruso rhyw lawer, gan feddwl y dylai hogyn oedd wedi'i fagu yn yr Ysgol Sul ar hyd ei oes fedru dod dros unrhyw anhawster yn y maes hwn. Roeddwn wedi holi beth yn union oedd cynnwys y maes llafur, ac wedi ymbaratoi hyd y medrwn. Ond pan ddaeth y wers gyntaf, gwelais ar unwaith nad oedd y llwybr hwn heb ei faglau. A'r fagl gyntaf y deuthum ar ei thraws oedd y gair 'Capernaum'. Nid oedd wedi croesi fy meddwl erioed nad y dull Cymreig o ynganu enw'r dref oedd y dull cydnabyddedig, rhyng-wladol. Fe welwn rhyw ddau neu dri allan o'r 34 disgybl oedd yn y dosbarth yn gwenu a chiledrych braidd yn rhyfedd arnaf, ond mae'n amlwg nad oedd y gweddill yn fynychwyr selog yn eu hysgolion Sul, neu fe fyddai rhywrai ohonynt yn siŵr o fod wedi dweud rhywbeth. Fyth er hynny, rwyf wedi bod yn disgwyl llythyr gan y Pab neu gan Archesgob Caer-gaint yn protestio bod nifer o aelodau o blith eu preiddiau ym Mhenbedw yn ynganu enwau rhai o leoedd a chymeriadau'r Beibl mewn ffordd braidd yn ecsentrig. Ond gan fod mwy na hanner can mlynedd wedi mynd heibio er hynny, rwy'n byw mewn ffydd fy mod i bellach yn ddiogel. Ac wedi'r cwbwl, mae'r Archesgob presennol yn Gymro!

Roedd Hamilton Secondary yn ysgol reit hapus i fod yn gweithio ynddi, er bod sawl ysgol 'fodern' arall yn y fwrdeistref a gâi ei hystyried yn uwch ei safon addysgol na hi. Sut bynnag am hynny, roedd yn ysgol ardderchog i athro ifanc fwrw'i brentisiaeth ynddi, ac fel y dywedais lawer tro yn ystod fy ngyrfa, os gallech ddysgu a chyfathrebu â'r disgyblion yn Hemingford Street, gallech ddysgu yn unrhyw le. Mae'n wir nad oedd ysgolheigion hynod o alluog yno, ond roedd yno fechgyn hoffus, direidus ac annwyl ac, wrth gwrs, ambell warrior oedd yn dymuno taflu'i gylchau. Fe gymerodd beth amser i mi ddod yn ymwybodol o gefndir llawer o'r plant, a deall bod rhai ohonynt yn gorfod goresgyn anawsterau nad oeddwn i wedi dod ar eu traws o'r blaen – anawsterau a fyddai, efallai, yn fwy cyfarwydd i athrawon y Gymru Gymraeg erbyn heddiw. Ond roedd y cyfnod yn fedydd dadlennol a buddiol iawn i ŵr ifanc ar ddechrau ei yrfa fel athro ysgol.

Roedd tîm da o athrawon ar staff yr ysgol, ac fe fu nifer ohonynt yn gymorth mawr i newyddian fel fi yn ystod fy arhosiad yno. Yn eu plith roedd nifer o Gymry – rhai'n Gymry Cymraeg ac yn gynheiliaid y bywyd Cymreig yng nghanol bwrlwm Seisnig y dref a'r ardal. Ar staff ysgol Hemingford Street yr oedd dau frawd a fu'n garedig iawn tuag ataf. Roedd David Arthur Pritchard yn athro Crefft, a'i frawd hŷn yn athro Saesneg yno, ac os oedd gennyf broblem, at David Pritchard yr arferwn fynd am arweiniad a chyngor. Roedd yna Gymro arall ar y staff hefyd, sef Glyn Davies. Brodor o ardal Llanelli oedd ef, cymeriad doniol iawn, a chefais lawer o hwyl yn ei gwmni. Arferai chwarae fel blaenwr i un o dimau rygbi cylch Llanelli cyn iddo symud i ardal Glannau Mersi i fyw ar ôl gorffen ei gyfnod yn y lluoedd arfog; o'i weld, hawdd credu hynny, gan ei fod yn ŵr tebyg o ran corff i aelodau'r enwog reng flaen honno o Bont-y-pŵl. Fe ddeallai holl ddisgyblion yr ysgol hefyd nad oedd ef yn ŵr i unrhyw un geisio cymryd mantais arno.

Bûm yn ffodus o gael lle da i aros ar aelwyd Mrs Roberts yn Alderley Avenue, Claughton. Gwraig weddw oedd hi, ac roedd ei chwaer, Miss Hughes, yn byw yno gyda hi. Roedd ganddynt rhyw fath o gysylltiad teuluol gydag ardal Llanfihangel Glyn Myfyr yn Sir Ddinbych. Er eu bod yn mynychu capel Cymraeg, nid oedd y naill na'r llall ohonynt yn siarad yr iaith, ond cefais groeso cynnes a chartrefol ganddynt yn ystod y ddau dymor y bûm yn lletya o dan eu cronglwyd. Ymddiddorai'r ddwy ohonynt yn nhraddodiad Cymreig Penbedw, a chofiaf un min nos yn nhymor yr haf iddynt fynd â mi i lawr i Barc Penbedw i ddangos y fan lle cynhaliwyd yr Eisteddfod Genedlaethol enwog honno yn y flwyddyn 1917.

Ganddynt hwy hefyd y cefais ran o stori'r Gadair Ddu

nad oeddwn erioed wedi'i chlywed cyn hynny. Fe wyddwn am y broblem a wynebai Bwyllgor yr Eisteddfod honno pan glywsant na fyddai'r bardd buddugol yn bresennol i gael ei gadeirio oherwydd ei fod wedi'i ladd yn ffosydd Fflandrys rai dyddiau cyn y seremoni, a sut y bu iddynt orchuddio'r gadair â chlogyn du yn ystod y seremoni. Fe wyddwn mai dyna'r rheswm pam y cyfeirir at Eisteddfod 1917 fel 'Eisteddfod y Gadair Ddu'.

Ni wyddwn, nes i mi glywed hynny gan Mrs Roberts, fod crefftwr o Fflandrys wedi cael ei symud o'i weithdy ei hun oherwydd fod y gweithdy hwnnw wedi'i leoli bron iawn yng nghanol maes y gad, ac mai'r gŵr hwn a luniodd y 'gadair ddu'. Fe'i symudwyd ef o Fflandrys, a'i ad-leoli mewn gweithdy yn Stryd Conwy ym Mhenbedw oedd yn digwydd bod yn wag ar y pryd. Cafodd Pwyllgor Gwaith yr Eisteddfod gipolwg ar enghraifft neu ddwy o'i grefftwaith ef cyn penderfynu ymddiried y gwaith iddo. Ni wyddai ef ddim oll am eisteddfodau, a bu raid i'r pwyllgor egluro iddo mai'r brif wobr lenyddol gennym ni'r Cymry bob blwyddyn yw cadair eisteddfodol. Ef a luniodd y gadair sydd bellach i'w gweld yng nghartref y bardd buddugol, Hedd Wyn, yn Yr Ysgwrn yn Nhrawsfynydd.

A'r noson honno, ym mis Mai 1955, yng nghwmni Mrs Roberts a'i chwaer, cefais gerdded heibio i'r hen adeilad yn Stryd Conwy, Penbedw, lle lluniwyd y gadair enwocaf yn hanes eisteddfodau Cymru. Ni fedrwn beidio â meddwl am y crefftwr rhagorol a luniodd y gadair honno. Ni allai Ellis Humphrey Evans (Hedd Wyn) fod yn bresennol i'w derbyn, oherwydd ei fod wedi'i ladd, a'i gorff yn gorwedd yn y llaid ar faes brwydr Pilkem Ridge, a hynny, yn ôl a ddeallaf, fawr mwy na thafliad carreg go dda o'r fan lle roedd gweithdy gwreiddiol y gŵr a ddaeth i Benbedw er mwyn osgoi'r rhyfel. Am gyfnod, bûm yn credu mai rhyw stori ddychmygol oedd hon, un roedd Mrs Roberts wedi'i chlywed yn rhywle. Ni fedrai gofio pwy ddywedodd yr hanes wrthi gyntaf, ond fe gredai hi ei bod yn stori wir. Flynyddoedd yn ddiweddarach, fe glywais yr union stori gan berson arall, ond ganddo ef fe gefais enw'r crefftwr, sef Eugene van Fleteren.

Byddai'n gamgymeriad i gredu nad oedd bywyd Cymraeg a Chymreig i'w gael ym Mhenbedw. Hyd heddiw, mae bywyd Cymraeg yr ardal yn parhau er, gwaetha'r modd, yn llawer llai bywiog nag y bu yn hanner cyntaf y ganrif ddiwethaf. Arferai diwydiannau'r dref a'r cylch ddenu miloedd o Gymry ifanc yno, ac i drefi eraill Glannau Mersi; roedd athrawon ac athrawesau o Gymru'n niferus iawn yn yr ysgolion, a'r ysbytai'n denu cannoedd o nyrsys a meddygon i hyfforddi ynddynt, gyda llawer iawn o'r rheiny'n aros yn yr ardal ar ôl cwblhau eu hyfforddiant.

Gwelodd ail hanner yr ugeinfed ganrif leihad sylweddol yn y niferoedd hyn wrth i fwy a mwy o bobl ddewis cymudo'n ddyddiol, neu fynd i dderbyn hyfforddiant mewn mannau eraill. Ond, ym 1955, roedd bywyd Cymreig y Glannau'n bur fywiog, gyda chapeli ac Aelwydydd yr Urdd yn darparu'n helaeth ar gyfer pob oedran. Oherwydd fy mod i'n teithio adref bob penwythnos, nid oeddwn yno i fwrw Sul, ac felly fe gollais un dimensiwn o'r bywyd Cymreig yno. Roedd pum aelwyd ar Lannau Mersi'n cynnig mannau cyfarfod i'r Cymry ifanc oedd yn awyddus am gwmnïaeth, diwylliant a diddanwch. Dros yr afon, ceid Aelwyd Anfield, Aelwyd Bootle ac Aelwyd y De; tra ar ein hochor ni o'r afon roedd Aelwyd Wallasey ac Aelwyd Penbedw. Byddai cystadlu brwd rhwng yr aelwydydd hyn mewn eisteddfodau, dramâu, chwaraeon a phob math arall o weithgarwch, a'r Aelwyd yn gartref oddi cartref i lu o bobl ifainc hiraethus. Mae'n debyg mai uchafbwynt y flwyddyn oedd y mabolgampau a gynhelid bob haf ym Mharc Reynold, ac yno eto fe geid cystadlu brwd rhwng y pum Aelwyd. Fe glywais rywun un tro yn galw Aelwydydd y Glannau'n asiantaethau priodasol, o gofio am y llu o bartneriaethau parhaol a ffurfiwyd yn dilyn cyfarfyddiadau yn y gwahanol aelwydydd!

Fe gefais innau gyfle i gyfrannu ychydig at weithgaredd Aelwyd Penbedw wrth i'r aelodau baratoi ar gyfer yr eisteddfod flynyddol. Roedd cystadleuaeth wedi'i gosod ar gyfer partïon cerdd dant ym 1955, ac fe ddisgynnodd y coelbren ar f'ysgwyddau i. Lluniwyd gosodiad, a bu nifer o ferched ifanc yr Aelwyd – llawer ohonynt heb ganu cerdd dant erioed o'r blaen – yn ymarfer yn selog ar gyfer y gystadleuaeth. Mae'n rhaid eu bod wedi mwynhau'r ymarferion a'r perfformiad, oherwydd mae sawl un o aelodau'r parti hwnnw wedi sôn wrthyf am hynny flynyddoedd yn ddiweddarach, pan ddigwyddem gyfarfod. Rwy'n credu eu bod wedi mwynhau'r ymarferion lawn cymaint, os nad mwy, na'r perfformiad ei hun!

Ond buan iawn y mae dau dymor ysgol yn hedfan heibio, a chyn pen dim fe ddaeth yr amser i ganu'n iach i Hemingford Street, Alderley Avenue, a holl gyfeillion Penbedw, oherwydd ar ddiwedd tymor yr haf 1955 bu raid ffarwelio â'r criw diddan yn yr ysgol, a'r croeso ar aelwyd garedig Mrs Roberts a Miss Hughes. Erbyn hynny, roeddwn wedi derbyn swydd fel athro Daearyddiaeth yn Ysgol Uwchradd Brynhyfryd yn Rhuthun, ac yno y cefais dreulio deng mlynedd brysur ond eithriadol o hapus mewn ysgol braf, ac ymysg plant gwahanol iawn eu natur, eu hiaith a'u hanian i blant Penbedw.

Ond cyn cychwyn yn Rhuthun, roedd un peth arall yn galw am fy sylw, oherwydd yn ystod gwyliau haf 1955 roedd Beryl a minnau wedi penderfynu priodi. 'Dyna sydyn' meddech chi. Na, nid oedd mor sydyn â hynny, gan ein bod yn canlyn ein gilydd ers blwyddyn neu fwy. Gwell i mi ddweud yr hanes.

Roedd y ddau ohonom wedi mynd i Eisteddfod Genedlaethol Ystradgynlais ym mis Awst 1954 – hi gyda grŵp o ferched o Sir y Fflint, a minnau gydag un neu ddau o gyfeillion o Gorwen. Roeddynt hwy a ninnau'n aros mewn ysgolion, fel oedd yr arfer yn y cyfnod hwnnw. Bydd ambell un ohonoch yn cofio Eisteddfod Ystradgynlais fel eisteddfod y mwd, ac yn wir mae'r pâr o wellingtons y byddaf yn dal i'w gwisgo yn yr ardd yn tystio iddynt gael eu prynu yn un o siopau Cwm Tawe. Rwy'n cofio mynd i un o'r Nosweithiau Llawen hwyrol a gynhelid mewn sinema yn y dref, ac yno y dechreuodd ein carwriaeth. Er mai noson lawog oedd honno wrth i mi ei danfon yn ôl i'r ysgol lle roedd hi'n aros, yno yn y glaw y cychwynnodd y bartneriaeth sydd wedi parhau'n gadarn am fwy na hanner canrif, er fy mod yn pendroni weithiau sut ar y ddaear y mae hi wedi rhoi i fyny efo fi cyhyd!

Merch o'r Berthen-gam ger Treffynnon ydi Beryl; roedd ei thad yn goliar ym Mhwll Glo'r Parlwr Du, ac yn codi i fynd i'w waith am 4.30 bob bore. Ym Metws Gwerful Goch ym Meirionnydd y magwyd ei mam, ond fel llawer o ferched ei chyfnod aeth i weini ar fferm yn Sir y Fflint pan oedd hi'n ferch ifanc, ac yno yr arhosodd ar ôl iddi briodi. Roedd ganddynt ddwy ferch, Maglona, oedd yn gweithio yn y Rhyl, a Beryl, oedd yn athrawes ers blwyddyn neu ddwy yn Ysgol Gynradd Gymraeg Treffynnon.

Yn ystod y flwyddyn honno cafodd Beryl a minnau gryn dipyn o gwmni'n gilydd, ac ar ôl i mi ddechrau gweithio ym Mhenbedw byddai trwyn yr hen gar yn troi rhywfodd i gyfeiriad Sir y Fflint yn amlach na pheidio. Bu gwyliau haf 1955 yn llawn o baratoadau at y briodas, a hefyd roedd yn rhaid i ni benderfynu ymhle roeddem yn mynd i fyw, gan y byddwn i'n dechrau dysgu yn Rhuthun yn nechrau Medi. Llwyddodd Beryl i newid ysgol, gan adael Treffynnon a symud i Ysgol Bodfari ar ddechrau'r tymor newydd.

Clywsom fod fflat ar osod yn y Waen, ger Bodfari, ac yno y gwnaethom ni ein cartref cyntaf.

Fa gawsom ddiwrnod crasboeth o haf ar 23 Awst, sef dydd y briodas. Meinir, fy chwaer, oedd y forwyn briodas; Gwynn Tynewydd – y mêt o Gorwen a fu'n rhannu digs efo fi yn Stryd y Bont, Aberystwyth – oedd y gwas priodas; a'r Parchedig John Lewis oedd y gweinidog a wnaeth yn siŵr fod y cwlwm priodasol wedi ein rhwymo'n dynn.

Wedi wythnos braf i fwrw'n swildod yn Barnstaple yng Ngogledd Dyfnaint, daethom yn ôl i Fodfari'n barod i agor pennod newydd yn ein hanes; cawsom fyw i weld y bennod honno'n agor allan i fod yn llyfr diddan o brofiadau amrywiol a aeth â ni o ganol yr ugeinfed ganrif i mewn i ganrif newydd sbon.

* * *

Yn Nyffryn Clwyd 'rwy'n byw,
Eden werdd Prydain yw;
Mor lân ei lun yw 'nyffryn i . . .

Fel yna y canodd Gwilym R. Jones ei fawlgan i Ddyffryn Clwyd, ac ar ôl cael byw yno am ddeng mlynedd mae'n rhaid i mi gytuno bod rhyw swyn anghyffredin yn perthyn i'r fro. Ym mis Hydref 1955 y daeth Beryl a minnau yno i fyw, a chael ein cyfareddu gan harddwch y dyffryn. Roedd hanes yn llechu ym mhob twll a chornel o'r dref a'r ardal gyfagos, a llawer o agosatrwydd braf i'w deimlo yn natur y bobl. Roedd hyn hefyd i'w deimlo yn ymateb plant yr ysgol, lle byddai trin a thrafod y byd a'i bethau yn rhan naturiol o sgwrs llawer o'r disgyblion.

Roedd Ysgol Brynhyfryd, yng nghanol pumdegau'r ganrif ddiwethaf, yn ysgol groesawus i athrawon newydd. Deuai cryn dipyn o'r cynhesrwydd yma o natur cymeriad y prifathro, Bleddyn Griffith. Adwaenai blant ei ysgol yn dda, a buan y deuthum i deimlo'n gartrefol ymhlith aelodau eraill y staff. Roedd yno athrawon ac athrawesau diddorol ac amrywiol eu doniau, a digonedd o hwyl ac o dynnu coes i'w gael yn ymwneud aelodau'r staff â'i gilydd.

Roedd Brynhyfryd yn ysgol gwbl wahanol i Hemingford Street ym Mhenbedw. Nid oes ysgol arall yn y deyrnas ag iddi enw mwy addas, gan fod ganddi erwau hyfryd o dir o'i chwmpas, ac fel cefndir i'r cyfan y mae cadwyn Bryniau Clwyd fel pe bai'n ei gwarchod rhag gwyntoedd oer y dwyrain. Roedd dalgylch yr ysgol yn eang iawn, gyda phlant yn teithio i Ruthun o ardaloedd gweddol bell megis Llanarmon-yn-Iâl, Bryneglwys, cyrion Gwyddelwern, Llanfihangel Glyn Myfyr a Llandyrnog. Plant y wlad oedd y rhain, ac wedi dod i ysgol fawr o ysgolion llawer llai yn eu gwahanol bentrefi. Deuai'r unig grŵp o blant trefol o Ruthun ei hunan, ond 'plant tref' cwbl wahanol i ddisgyblion Penbedw oedd y rhain, gan mai tref farchnad fechan yw Rhuthun, yn dibynnu i raddau helaeth ar wasanaethu'r ardal wledig sydd o'i chwmpas. Y gwahaniaeth pennaf arall oedd y ffaith fod canran gweddol uchel o ddisgyblion yr ysgol yn dod o gartrefi Cymreig. Roedd y ffaith hon yn codi fy nghalon, gan y byddwn yn cael cyfle am y tro cyntaf i dysgu trwy gyfrwng yr iaith Gymraeg.

Rhennid disgyblion yr ysgol yn ddosbarthiadau cofrestru Cymraeg a Saesneg, a thrwy hyn roedd cyfathrebu rhwng yr athrawon a'r plant yn eu mamiaith yn bosibl. Ond ar wahân i wersi yn y Gymraeg fel pwnc, dim ond ym meysydd Hanes, Addysg Grefyddol a Daearyddiaeth yr oedd gwersi trwy gyfrwng y Gymraeg wedi'u hamserlennu; yn naturiol, yn y pynciau eraill, byddai nifer o'r athrawon oedd yn Gymry Cymraeg yn defnyddio'r iaith honno i egluro unrhyw ddryswch a fyddai'n codi, a hefyd i sgwrsio gyda'r plant. Dysgid y gwersi Addysg Grefyddol a Hanes drwy gyfrwy y naill iaith neu'r llall, gan roi dewis cyfrwng iaith i'r disgyblion, a hynny at arholiadau'r Safon Gyffredin ac Uwch; er bod Cymry blynyddoedd 7, 8 a 9 yn cael eu gwersi Daearyddiaeth trwy gyfrwng y Gymraeg, ni threfnwyd dilyniant drwy'r Gymraeg hyd at yr arholiadau allanol. Oherwydd hynny, dim ond i ddisgyblion y tair blynedd gyntaf roeddwn i'n dysgu'r pwnc, gan fod yr Uwch-athrawes oedd yn dysgu'r pwnc o flwyddyn 10 ymlaen yn ddi-Gymraeg. Mae'n eithaf posibl mai dyna pam, ar ôl deng mlynedd ym Mrynhyfryd, y bu i mi geisio am swydd pennaeth adran gan symud i'r Wyddgrug lle roedd cyfle i ddefnyddio'r Gymraeg hyd at arholiadau'r Safon Uwch.

Rwy'n ddyledus i ysgol Brynhyfryd am lawer iawn. Yno, roedd yr ysbryd cyfeillgar rhwng disgyblion ac athrawon yn arwain at awyrgylch ardderchog i weithio ynddo. Un arall o'r pethau rwy'n fythol ddiolchgar amdano yw fod yr ysgol yn y cyfnod hwnnw'n mynd trwy gyfnod o gynhyrchu sioeau llwyfan arbennig o ddyfeisgar a heriol. Yn ffodus, ymhlith y staff roedd cryn nifer o athrawon oedd yn hoff o ganu, ac roedd cymysgedd dda o athrawon a disgyblion hŷn yr ysgol ym mhob cynhyrchiad. Yn y cyfnod hwn, fe aethom trwy ran helaeth o *repertoire* operâu ysgafn Gilbert and Sullivan. Rhwng diwedd y pumdegau a chanol y chwedegau, fe gynhyrchwyd *Pirates of Penzance, The Mikado* a *The Gondoliers*, a chymaint oedd y galw am docynnau nes i ni orfod cyflwyno pob un o'r sioeau hyn am bedair neu bum noson. Fe olygai pob sioe wythnosau lawer o ymarfer i adran gerdd yr ysgol, yn enwedig gan fod cerddorfa sylweddol o ddisgyblion ynghyd ag ambell gerddor mwy profiadol yn cyfeilio, a byddai'r *ensemble* llawn angen ymarferion hefyd.

Buom yn arbennig o ffodus fod rhai ar staff yr ysgol oedd

yn medru cynorthwyo yn y gwaith o ddarparu gwisgoedd, coluro a goleuo. A rhaid cofio hefyd am un gŵr yn arbennig oedd â'r cyfrifoldeb o ddarparu a pheintio setiau addas, sef Bernard Woolford. Un o fechgyn y Rhos oedd ef, gŵr dawnus iawn gan ei fod nid yn unig yn athro dylunio penigamp, ond hefyd yn denor cymeradwy iawn, ac iddo ef y byddai'r cynhyrchydd fel arfer yn rhoi'r cyfrifoldeb o chwarae rhan y prif gymeriadau. Roedd cyflwyno'r sioeau hyn yn ychwanegiad gwerthfawr at addysg y disgyblion, gan fod llawer iawn ohonynt ynghlwm â'r sioe bob tro – yn helpu i lunio, codi a pheintio'r setiau; yn cynorthwyo gyda'r gwisgoedd neu'r goleuo; yn canu offerynnau'r gerddorfa; yn gofalu am werthiant y tocynnau ac yn hebrwng aelodau'r gynulleidfa i'w seddau.

Trwy'r profiadau hyn fe welais pa mor werthfawr i ysgol y gall cyflwyno sioeau llwyfan o'r fath fod. Roeddynt yn gyfrwng i dynnu ysgol gyfan at ei gilydd, lle roedd mwyafrif llethol y disgyblion a'r staff yn cydweithio ac yn cyd-ddyheu. Gwelais ei fod yn cryfhau'r ddolen gyf-eillgarwch rhwng athro a disgybl, a bod y manteision o hyn yn esgor ar lawer gwell *esprit de corps* o fewn ysgol. Rai blynyddoedd yn ddiweddarach, pan ddeuthum i ofal ysgol fy hun, bûm yn gweithredu ar yr egwyddor hon a chael ei bod mor wir yn Yr Wyddgrug ag y bu yn Rhuthun. Oni bai am yr argaff ddofn a wnaed arnaf yn Ysgol Brynhyfryd o weld y dylanwad y gall llwyfannu sioe lwyfan fawr ei gael, efallai na fyddai'r sioeau a luniwyd gennyf, ac a gynhyrchwyd yr un mor broffesiynol gan athrawon a dis-gyblion ymroddedig yn Ysgol Maes Garmon, fyth wedi gweld golau dydd.

Mae sôn am rai o'r cynyrchiadau hyn ym Mrynhyfryd yn f'atgoffa o un stori oedd yn ddoniol iawn ar y pryd. O edrych yn ôl, efallai y gallai fod wedi troi allan i fod yn unrhyw beth heblaw doniol. Soniais am Bernard Woolford, ein cynllunydd setiau a hefyd ein tenor ar staff Brynhyfryd, gan ei ganmol am fedru gwneud bron iawn unrhyw beth ar lwyfan. Fe ddylwn fod wedi ychwanegu ei fod yn cael ychydig anhawster i gofio geiriau'i ganeuon ar adegau, ond gan mai ef oedd cynllunydd pob set, fe fyddai'n trefnu fod yno ambell gilfach ar gael, lle medrai osod pwt bychan o bapur allan o olwg y gynulleidfa os oedd unrhyw ran arbennig o gân yn peri trafferth iddo ei chofio. Roedd gweddill y cast wedi arfer gweld y nodiadau hyn, ac wedi dysgu eu hanwybyddu. Ond ar noson olaf perfformio'r *Gondoliers*, penderfynodd rhywun a gaiff fod yn ddi-enw symud y darnau papur o gwmpas, a phan ddaeth Bernard i ganu'i ail gân, fe ddeallodd beth oedd wedi digwydd, ac ofnai beth fyddai canlyniad hynny. Yn ffodus, hwn oedd pumed perfformiad yr opera yr wythnos honno, ac fe lwyddodd y tenor i hwylio drwy bob cân heb drafferth yn y byd. Cyn pob cynhyrchiad, ar ôl hynny, byddai Bernard yn darogan bygythion a chelanedd ar unrhyw un fyddai'n mentro gwneud yr un peth eto.

Bu cyfnod Ysgol Brynhyfryd i mi hefyd yn gyfnod o amrywiol weithgareddau yn nhref ac ardal Rhuthun. Roeddem wedi ymaelodi yng Nghapel y Tabernacl, a hynny'n bennaf oherwydd fod fy rhieni'n gyfeillgar gyda'r gweinidog yno, sef y Parchedig Elwyn Hughes, a symudodd yn ddiweddarach i Wrecsam. Yn eu tro, fe gawsom y Parchedigion John Morgan Job a Gwilym H. Jones i fugeilio'r eglwys, ond roeddem fel teulu wedi symud i fyw i'r Wyddgrug cyn dyfodiad y Parchedig John Owen, er i ni sefydlu perthynas agos gydag ef a'i briod ar ôl hynny.

Cefais gyfle i fod â gofal dosbarthiadau nos ar ran Cymdeithas Addysg y Gweithwyr yn Llanelidan ac yng Nghlocaenog am ddwy flynedd, ac wedyn yn Nerwen, a thrwy hynny ddod i adnabod nifer dda o gymeriadau'r ardaloedd hynny – llawer ohonynt â phlant yn Ysgol

Brynhyfryd ar y pryd. Cefais ddau dymor hefyd ym Mryn-rhyd-yr-arian ger Llansannan, lle roedd criw difyr a dadleugar iawn oedd wrth eu boddau'n codi ambell sgyfarnog er mwyn gweld i ba gyfeiriad y rhedai. Fe ddaw Richard Roberts, y gof, i'm meddwl yn syth yn y cyswllt hwn. Ambell dro, fe ddeuai gwŷs i gynnal cyfres o nosweithiau i ymdrin â 'gosod' yn y maes cerdd dant. Oedd, roedd yn gyfnod prysur, ond dyna fo! Roedd rhywun yn ifanc ar y pryd.

Wrth sôn am fyd cerdd dant, dylid nodi mai hwn oedd cyfnod sefydlu Meibion Menlli, ond rwy'n credu bod warriors y criw brith hwnnw'n teilyngu pennod iddynt eu hunain yn nes ymlaen.

Roedd bwrlwm o gerdd dant yn Ysgol Brynhyfryd hefyd yn y cyfnod hwnnw, a byddaf yn meddwl yn aml pa mor ffodus y bûm wrth ddod i ysgol lle roedd plant oedd wrth eu boddau'n dysgu darnau o farddoniaeth a'u canu i gyfeiliant telyn. Ni fu neb yn y cread mor lwcus â mi i gyrraedd yr ysgol bron iawn ar yr un pryd ag y cyrhaeddodd Meinir Lloyd a Bethan Bryn yno – y ddwy o bentref Cyffylliog, a'r ddwy'n delynoresau. Ond cyn i'r ddwy ohonynt gyrraedd roedd y gweithgarwch cerdd dant eisoes wedi cychwyn yn yr ysgol, ac ym 1956 fe gipiodd y parti o dan 15 oed y wobr yn Eisteddfod Genedlaethol yr Urdd yn yr Wyddgrug.

Yn dynn ar sodlau hynny, daeth criw o ferched hŷn yr ysgol ataf gan ddweud eu bod yn awyddus i gystadlu ar gystadleuaeth y Côr Cerdd Dant yn Eisteddfod Genedlaethol Llangefni ym mis Awst 1957. Ni chafodd neb erioed griw mor hawdd i'w ddysgu. Roeddent yn llygaid ac yn glustiau i gyd, a phleser pur fu ceisio eu rhoi ar ben y ffordd. Mwy pleserus fyth oedd eu bod wedi cipio Cwpan Môn efo'u canu. Roedd eu gweld wedi'r feirniadaeth yn olygfa gofiadwy, ac fe'u gwelaf yn awr yn llygad y cof yn un bwrlwm o lawenydd, yn eu plith Brenda a Ceri, Helen ac Ivy, Audrey a Gwenda, Beryl a Morfudd a Mair Hefina, a rhyw ddwsin o ferched eraill. Hawdd y gallech gredu eu bod wedi ennill y Grand National!

Y flwyddyn ddilynol, nid oedd byw na marw na fyddent yn cael cystadlu unwaith yn rhagor er mwyn cael cadw'r cwpan. Ond, yn nhrefn pethau, roedd Eisteddfod 1958 i'w chynnal yn y De – ym mhen uchaf y cymoedd yng Nglyn Ebwy. Byddai hynny'n rhy bell i ystyried mynd yno ac yn ôl mewn diwrnod, felly bu raid archebu llety i'r criw i gyd yn un o ysgolion cynradd yr Awdurdod Addysg. Ac i gymhlethu pethau'n fwy fyth, roeddynt hefyd yn awyddus ('gan ein bod ni'n mynd i lawr mor bell' i ddefnyddio'u dadl hwy eu hunain) i gystadlu nid yn unig ar gystadleuaeth y Côr Cerdd Dant, ond hefyd (gyda grŵp llai o nifer) ar y Parti Cerdd Dant dan 18 oed. Bu raid llosgi lampau'r hwyr wedyn i lunio gosodiadau ar eu cyfer, a hefyd i ohebu gyda'u rhieni i ofyn caniatâd iddynt gael dod.

Dechreuwyd ymarfer, ac yn wir roeddynt yn dechrau cael hwyl arni. Dyna pryd y daeth dirprwyaeth o fechgyn hŷn yr ysgol i'm gweld, a byrdwn eu neges oedd y byddent hwythau'n hoffi cael mynd i lawr i gystadlu yng nghystadleuaeth y parti. Byddent yn y gystadleuaeth honno, felly, yn cystadlu yn erbyn parti bach y merched. I gymhlethu pethau hyd yn oed yn fwy, dyma nhw'n cyhoeddi'n reit dalog bod mwy na hanner y bechgyn oedd yn awyddus i fod yn aelodau o'r parti heb ganu'r un nodyn o gerdd dant erioed o'r blaen. Cwestiwn arall yr hoffwn fod wedi'i ofyn iddynt, ond na wneuthum rhag ofn i mi darfu ar eu brwdfrydedd, oedd a oeddynt yn medru cadw mewn tiwn neu, yn wir, yn medru canu o gwbwl!

Roedd gosod i leisiau bechgyn mor fuan ar ôl i'w lleisiau dorri yn galw am osodiad arall gyda llai o gwmpas lleisiol iddo, ond fe wnaed hynny, cyn dechrau'r slog o ddysgu'r hogie yn ogystal â dal ati i hyfforddi'r merched. Ychydig o'r bechgyn oedd yn medru darllen sol-ffa (fy unig gyfrwng i!), felly roedd yr holl ymarferion cynnar yn gryn dreth ar fy llais i, heb sôn am eu lleisiau hwy.

Ac roedd yna un fagl arall hefyd nad oeddynt hwy'n gwybod dim amdani. Y darn gosod oedd 'Sioni Winwns' gan Eirug Davies, ac o glywed hynny fe fydd pob cerdd dantwr sy'n darllen hyn o lith yn dechrau moeli'i glustiau. Synnwn i flewyn glywed person o'r fath yn rhoi ebwch, cyn dweud, 'Nefar in Iwrop, gwboi'. Y rheswm am hyn yw fod y gerdd hon, a ddewiswyd oherwydd ei rhythm, yn galw am ganu croes-acen, sef y dull mwyaf anodd o ganu gyda'r tannau – dull lle mae disgwyl i'r datgeinydd ffurfio llinell fesur gerddorol artiffisial i'w gosod ar ganol mesurau o amseriad ¾ y gainc a genir ar y delyn (rhag ofn fod hyn o eglurhad o ddiddordeb i'r rhai hynny sy'n clywed y term hwn am y tro cyntaf!).

Yn anturiol, ni cheisiais egluro'r cymhlethdod hwn i'r hogie, dim ond dal i fynd fel pe bai'r dull hwn o osod yn gwbwl normal. Ac yn wir, cefais fy siomi ar yr ochr orau gyda'u canu a'r dehongli. Roedd bron pob un ohonynt yn medru cynnal y traw, ac roedd eu geirio'n glir fel cloch. Do, bu raid i mi roi ffrwyn ar lais ambell un, a rhybuddio ambell un arall i agor ei geg yn unig pan fyddai'r gweddill yn anelu am y nodau uchel, ond yn fuan iawn roedd y bois wedi gollwng eu copïau, ac yn dechrau llyfnhau eu datganiad.

Yn y cyfamser, roedd y merched mor frwdfrydig ag erioed, yn paratoi dau ddarn ar gyfer cystadleuaeth y côr yn ogystal â 'Sioni Winwns', a bu llawer iawn o herian a thynnu coes rhwng y ddau grŵp. Dim ar boen bywyd yr oedd aelodau o un grŵp yn caniatáu i aelodau o'r grŵp arall fod yn bresennol yn eu hymarfer hwy, ac fe aeth y merched a'r bechgyn ati o ddifrif i gaboli'u cyflwyniadau.

Ond nid oedd ein problemau ar ben o bell ffordd. Roeddwn i wedi cael y gwaith o ganu'r cywydd yn agoriad swyddogol yr eisteddfod yng Nglyn Ebwy fel rhan o'r Seremoni Agor ar y bore Llun. Trefnais fod aelodau eraill o staff yr ysgol yn teithio i lawr i'r De gyda'r disgyblion, ac y byddwn innau'n eu cyfarfod yno, oherwydd fod cystadleuaeth y parti yn cael ei chynnal ar y dydd Mawrth, a chystadleuaeth y Côr ar y dydd Mercher. Dyna oedd ein trefniant, ond fe'n goddiweddwyd gan broblem fawr arall. Nid problem gyda'r disgyblion ond, yn wir, problem fawr i'w hyfforddwr.

Roedd Mam wedi bod yn wael ers rhyw dair wythnos, ac ar y nos Sadwrn cyn i'r Eisteddfod agor yng Nglyn Ebwy, fe ddaeth y diwedd. Rhyw ddiwrnod cyn hynny, bûm yn sgwrsio gyda hi yn ei gwaeledd, ac un o'r pethau olaf a ddywedodd wrthyf oedd, 'Cofia di dy fod ti'n mynd i lawr i ganu yng Nglyn Ebwy'. Felly, yn unol â'i dymuniad, er na theimlais erioed yn llai awyddus i ganu, fe aeth Beryl a minnau i lawr i Lyn Ebwy ar y dydd Sul yn barod erbyn y bore Llun, ac fe ddaeth f'ewythr Bob i lawr gyda ni'n gwmni ar y daith. Gwawriodd bore Llun, a diolch byth fe lwyddais i ganu'r cywydd heb anghofio, er nad oedd fy nghalon yn y gân.

Bu raid gwneud trefniadau brysiog wedyn gyda'r criw cantorion a'r ddau aelod o staff yr ysgol oedd wedi dod i lawr fel gwarchodwyr, a chafwyd gair neu ddau o anogaeth gyda'r ddau barti. Yna i ffwrdd â'r tri ohonom yn ôl am y Gogledd i wynebu'r angladd ar y prynhawn dydd Mawrth. Ni chofiaf lawer am y daith honno, er mai fi oedd yn gyrru'r car, ond fe ddaethom i ben ein siwrne'n ddiogel, a chawsom rywfaint o gwsg cyn deffro i brofiadau ingol dydd Mawrth.

Roedd Capel Seion, Corwen yn llawn ar brynhawn yr

angladd, ac ni fedrwn lai na meddwl y byddai Mam wedi'i phlesio gyda'r canu. Pan ddaethom adref o'r fynwent, a chyrraedd y tŷ, fe sleifiais at y radio i wrando ar adroddiad o enillwyr y Brifwyl. A dyna sioc a gefais wrth glywed canlyniad cystadleuaeth y parti cerdd dant. Roedd y bechgyn wedi ennill, a'r parti merched yn ail iddynt mewn cystadleuaeth safonol iawn, yn ôl sylwebydd y rhaglen.

Fore dydd Mercher, fe gychwynnodd Beryl a minnau'n gynnar, gynnar i lawr i'r De, er mwyn i mi geisio cael ymarfer gyda'r côr merched cyn eu cystadleuaeth hwy. Chwarae teg iddynt, roeddynt yno'n gryno, a chawsom fynd dros y darnau prawf yn dawel yng nghornel y maes. Ar y llwyfan, dyma nhw'n tynnu'r 'stops' i gyd allan, a'r ffordd y bu iddynt ganu'r prynhawn hwnnw ni fyddai Côr Seiriol wedi gallu canu'n well na nhw. Roeddynt fel pe baent am ddangos eu teyrngarwch i mi trwy eu canu – neu, o leiaf, dyna fel yr ymddangosai pethau i mi ar y prynhawn emosiynol hwnnw. Sut bynnag am hynny, fe ddaeth Cwpan Môn yn ôl adref i Frynhyfryd, a mawr fu'r brolio gan yr hogie oherwydd eu buddugoliaeth hwythau. Yn wir, mae un neu ddau ohonynt yn dal i gyfeirio atynt eu hunain fel 'national winners'!

Blynyddoedd olaf y pumdegau a dechrau'r chwedegau oedd y cyfnod pan ddaeth Meinir Lloyd a Bethan Bryn i gipio popeth ym myd unawdau a deuawdau cerdd dant yn yr Urdd, y Genedlaethol a hefyd yr ŵyl Gerdd Dant. Roedd cael y ddwy yma'n gefn i unrhyw barti'n gaffaeliad mawr, ac roedd nifer o ferched eraill â lleisiau rhagorol yn cydoesi gyda nhw oedd yn gwneud y gwaith o ddysgu parti yn bleser pur. Maged y ddwy ohonynt ar aelwydydd cerddorol, ac roedd hynny'n amlwg yn eu gwaith lleisiol ac offerynnol. Ac mae'r ddwy wedi parhau i ganu ac i hyfforddi yn eu cylchoedd hyd heddiw. Fe fu'n fraint i mi gael gweithio gyda nhw yn ystod cyfnod eu harddegau.

I gloi'r bennod hon, mae'n rhaid i mi gael adrodd un stori am Meinir, gan obeithio y caf faddeuant ganddi am wneud hynny. Nid yn aml y gall un cwestiwn lorio prifathro mor brofiadol â Bleddyn Griffith. Ond dyna wnaeth Meinir rhyw fore niwlog a glawog, a disgyblion yr ysgol i gyd wedi ymgasglu yn Neuadd yr ysgol, gan ddisgwyl i aelodau'r staff ddod i'r llwyfan ar ddechrau'r gwasanaeth boreol.

Fe ddaeth yr athrawon i'r llwyfan, ac yn sydyn fe sylweddolodd y prifathro fod y Pennaeth Cerdd yn absennol. Edrychodd ar y gweddill ohonom oedd yno, ac fe sylwodd nad oedd y Pennaeth Mathemateg ychwaith wedi dod i'r llwyfan, oherwydd ef oedd y gŵr oedd yn arfer cynorthwyo mewn argyfyngau o'r fath. Doedd dim byd amdani ond edrych a oedd Meinir Lloyd ymhlith y disgyblion. Ac oedd! Fe'i gwelodd hi! Ac meddai, 'Meinir Lloyd, dowch yma os gwelwch yn dda.' Medraf weld yr olwg ar wyneb Meinir y funud yma. Roedd wedi cochi at ei chlustiau gan feddwl ei bod hi wedi cyflawni rhyw drosedd. Gwelodd Bleddyn Griffith y cynnwrf oedd yn ei hwyneb, ac meddai er mwyn tawelu ei hofnau, 'Mae popeth yn iawn, Meinir, dim ond eisiau gofyn i chi gyfeilio i'r emyn yn y gwasanaeth ydw i.'

Cerddodd Meinir i lawr ar hyd y neuadd efo'i 'llyfr geiriau'n unig' yn ei llaw, ac eistedd ar stôl y piano. 'Ym mha *key* ydech chi ei heisiau hi?' gofynnodd i'r prifathro'. Aeth yr ymholiad â'r gwynt yn llwyr o hwyliau Bleddyn Griffith y bore hwnnw, ond ni fu taw arno'n sôn am y cwestiwn a'i lloriodd yn lân am fisoedd wedyn, ac fe'i clywais yn adrodd yr hanes sawl gwaith.

Blynyddoedd prysur, ond blynyddoedd difyr iawn, oedd y cyfnod a dreuliais ar staff Ysgol Brynhyfryd yn Rhuthun. A thra oedd Beryl a minnau'n byw yno y ganwyd y ddau hynaf o'n plant, sef Rhodri a Gwenno. Erbyn 1964 roedd yr ysfa i newid porfa wedi dechrau gafael, a bûm i ffwrdd ar gwrs blwyddyn ym Mhrifysgol Lerpwl yn cwblhau Diploma mewn Addysg Uwchradd, cyn cael cynnig swydd newydd fel Pennaeth Daearyddiaeth yn Ysgol Maes Garmon, Yr Wyddgrug. Ond er i ni symud i fyw i Sir y Fflint, roedd y ddolen gyswllt gyda Rhuthun yn dal i fodoli, gan fod Meibion Menlli yn fy nhynnu'n ôl dros Fwlch Penbarras byth a beunydd.

MWYNLLAIS MEIBION MENLLI

Uchaf o hyd, coeliwch fi – yw'r ganig.
Dyma'r gwin wy'n hoffi.
Y gwin hen, can gwell gen i
O winllan Meibion Menlli.

Fel yna y canodd y Prifardd Mathonwy Hughes mewn cadwyn o englynion a luniodd yn y flwyddyn 1981 pan oedd Meibion Menlli'n dathlu'u pen blwydd yn bump ar hugain oed. Erbyn hynny roedd y parti hwn o Ddyffryn Clwyd wedi crwydro Cymru a sawl gwlad dramor, ac wedi cyflwyno pum cant ac ugain o gyngherddau mewn neuaddau mawr a bach ledled y wlad.

Go brin y buasai'r wyth a ddaeth at ei gilydd un min nos yng ngwanwyn 1956 yn credu y byddai'r parti a ffurfiwyd ar y noson honno wedi dal i ganu hyd nes iddynt gydganu am y tro olaf ar nos Iau, 25 Tachwedd 2004. Yn ystod y cyfnod hwnnw, roedd yr hogie wedi ennill llawer mwy o brofiad, ac wedi dysgu myrdd a mwy o ddarnau cerddorol o bob math dros y blynyddoedd. Ond ar y noson gyntaf honno, dysgu un darn oedd y nod, a hwnnw'n benodol ar gyfer cystadlu yn Eisteddfod Derwen. Nerfus a dihyder iawn oeddem wrth ganu'n gyhoeddus am y tro cyntaf. A dweud y gwir, nid oes gennyf un cof am y dyfarniad y noson honno. Digon yw dweud bod yr hogie wedi penderfynu dal ati i ganu, ac roedd Medwyn yn barod i gymryd at y gwaith o'n harwain.

Gŵr o Langwm oedd Medwyn Jones, ac ef a'n casglodd

ni at ein gilydd ac a luniodd y gosodiad roeddem yn bwriadu rhoi cynnig ar ei ganu. Roedd Medwyn yn byw yn Rhuthun yn y cyfnod hwnnw, a chawsai brofiad o ganu cerdd dant ac o osod yn ei ardal enedigol. Yn anffodus, dim ond am tua dwy flynedd y bu'n arwain Meibion Menlli, oherwydd fod galwadau gwaith wedi golygu ei fod ef a Gwen, ei briod, wedi gorfod symud i fyw i bellafoedd Lloegr. Dyna pryd y disgynnodd y cyfrifoldeb o osod ac o arwain yr hogie ar f'ysgwyddau i. Yn ddiddorol iawn, fe fu pedwar ohonom oedd yn y cyfarfod cyntaf hwnnw, pryd y penderfynwyd ffurfio'r parti, yn dal i ganu fel aelodau o'r criw hyd y cyngerdd olaf un. Y ddau frawd o Fryneglwys, sef David a Tudor Salisbury Davies, oedd dau ohonynt, a buont hwy'n ffyddlon iawn ar hyd y daith er gwaethaf galwadau tymhorau wyna a chynaeafu. Bu eu chwaer, Dilys, hefyd â rhan bwysig i'w chwarae yn natblygiad y parti, gan mai hi oedd ein cyfeilyddes, ac ni fu neb ffyddlonach gan unrhyw gôr na pharti erioed. Fe gafodd hi a'i brodyr eu herian lawer gwaith oherwydd geiriau rhyw ŵr a fu'n cynnig diolch i ni ar diwedd cyngerdd yng Nghastellnewydd Emlyn un tro, ac yn ei eiriau ef, 'Dyma'r ddoiawd ore yng Nghymru, a'u whâr yn whâre iddyn nhw'. Roedd dynwarediad o acenion Dyffryn Teifi i'w clywed yn reit aml yn ein hymarferiadau!

Elwyn Wilson Jones a minnau oedd y ddau arall oedd yn y cyfarfod cyntaf hwnnw, ac fe ddioddefodd y ddau ohonom fwy na'n siâr o dynnu coes! Roedd Elwyn yntau'n gyson iawn ei bresenoldeb mewn ymarfer a chyngerdd, ond fe gofiaf un noson iddo fethu dod gyda ni oherwydd ei fod ar ganol codi wal gerrig o flaen y tŷ. Collais gyfrif o ba sawl gwaith y clywais eraill o aelodau'r parti yn holi, 'A sut mae'r wal yn dod yn ei blaen?'

Yn ystod y blynyddoedd cynnar, arferem atgyfnerthu ein rhaglen trwy wahodd ambell berfformiwr arall i ddod atom. Cawsom lawer o gwmni Twm Mile a Morien Phillips o Rosllanerchrugog i gyflwyno'u caneuon a'u hadroddiadau; ambell waith fe ddeuai W.R. Davies o Dderwen gyda ni i gyflwyno caneuon gwerin. Ond ymhlith aelodau gwreiddiol y parti roedd gennym un ddawn arbennig iawn, sef Robert Price Williams, neu Bob y Garej i bawb yn Nyffryn Clwyd. Os oedd unrhyw un wedi'i freintio â dawn i ddweud stori, Bob oedd hwnnw. Rhywfodd, medrai synhwyro pa storïau fyddai'n apelio at wahanol gynulleidfaoedd, a chyn pen dim byddent wedi dod o dan ei gyfaredd. Byddem ni fel parti wedi clywed sawl un o'i storïau o'r blaen, ond oherwydd fod dawn y cyfarwydd ganddo, byddent yn fythol ddoniol. Fel y dywedai Frank Carson, y comedïwr o Ogledd Iwerddon, 'Sure, it's the way I tell 'em'. Ni chlywais stori aflednais gan Bob erioed, yn wahanol iawn i rai sy'n galw'u hunain yn gomedïwyr ar raglenni teledu ein dyddiau ni. Yn sicr, fe wyddai Robert Price Williams y gyfrinach o sut i godi calon, a bu'n bleser mawr ei gael ef fel aelod gwreiddiol a fu'n canu gyda ni am ryw chwe blynedd, ond yn fwyaf arbennig fel ein gŵr cyfarwydd am nifer o flynyddoedd wedi hynny.

Byddai Morfudd Maesaleg yn dod gyda'r parti hefyd yn bur fynych, nid yn unig i ganu'r delyn ar gyfer ein datganiadau cerdd dant ni, ond hefyd i ychwanegu at ein rhaglen gyda'i dawn fel telynores. Fe gawsom lawer iawn o'i chwmni mewn cyfres radio hefyd yn ystod diwedd y chwedegau. Yn ddistaw bach, roedd y parti'n credu iddynt chwarae rhan mewn rhyw ffordd yn y garwriaeth rhyngddi hi a Morien, ond efallai mai dychmygu hyn a wnaethant!

Yn fuan iawn wedi i ni gychwyn fel parti, fe gynyddwyd nifer y cantorion i un ar bymtheg. Yng nghwrs y blynyddoedd, mae llawer un wedi fy holi pam ein bod wedi cyfyngu ein nifer i'r ffigwr hwn. Mae sawl ateb i'r cwestiwn, ond mae'n debyg mai'r ateb amlwg yw gosod y bai ar ysgwyddau'r Eisteddfod Genedlaethol, gan mai dyna oedd yr uchafrif a nodwyd ganddynt ar gyfer cystadlaeth y Parti Cerdd Dant bob blwyddyn. Ond y tu ôl i'r penderfyniad hwn hefyd, roedd sawl rheswm arall. O gyfyngu niferoedd i 16, roedd yn rhaid i bob aelod o'r parti dynnu ei bwysau. Nid oes lle i gario 'passengers' mewn parti o'r maint yma. Mae hefyd yn arwain at fwy o deyrngarwch i ymarferion a chyngherddau nag y byddai côr o nifer fawr yn ei wneud. Roedd dau reswm arall hefyd yn awgrymu i mi mai dyma fyddai'r penderfyniad doethaf. O gadw at 16, fel parti gallem gludo pawb yn gyfforddus mewn pedwar car. Ac yn bwysicaf oll, efallai, roedd y nifer hwn yn ddigon bychan i ni fedru cyfarfod yng nghartrefi'r gwahanol aelodau i ymarfer. Deuai hyn â'n gwragedd i mewn i gylch y cyfeillgarwch, gan wneud iddynt deimlo eu bod hwythau'n rhan o'r gymdeithas. Heb sôn, wrth gwrs, am y sgwrsio cartrefol oedd yn digwydd uwchben paned o de a bara ceirch neu gacen siocled yn ystod yr egwyl. Neu hyd yn oed dreiffl weithiau os oeddem yn ymarfer yn Llandyrnog! A thrwy gadw'n grŵp bychan fel hyn, roedd modd osgoi'r holl broses dorcalonnus a diflas o orfod cynnal cyfarfodydd blynyddol, a dewis cynrychiolwyr i'r gwahanol leisiau a myrdd a mwy o brosesau gweinyddol eraill sy'n medru bod yn boen i enaid. (A dyna fi wedi sicrhau y bydd llu o 'bobol y corau mawr' yn gwgu arnaf am weddill fy oes!)

Canu cerdd dant oedd ein cariad cyntaf fel parti ar hyd y blynyddoedd, ac fe fuom yn ffodus o ennill cystadleuaeth y parti yn yr Eisteddfod Genedlaethol bum gwaith, yn Llangefni (1957), Rhosllanerchrugog (1961), Llanelli (1962), Aberafan (1966) a Fflint (1969). Fe gafwyd llwyddiant cyffelyb yn yr ŵyl Gerdd Dant hefyd, sef yn Ninbych (1958), Llangefni (1961), Rhuthun (1963), Tregaron (1966) a Crymych (1970).

Yn ystod blynyddoedd olaf y pumdegau, a thrwy'r chwedegau, gwelwyd ein bod yn medru dibynnu mwy ar ein hadnoddau ein hunain, gan ychwanegu ambell ddimensiwn arall at ein *repertoire*, sef caneuon gwerin a chaneuon ysgafn mwy cyfoes. Yn fuan iawn, trwy ddefnyddio doniau Bobi Morris Roberts, Gwynedd Jones ac Elwyn Evans, roedd Meibion Menlli wedi dod yn hunangynhaliol fel parti cyngerdd oedd yn medru cynnig amrywiaeth o ganeuon. Yn fuan wedyn fe ddaeth Triawd Menlli yn enwau cenedlaethol, gydag Arwel, Arthur ac Elwyn yn canu trefniannau o ganeuon o waith Gwenda Williams o Bwll-glas.

Hwn oedd y cyfnod pan symudais o Ruthun i ddysgu yn Ysgol Maes Garmon, Yr Wyddgrug, ac yno cefais y pleser o weithio ar yr un staff â'm cyfaill, Rhys Jones. Fe fu ef yn gymorth mawr i mi'n bersonol a hefyd, yn anuniongyrchol, i Feibion Menlli. Ganddo ef, cawsom drefniant o gân Saesneg o'r enw 'Daddy's Little Girl' a drodd dros nos i fod yn 'Caru Cymru'. Rhywbeth tebyg a ddigwyddodd efo un arall o ganeuon poblogaidd yr hogie, sef 'Tân Glyndŵr', ond mai Rhys ei hun a gyfansoddodd y gerddoriaeth i honno. Ochr yn ochr â datblygu caneuon ysgafn o'r natur yma, roeddem yn parhau i osod llu o ddarnau barddoniaeth ar geinciau yn y traddodiad cerdd dant hefyd, ac fe gawsom gyfle i gyhoeddi pedair record fer (EP), a dwy record hir (LP) oedd yn cynnwys cymysgedd o'r caneuon hyn.

Yn y flwyddyn 1967 fe drodd y gwaith amrywiol hwn yn fantais i ni fel parti. Ar y pryd, roedd Gwyn Williams yn un o gynhyrchwyr Radio Cymru ym Mangor, a chafodd syniad am fath newydd sbon o raglen radio drwy gyfrwng y Gymraeg, sef hanner awr ddi-dor o gerddoriaeth – rhywbeth ar yr un llinellau â rhaglen Saesneg oedd â gwrando mawr arni ar y pryd, o'r enw *Sing Something Simple.* Os cofiaf yn iawn, rwy'n credu mai *The Cliff Adams Singers* oedd yn cyflwyno'r rhaglen honno.

Syniad Gwyn oedd cael grŵp cerddorol, a grŵp o gantorion, a fyddai'n bresennol bob wythnos, yna unawdwyr neu grwpiau gwadd yn ychwanegu rhyw dair neu bedair cân at bob rhaglen. Yn cysylltu pob eitem ni fyddai unrhyw gyhoeddiad o enwau'r caneuon, na phwy oedd yn canu – dim ond dolen gyswllt offerynnol. Rhywsut, rhywfodd, fe ddaeth Gwyn i'r penderfyniad y byddai'r math o ganu roedd Meibion Menlli'n ei wneud yn addas ar gyfer y rhaglen. Oherwydd ei fod yn gorfod gweithio o fewn cyfyngiadau ariannol ni fedrai Gwyn Williams logi cerddorfa ond, yn hytrach, cafodd y weledigaeth o osod y baich cerddorol oll ar ysgwyddau pedwar offerynnwr profiadol, sef Rhys Jones (oedd hefyd yn gyfrifol am y trefniannau cerddorol) ar y piano, Morfudd Maesaleg ar y delyn, Robbie Hill efo'r gitâr fas, a naill ai Jack Lenny neu Brian Phillingham ar yr offer taro.

Y drefn oedd hyn: bob yn ail ddydd Sul ceid taith i Neuadd y Penrhyn, Bangor i recordio dwy raglen. Byddai'r offerynwyr yn cyrraedd erbyn 10 y bore i ymarfer, ac erbyn 10.30 byddai'r unawdwyr neu'r grwpiau gwadd yn cyrraedd i gael ymarfer a recordio'u caneuon gyda'r offerynwyr hyd at un o'r gloch y prynhawn. Rhwng un o'r gloch a dau, toriad am ginio, a chyfle i Feibion Menlli gyrraedd o Ddyffryn Clwyd. Yna, rhwng 2 o'r gloch a 6.30, recordio'r rhaglen gyntaf gyda'r offerynwyr a Menlli; a rhwng 6.30 ac 11.00 recordio'r ail raglen. Ar ôl 11.00 yr hwyr, troi am adref yn griw lluddedig ond bodlon.

Er yr holl bleser a gawsom wrth baratoi'r rhaglenni, roedd paratoi a recordio'r gyfres *Canu'n Llon* yn waith caled i bawb – offerynwyr, gwesteion, hogie Menlli ac yn arbennig i Gwyn Williams, cynhyrchydd yr holl rhaglenni. Roedd yn mynnu bod pethau'n cael eu gwneud yn iawn, hyd yn oed os byddai hynny ar ambell noson yn golygu na fyddem yn cael cychwyn adref i Ddyffryn Clwyd ar yr un diwrnod ag y bu i ni gychwyn oddi yno. Yr hyn a wnaeth argraff fwyaf ar yr hogie oedd ei hir amynedd. Nid oedd gwahaniaeth os byddai rhaglen yn rhedeg fel rhuban, neu ynteu'n frith o broblemau, byddai Gwyn yno'n ddi-gyfnewid amyneddgar hyd nes cael pethau'n iawn. Ef, rwy'n credu, a fathodd ddihareb newydd yn yr iaith Gymraeg, gan fenthyg yn go helaeth o Lyfr Ecsodus trwy ddweud, 'Chwe diwrnod y gweithi, ac y gwnei dy holl waith, ond ar y seithfed dydd y gwnei recordio *Canu'n Llon*!' Ond i achub cam yr hogie, oni fyddai'r mwyafrif ohonynt hefyd wedi bod yn oedfa'r bore cyn cychwyn y daith i Fangor? Roedd rhan Rhys Jones yn y gwaith darparu hefyd yn gwbl allweddol i lwyddiant y gyfres, ac ef a'i dîm o offerynwyr yn gorfod bod ar eu gorau trwy gydol y diwrnod hir.

* * *

Wrth edrych yn ôl ar y cyfnod hwn yn niwedd y chwedegau a dechrau'r saithdegau, mae'n anodd credu bod Meibion Menlli wedi llwyddo i recordio 56 o raglenni hanner awr o hyd yn y ddwy gyfres o *Canu'n Llon*. Roeddem yn adnabod Morfudd Maesaleg yn dda cyn y cyfnod hwn, wrth gwrs, ac yn ystod y gyfres fe ddaeth yr hogie i adnabod Rhys Jones a'r offerynwyr yn dda hefyd, a bu'n fraint i ni gael rhannu rhaglen gyda'r gwesteion oll. Cawsom gyfle i gyd-berfformio efo Heather Jones, Iris Williams, Tony ac Aloma, Margaret Williams, Triban, Meinir Lloyd, Caroline Frankiel a llu o artistiaid eraill.

Golygai paratoi deunydd ar gyfer pob rhaglen lawer o waith o flaen llaw. Ar ddechrau'r gyfres gyntaf, roedd Rhys a minnau'n dysgu yn yr un ysgol, ac roedd hynny'n gwneud pethau'n haws. Ambell ddiwrnod fe ddeuai plentyn i fyny i'm hystafell ddosbarth efo pwt o bapur yn ei law, gan ddweud 'Mae Mr Jones yn anfon hwn i chi'. Ac yno mewn sol-ffa byddai trefniant o ryw gân y byddai angen llunio geiriau ar ei chyfer erbyn y rhaglen nesaf. Ond erbyn yr ail gyfres roedd Rhys wedi symud i ddysgu yn Nhreffynnon, ac wedi hynny roedd yn rhaid dibynnu ar y postmon.

* * *

Buom fel parti yn ffodus hefyd o gael crwydro nifer o wledydd tramor yng nghwrs y blynyddoedd. Fe gawsom fynd i'r ŵyl Geltaidd yn Killarney yn yr Iwerddon, a mwynhau ein hunain yn fawr yng nghwmni'n cyd-Geltiaid yno. Croesi i'r Ynys Werdd mewn ceir a wnaethom, ac ar y daith yn ôl ar y bore Llun nid oedd gennym ormodedd o amser mewn llaw os oeddem i ddal y cwch yn Nulyn. A'r bore hwnnw, fe wneuthum innau gamgymeriad dybryd gan benderfynu torri'r siwrne i Ddulyn trwy aros am awr yn nhref fechan Tralee. Pe byddwn wedi gwybod ymlaen llaw mai dydd Llun oedd diwrnod mart y ffermwyr yn ardal Tralee, byddwn wedi dewis rhywle arall i stopio ynddo, oherwydd nid oedd modd symud y ffermwyr oedd yn aelodau o'r parti allan o'r mart, a bûm mewn gwewyr rhag ofn y byddai un neu fwy ohonynt wedi prynu llo os byddai'r prisiau'n ddigon isel! Sut bynnag, llwyddwyd i ddal y llong trwy groen ein dannedd.

Ein cyd-Geltiaid a'n denodd hefyd i'r *Grande Fête de Cornouaille* oedd i'w chynnal yn Kemper yn Llydaw. Roeddem yn mentro'r tro hwn i wlad lle roedd yr iaith yn wahanol, a lle roedd trefn pethau'n gwbl wahanol hefyd. Ond roedd y cynhesrwydd Celtaidd i'w deimlo, serch hynny, a thyrfaoedd mawr yn heidio i bob digwyddiad, boed ddawns, gyngerdd neu seremoni. Cyrhaeddodd yr ŵyl ei huchafbwynt ar y prynhawn Sul pan oedd cynrychiolwyr yr holl wledydd Celtaidd i berfformio ar y 'podium' agored yn y *Place de la Resistance* ger bron tyrfa o 20,000. Cawsom dderbyniad gwresog iawn, a bu'r daith ar ei hyd yn bleserus ac addysgiadol i bob un ohonom.

Y daith fwyaf mentrus i Feibion Menlli fod arni oedd taith o dair wythnos i Batagonia yn niwedd mis Medi 1978. Roeddem wedi gwneud cysylltiad gyda rhai o ffrindiau'r Wladfa cyn hynny, pan ddaeth côr oddi yno i gystadlu yn Llangollen. Bu Maria Zampini o'r Gaiman hefyd am gyfnod byr yn Ysgol Maes Garmon, ac roeddem wedi cyfarfod â Rini Knobell yn ystod un o'i hymweliadau â Chymru. Felly ni fyddai pawb yn ddieithr i ni.

Fe wnaed trefniadau i hedfan o Heathrow i Madrid, ac yna ymlaen i Buenos Aires lle cawsom aros am ryw ddwy noson i ddadflino. Bu nifer o Gymry Buenos Aires yn garedig iawn wrthym, ac fe gawsom dderbyniad brwd mewn cyngerdd yno hefyd. Bryd hynny, roedd yr Ariannin yn mynd trwy gyfnod ariannol anodd, a chwyddiant uchel yn effeithio'n arw ar werth eu harian. O ganlyniad i'r adbrisio a fu sawl gwaith ar arian parod y wlad, roedd y symiau i'n clustiau ni'n swnio'n frawychus o uchel. Sut bynnag, gan i nifer o Gymry'r brifddinas ddod i'n cyfarfod ni yn y maes awyr, a hefyd oherwydd eu caredigrwydd tuag atom, fe'u gwahoddwyd nhw allan am bryd o fwyd gyda ni ar y noson cyn i ni adael am Batagonia. Trysorydd y parti fyddai'n talu'r ddyled. Pan ddaeth y bil, fe welodd fod y cyfanswm dros filiwn *peso*, a medraf weld yr olwg frawychus a ddaeth i'w wyneb y funud honno wrth iddo ddyfalu tybed a fyddai raid iddo aros yno i olchi'r llestri am weddill ei oes! Fe ymdawelodd, fodd bynnag, ar ôl trawsnewid y swm astronomig i arian cyfatebol ein gwlad ni. Y chwyddiant mawr oedd achos ei banig.

Yn Nhrelew, fe ddaeth criw o Gymry'r dref allan i'n cyfarfod yn y maes awyr, gan ganu eu croeso wrth i ni ddod i lawr y grisiau o'r awyren. Nid anghofia yr un ohonom y croeso di-ben-draw a roddwyd i ni mewn cyngherddau, cymanfaoedd canu ac *asado*. Cawsom ein harwain i bob rhan o'r Dyffryn, a thrwy'r hyn a welsom ac a glywsom fe ddaethom i werthfawrogi gymaint oedd arwriaeth a gwrhydri'r Cymry a aeth yno ar y *Mimosa* ym 1865, a'r rhai a'u dilynodd yno cyn diwedd y ganrif. Cawsom hefyd y fraint o fynychu Eisteddfod y Wladfa, a dotio at y modd yr oeddynt wedi mynnu bod yr iaith Gymraeg i fyw yn ei chartref newydd.

Am ran dda o wythnos cyn i ni droi am adref, cawsom deithio'r 400 milltir i'r Cwm Hyfryd wrth droed yr Andes. Gwnaed trefniadau gyda rhyw glwb rygbi i ni gael ein cludo hwnt ac yma mewn bws oedd yn perthyn i'r clwb, ac fe fyddai'r gyrrwr at ein galwad hefyd. Cawsom daith neu ddwy o gwmpas y fro, a thaith arall hyd at y ffin gyda gwlad Chile.

Pan oeddem yn aros ym mro'r Cwm Hyfryd, roedd gen i un gorchwyl pwysig i'w gyflawni ar ran Pwyllgor Cydenwadol Medal Gee yn ôl yng Nghymru. Y flwyddyn honno, am y tro cyntaf erioed, roedd y Pwyllgor wedi penderfynu dyfarnu'r fedal i berson o'r Wladfa. Gofynnwyd i mi fynd i gyflwyno'r fedal i Magi Freeman de Jones, gwraig weddw oedd yn byw ar ei phen ei hun mewn bwthyn ar gyrion Trefelin. Roedd hi newydd ddathlu ei phen blwydd yn gant oed. Penderfynais innau, rhag ofn y byddai sgwrsio gyda gwraig mewn gwth o oedran yn anodd, y byddwn yn mynd ag un o fechgyn mwyaf tafodrydd y parti gyda mi'n cwmni, sef Dewi Hughes. Fel y trodd pethau allan, nid oedd angen i mi bryderu o gwbl, gan fod yr hen wraig a ddaeth i'n cyfarfod at ddrws y bwthyn yn siarad fel melin bupur. Cawsom ein dau groeso mawr ganddi, er na fedrai ddyfalu beth oedd ein neges gan nad oedd unrhyw un wedi dweud wrthi ei bod i dderbyn y fedal.

Ar ôl i ni fynd i mewn i'r gegin, fe gafodd y ddau ohonom y profiad o wrando ar yr hen wraig yn adrodd stori ei bywyd. Roedd y sesiwn hon yn un o brofiadau mawr fy mywyd i – ac yn stori nad anghofiaf byth mohoni.

Yn y lle cyntaf, gan na wyddai hi ddim oll am Thomas Gee na'i fedal, bu raid i ni egluro mai newyddiadurwr ac argraffydd yn Nyffryn Clwyd oedd Thomas Gee yng nghanol y bedwaredd ganrif ar bymtheg; ei fod ef a'i briod wedi gadael gwaddol o arian, a bod y llogau o'r waddol honno i gael eu defnyddio bob blwyddyn i roi medal i rai a fu'n mynychu'r Ysgol Sul yn ffyddlon dros gyfnod maith. O glywed hynny, bodlonodd yr hen wraig, gan ddweud iddi fod yn ffyddlon yn yr Ysgol Sul yn Nhrefelin ar hyd ei hoes ar ôl iddi gyrraedd yno. 'Dowch o'ne 'machgen i,' meddai, gan estyn lapél ei siaced tuag ataf, 'lle mae'ch medal chi?' A dyna osod y fedal ar y siaced, cyn gofyn iddi, 'Pa bryd, ac o ble y daethoch chi i'r fan hyn?' A dyna pryd y cafodd Dewi a minnau yr hanes.

Daeth teulu Magi Freeman i'r Wladfa yn niwedd wythdegau'r bedwaredd ganrif ar bymtheg, pan oedd holl dir y Wladfa wreiddiol yn Nyffryn Camwy wedi'i gymryd. Hwn oedd cyfnod yr arloesi a'r chwilio i gael mwy o dir, a hefyd y cyfnod pryd y gwelodd y Cymry Gwm Hyfryd am y tro cyntaf. Ar ôl iddynt gyrraedd y Wladfa, roedd teulu Magi wedi bod yn aros gyda pherthnasau yn ardal Treorci yn y dyffryn isaf i aros hyd nes y byddai ganddynt addewid am dir yn yr Andes, a hefyd i brynu rhyw gymaint o stoc i fynd i fyny i'r Cwm Hyfryd gyda nhw.

Ond oherwydd peryglon y daith, nid oedd teuluoedd yn cael teithio'r 400 milltir ar eu pennau eu hunain. Rhaid aros hyd nes y byddai *tropas* yn barod i fentro ar y daith. Bûm mewn penbleth ynglŷn â'r gair hwn, hyd nes i Magi egluro mai grŵp o chwech neu wyth teulu o gâi ei ystyried yn nifer digonol o deuluoedd i ffurfio *tropas*. Ac ar amrantiad, fe sylweddolais beth oedd arwyddocâd y gair, sef yr union olygfa a welais lawer tro mewn ffilmiau cowbois ers talwm – yr hyn y byddai John Wayne wedi'i alw'n *waggon train*. Wedyn, fe aeth yr hen ledi ymlaen i egluro mai bob yn eilddydd y byddent yn symud o un wersyllfan i'r nesaf, gan eu bod yn gyrru'r anifeiliaid o'u blaenau dros y paith agored, ac felly eu bod angen gorffwys am yn ail â theithio. Eglurodd sut y bu un bore, a hwythau i fod i symud y diwrnod hwnnw, iddynt glywed bod newid sydyn yn y trefniadau. Ymddengys fod y merched oedd ar y daith wedi penderfynu'n ddirybudd mai aros heb deithio fyddai orau iddynt y diwrnod hwnnw. Anfonasant y dynion allan i hela am y dydd, a siarsiwyd y plant i fynd i hel coed tân. Wedi hynny, fe gaent fod yn rhydd i chwarae am weddill y dydd. Roedd Magi – oedd tua phymtheg mlwydd oed ar y pryd – a gweddill y plant yn methu deall pam y bu'r newid yn y trefniadau, hyd nes y daethant yn ôl i'r gwersyll ar ddiwedd y prynhawn. Dyna pryd y cafodd hi weld ei chwaer fach newydd am y tro cyntaf, a chael dal y Mary fach newyddanedig yn ei breichiau ger y tân agored, gan sylweddoli pam nad oeddynt wedi teithio'r diwrnod hwnnw. Roedd y digwyddiad yn fyw iawn yn ei chof, a deigryn yn ei llygad wrth iddi ddweud yr hanes. Fe aeth ymlaen i sôn am yr enw a roddwyd i'r ferch fach – enw sy'n llawn rhamant, sef Mary Peithgan Freeman, merch a fu farw'n 14 mlwydd oed ar 20 Ebrill 1908, ond fe gariodd hudoliaeth ei henw drwy gydol ei hoes fer.

Roedd yr orig a dreuliodd Dewi a minnau'n sgwrsio gyda Magi Freeman de Jones yn un emosiynol iawn, ac am egwyl fer cafodd y ddau ohonom deimlo ein bod yno ar y *Tropas* yng nghwmni'r hen wraig. Bu ei hanes yn troi ac yn

trosi'n fy meddwl am wythnosau wedyn, ac enw'r ferch
fach wedi fy nghyfareddu'n lân. A'r unig ffordd y medrwn
ymollwng rhag meddwl amdani oedd trwy lunio pennill
neu ddau i sôn am ei henw. Tra byddaf byw, nid anghofiaf
Magi Freeman de Jones, a stori ei bywyd – stori sy'n
adleisio hanes llawer o'r fintai ddewr a deithiodd i
bellafoedd daear i chwilio am well byd.

> Mae'r awel yn sisial dy enw
> wrth loetran dros grasdir y paith;
> a chlywais y llwyni yn murmur
> dy enw di lawer gwaith.
> Mae'r holl eangderau unig
> yn sibrwd amdanat o hyd,
> gan furmur wrth lafar-ganu
> yr enw prydfertha'n y byd.

> Mae'r sêr uwch y rhosdir yn cofio
> am wewyr dy eni yn wir;
> ac mae Croes y Deau yn pefrio'i
> llawenydd, fel crisial clir.
> A gwenu wna'r lloer wrth dy gofio
> di'n cysgu yn sownd yn dy grud –
> y baban ar wagen y *Tropas*
> efo'r enw prydfertha'n y byd.

> Fe ganai y *tero-tero*
> eu croeso i faban y paith;
> a chanai y petris a'r hwyaid
> eu molawd i ti lawer gwaith.
> Fe demtiwyd yr estrys i ganu –
> ac yntau fel arfer yn fud;
> holl adar y paith yn moliannu
> yr enw prydfertha'n y byd.

Mae melodi'r pellter di-derfyn
yn rhamant dy enw di;
ac islais hen dras y *Tehuelche*
sy' ar adain yr awel ffri.
Mae adlais hen dduwiau yr Andes
i'w glywed ym murmur pob rhyd;
pob nant a phob trobwll yn siffrwd
yr enw prydfertha'n y byd.

Fe ddaeth arhosiad Meibion Menlli yn y Cwm Hyfryd i ben yn rhy fuan o lawer. Ar ein diwrnod olaf yno, roedd ein ffrindiau yn Nhrefelin wedi trefnu diwrnod pur lawn i ni. Roeddem i deithio o Esquel, lle roeddem yn lletya, i Drefelin erbyn cinio, a threfnwyd *asado* fawr yno ar ein cyfer. Yn y prynhawn, roeddem dan wahoddiad i rannu'n grwpiau o ddau neu dri, ac i fynd i wahanol gartrefi i gael te, cyn dod yn ôl i'r Neuadd erbyn y min nos i gyflwyno cyngerdd. Ar ôl y cyngerdd trefnwyd gwledd yn y Neuadd i ffarwelio â ni. Chwarae teg iddo, roedd ein cyfaill y gyrrwr bws wedi bod wrth law i'n cludo i Drefelin yn y bore, a'r cynllun oedd y byddai ef a'i fws yn ein cludo adref ar ôl swper. Ond gan nad oedd y gyrrwr o dras Cymreig o gwbl, roedd ganddo ef amser ar ei ddwylo drwy'r dydd ar ôl ein cludo ni i Drefelin erbyn yr *asado* ganol dydd.

Ni welsom yr un golwg ohono ar ôl iddo ein disgyn ar ddiwedd y bore, a chredem ei fod wedi mynd yn ôl i Esquel, gyda'r bwriad o ddychwelyd i'n cyrchu ni adref. Ond nid felly y bu. Roedd y gyrrwr wedi bod yn difyrru'r amser am ran helaeth o'r dydd yn y dafarn, a phan ddaethom at y bws ar ôl y swper, roedd yn eistedd yn sedd y gyrrwr ac yn canu. Bu nifer o'r hogie'n ceisio dwyn perswâd arno i adael iddynt hwy yrru'r bws yn ei le, gan fod nifer ohonynt yn brofiadol mewn gyrru lorïau a bysiau. Ond nid oedd perswâd yn tycio dim. Gafaelai fel gele yn y llyw. Teimlai llawer ohonom na fyddai'r daith yn ôl i Esquel yn ddiogel o dan yr amodau hyn, ac felly dyma ni'n dechrau cerdded, gan gario telyn Meinir Lloyd rhyngom. Uwch ein pennau roedd Croes y Deau'n disglair wenu arnom, a'r tu ôl i ni roedd y gyrrwr druan wedi sylweddoli ei fod wedi troseddu, ac yn hercian ar ein holau gan ganu corn bob hyn a hyn. Yn ffodus, roedd rhai o'n cyfeillion o Esquel a Threfelin wedi gweld ein problem, ac fe ffurfiwyd confoi o foduron i'n cyrchu ni'n ôl i'r gwesty yn Esquel. Bu'r cyfan yn brofiad diddorol a gwahanol i'r hyn a ddisgwyliwyd, ac nid oedd yr un ohonom un gronyn gwaeth; ac o leiaf, fe gawsom gerdded yng ngoleuni Croes y Deau!

Y bore wedyn roeddem i ddal awyren o faes awyr bychan Esquel, ac wedi i ni ffarwelio ag Elias a Rini Knobell yng Ngwesty'r Tehuelche, a diolch iddynt am eu croeso, pwy oedd yn aros amdanom i'n cludo ni a'n bagiau i'r maes awyr ond y gyrrwr bws. Roedd yn edifeiriol ryfeddol, ac yn erfyn maddeuant am ei droseddau y noson cynt. Ni wn yn wir a oedd yn disgwyl i ni fod yn flin gydag ef ai peidio, ond edrychai'n bur bryderus. Yn sicr, ni fedrai fod wedi dychmygu'r hyn oedd ar fin digwydd, oherwydd ar ôl i ni gyrraedd y maes awyr yn ddiogel, fe ddaeth y seremoni o gyflwyno rhodd eithaf sylweddol iddo gan Feibion Menlli fel gwerthfawrogiad am ein gyrru ni hwnt ac yma yn ystod ein hymweliad ni â'r Cwm Hyfryd. Roedd gweld y llawenydd ar ei wyneb yn mwy na gwneud iawn am holl ofidiau'r noson flaenorol!

Roedd mwy na phythefos wedi hedfan fel y gwynt ynghanol croeso cyfeillion y Wladfa, a daeth amser ffarwelio'n rhy fuan o lawer. Ond mynd fu raid. Roeddem wedi derbyn gwahoddiad i fynd i Rio de Janeiro yng ngwlad Brasil i gynnal cyngerdd yn y Scola Britannica yno. Yr argraff gyntaf a gawsom pan laniodd ein awyren yn y maes awyr yno oedd y gwres llethol a ddaeth i'n cwrdd pan agorwyd drws yr awyren. A phenwythnos felly a gawsom yn Rio cyn troi am adref. Cawsom groeso a thŷ llawn (a chynnes!) yn yr ysgol lle cynhaliwyd y cyngerdd, ynghyd â chyfle i sgwrsio gyda llawer o'r gynulleidfa wedyn dros amser swper. Roedd prifathro'r ysgol yn daer am gael sesiwn o ganu Cymraeg ar ôl swper. Gŵr o Hendy-gwyn oedd ef, ac fe'i cofiaf yn morio canu nes bod chwys yn dylifo i lawr ei wyneb.

Roedd ein gwesty ar lan y môr ger traeth enwog Coppacabana, a bu nifer ohonom yn cerdded y tywod melyn yno gan dybio na fyddem fyth eto'n cael cyfle i wneud hynny. Ar y bore dilynol, cawsom daith i weld ffatri trin diemwntau mewn rhan arall o'r ddinas, ac yn y prynhawn roedd cyfle i fynd mewn bws i fyny hyd at y cerfddelw o'r Crist sydd fel pe bai'n edrych i lawr ar y dref. Dewisodd dau o'r cyfeillion oedd wedi dod gyda ni ar y daith beidio â dod ar daith y prynhawn. Rwy'n credu bod straen prysurdeb y tair wythnos wedi dechrau arafu cam Neville Williams a'i briod, ac mai doeth efallai oedd iddynt ddewis mynd i orweddian ar y traeth i orffwyso. A dyna a wnaethant. Roedd y gweddill ohonom, yn y cyfamser, yn aros ar stepen ffrynt y gwesty'n disgwyl am ein bws, gan edrych allan ar y traeth euraidd yn ymestyn i'r chwith ac i'r dde.

Roedd Mr a Mrs Williams wedi mynd draw i orffwyso ar y draethell, pan ddaeth dau ŵr atynt i sgwrsio. Nid oedd dim byd amheus yn ymddygiad y ddau, er i un ofyn a gâi lanhau eu hesgidiau. Erbyn meddwl, cais digon annisgwyl oedd hwn i ddau oedd yn gorweddian ar draeth. Fe aeth y sgwrs yn ei blaen, ond yn sydyn dyma un o'r dynion yn cipio bag llaw Mrs Williams, a'r ddau wedyn yn rhedeg i ffwrdd. Galwyd yr heddlu, ond i ddim pwrpas, er iddynt gael gafael ar y bag llaw gwag cyn i ni adael. Ond yr hyn sy'n annisgwyl yn y stori hon yw fod un aelod o Feibion

Menlli oedd yn sefyllian y tu allan i'r gwesty wedi bod yn meddwl na fyddai ef fyth eto yn gweld y traeth arbennig hwn, ac mai gwell fyddai iddo dynnu llun ohono efo'i gamera er mwyn dangos i'w deulu. Pan ddaeth yn ôl i Gymru, a chael datblygu'r ffilm oedd yn y camera, fe welwyd ei fod wedi penderfynu tynnu'r llun ar yr union foment pan oedd y lleidr yn cipio bag llaw Mrs Williams ar y traeth hanner canllath i ffwrdd. Mae'r dystiolaeth i'w gweld yn glir mewn ffotograff, ond rhywsut, a'r troseddwr dros saith mil o filltiroedd i ffwrdd, nid oedd lawer o obaith ei ddwyn i gyfrif.

Fe ddaeth diwedd ar ein taith yng ngwres Rio de Janeiro, ac i ffwrdd â ni i'r maes awyr lle roeddem i ddal awyren oedd yn galw yno ar ei ffordd o'r Ariannin. Roedd digon o le ar yr awyren pan ddaeth ein tro i fynd i mewn iddi. Am ryw reswm roedd y trefnwyr tocynnau wedi gwasgaru'n criw ni hwnt ac yma yn yr awyren. Gan fod digon o le, gofynnwyd a fyddem yn cael dod yn nes at ein gilydd fel parti, ond nid oedd hynny'n dderbyniol ganddynt.

Eisteddai Elwyn Evans, Tŷ'n Llan, Llandyrnog gyda mi, ac roedd digon o le o'n cwmpas. Roedd yr awyren i fod i godi am hanner nos, ac am bum munud i hanner fe ddaeth merch ifanc hynod o ddeniadol i mewn drwy'r drws. Gwyliai un pâr ar bymtheg o lygaid hi wrth iddi gerdded yn hamddenol gan edrych ar ei thocyn ac ar rifau'r seddau gweigion. Ac yna, heb frys na braw, fe ddaeth i eistedd yn ei sedd, sef y sedd nesaf ataf fi. Fe ddylech weld yr hogie'n edrych yn eiddigeddus i gyfeiriad Elwyn a minnau, ond i ddim pwrpas.

Roedd y ferch ifanc hon wedi dod ar yr awyren o'r Ariannin, a byddai'n teithio gyda ni hyd at Madrid, ac wedyn ymlaen i Heathrow. Yn ei chwmni cawsom sgwrs ddifyr wrth groesi'r Iwerydd, ac roedd hi'n gwmni diddan iawn. Yn Heathrow, fodd bynnag, roedd hi'n ein gadael ac yn mynd i Lundain, a ninnau i gyd yn mynd ar fws ar hyd yr M1 ar ein ffordd adref.

Ond pan oeddem yn gwylio'r teledu ar y nos Iau ddilynol, pwy welsom ni'n cael ei choroni'n *Miss World* ond y ferch ifanc ddeniadol a gosgeiddig fu'n cysgu'r nos efo Tŷ'n Llan a minnau tra oeddem yn croesi Cefnfor Iwerydd. Mae rhai pobol yn cael y lwc i gyd yn yr hen fyd 'ma!

Fe gawsom fel parti un daith fawr arall. Y tro hwn, derbyniwyd llythyr oddi wrth Gymdeithas Celfyddydau Saskatchewan yn gofyn a fyddem yn barod i fynd yno am bythefnos i gynnal cyfres o gyngherddau. Sut ar y ddaear yr oedd y gymdeithas wedi clywed am Feibion Menlli, ni wyddom hyd y dydd heddiw. Sut bynnag, bu raid i ni drafod y gwahoddiad. Roedd ambell aelod yn amheus a ddylid derbyn ai peidio, gan ddadlau bod Cymdeithasau'r Celfyddydau at ei gilydd yn tueddu i fod braidd yn uchel-ael, ac na fyddem yn teimlo'n gartrefol mewn awyrgylch felly. Fe ddichon fod ganddynt ryw gymaint o garn i'w dadl, ond y tro hwn roedd y mwyafrif o blaid derbyn y gwahoddiad. O ganlyniad, wedi iddynt dderbyn ein ymateb, fe ddaeth llythyr pellach yn dangos beth fyddai'r rhaglen arfaethedig ar ein cyfer. Diolch byth, roedd y trefnyddion draw yn Regina bell wedi deall mai parti gwledig oedd Meibion Menlli, ac ar ôl cyngerdd agoriadol yn y brif dref ei hun trefnwyd pob cyngerdd arall mewn treflannau gwledig o gwmpas y dalaith. Roedd hyn yn ein siwtio i'r dim, a phawb bellach yn unfryd unfarn ein bod wedi gwneud y penderfyniad cywir

Bu'r daith yn llwyddiant mawr, a chawsom weld rhan o'r byd nad oeddem wedi ei gweld o'r blaen, gan ddysgu llawer iawn. Yn naturiol, roedd y ffermwyr yn ein plith uwchben eu digon o gael holi a stilio rhai o ffermwyr y rhan honno o Ganada, er mor wahanol oedd y tirwedd a'r hinsawdd i Ddyffryn Clwyd.

Wedi cyngerdd agoriadol yn eglwys Gymraeg Toronto, lle cawsom groeso cynnes iawn, i ffwrdd â ni i'r maes awyr i ddal awyren oedd i'n cludo i brif dref talaith Saskatchewan, sef Regina. Roedd y daith a drefnwyd ar ein cyfer yn un hwylus iawn, gyda chyfres o gyngherddau mewn mân drefi a phentrefi megis Kamsack a Canora, oedd allan yn y wlad tua'r dwyrain o'r brif dref. Cofiaf yn dda ein hymweliad â thref Canora, gan i mi wneud clamp o gamgymeriad yno. Tref fechan oedd hi o ran maint, ac roedd nifer fawr o deuluoedd Iwcranaidd wedi ymfudo yno. Ac fel yng Nghymru ac Iwerddon, gwelid arwyddion dwyieithog ar y strydoedd a'r prif adeiladau – yn yr Iwcraneg ac yn Saesneg. Roeddem wedi cyrraedd yno erbyn canol y prynhawn, ac ar ôl mwynhau'r te croeso cawsom amser i fynd am dro i weld y dref cyn dychwelyd i'r neuadd erbyn amser cychwyn y cyngerdd.

Roeddwn innau wedi sylweddoli y byddai llawer iawn o'r gynulleidfa yn siarad Iwcraneg fel eu hiaith gyntaf, a bûm yn cael sgwrs gyda un o'r gwragedd oedd yn gweini te i ni'n gynharach, i'w holi sut y byddai hi'n dweud rhywbeth tebyg i 'Mae'n braf cael bod yma yn eich cwmni heno' yn yr iaith honno. Bu wrthi am ddeng munud yn fy hyfforddi nes fy mod yn weddol ddealladwy (er fy mod erbyn heddiw wedi llwyr anghofio'r frawddeg a ddysgais). Ond dyna pryd yr euthum yn rhy glyfar, oherwydd ar ein taith gerdded o gwmpas y dref roeddwn wedi gweld arwydd wedi'i oleuo uwchben y ganolfan siopa oedd yn dweud *OSO OLO* mewn llythrennau breision. 'Aha!' meddwn wrthyf fy hun, yn ddyn i gyd, 'dyna ydi'r enw sydd ganddyn nhw ar y dref yn yr iaith Iwcraneg'.

Ac felly, heb holi neb ynglŷn â'r peth, ar ddechrau'r cyngerdd dyma fi'n mynd ati i gyflwyno'r hogie; cyn gwneud hynny, penderfynais ddefnyddio'r unig ddarn bach o Iwcraneg oedd gen i, gan gadw llygad ar y wraig a'm dysgodd oedd bellach yn eistedd yn y gynulleidfa, yn y drydedd res o'r blaen. Gwendid fy nghyflwyniad oedd fy mod, o'm pen a'm pastwn fy hun, wedi penderfynu cynnwys enw'r dref yn fy nghyfarchiad, ac meddwn, yn dalog reit mae'n siŵr, ac yn fy Iwcraneg gorau, 'Mae'n braf cael bod yma yn eich cwmni heno, *OSO OLO.*'

Edrychais ar y gynulleidfa, ac fe welwn fod tipyn o ddryswch yn eu llygaid. Edrychais ar y wraig yn y drydedd res i weld beth oedd yn bod ar fy nghyflwyniad. A'r funud honno, gwelais wên lydan yn ymestyn dros ei hwyneb hi, wrth iddi droi at y bobol oedd yn eistedd o'i chwmpas gan ddweud, 'Mae o wedi defnyddio'n Cod Post!' Yn naturiol, fe ledodd y neges fel tân gwyllt, nes bod llond y neuadd o chwerthin, a minnau'n teimlo'n fwy hurt nag arfer. Ond fe gawsom gychwyn rhagorol i'n cyngerdd!

Un noson arall, a ninnau wedi cychwyn y cyngerdd, roedd nifer o'r hogie wedi sylwi ar ddyn oedd yn eistedd ar ei ben ei hun yn rhes gefn y neuadd. Yn ystod yr egwyl soniodd rhywun amdano, gan ychwanegu, 'Mi fuaswn i'n barod i fetio mai Cymro ydi'r boi yna yn y rhes gefn'. Ar ddiwedd y cyngerdd pwy ddaeth i lawr atom ond y gŵr o'r rhes gefn ac oedd, yr oedd yn medru siarad Cymraeg. Pan ofynnwyd iddo o ba ran o Gymru y deuai, dechreuodd sôn am ei deulu, ond heb ddweud yn glir ymhle yn union roedd wedi'i eni a'i fagu. Daeth eglurhad o hyn maes o law pan ddywedodd nad oedd wedi'i eni yng Nghymru o gwbl, ond mai brodor o'r Wladfa ym Mhatagonia ydoedd. Fe aeth ati i holi pam nad oedd ein taith yn mynd â ni i bentref Bangor, treflan fechan oedd hefyd yn Nhalaith Saskatchewan, lle roedd nifer o bobol o dras Cymreig yn byw. Eglurwyd iddo nad ni oedd wedi trefnu'r daith, ond mai gweithredu ar drefniant Cyngor Celfyddydau Saskatchewan yr oeddem.

Ar ôl iddo glywed i ble y byddem yn teithio nesaf,

dywedodd y byddai ein taith yn mynd â ni'n bur agos at bentref Bangor, a holodd tybed a fyddai modd i ni alw i mewn yn yr hen ysgol gynradd yno wrth i ni fynd ar ein taith y bore wedyn. Cytunwyd ar unwaith ar yr amod y byddai ef yn dod i'n cyfarfod ar y briffordd er mwyn ein tywys ar hyd y ffordd gywir. Cawsom olwg ar y map, a dywedodd yntau y byddai wedi dod mewn 'pickup' i'n cyfarfod ar groesffordd arbennig ar y ffordd fawr, ychydig filltiroedd o Fangor.

Y bore dilynol, ar ôl rhyw ddwyawr o daith ar y bws fe welsom, ynghanol unigeddau'r paith, y gŵr o Batagonia'n sefyll gerllaw ei gerbyd. Ar ôl ei gyfarch, cawsom ei ddilyn hyd nes cyrraedd cyrion pentref Bangor, gan ddilyn y 'pickup' hyd at hen ysgol oedd bellach yn ganolfan gymdeithasol. Daethom i lawr o'r bws, gan fentro i mewn i'r ysgol, a chanfod yno lu o bobl o dras Cymreig wedi hel at ei gilydd i aros amdanom, gan ein gwahodd i rannu paned o de gyda nhw. Ar ôl paned, fe aethom draw i gael cipolwg ar eglwys y plwyf, a synnu o ddeall mai nawdd-sant yr eglwys oedd Sant Asaph. A ninnau'n dod o Ddyffryn Clwyd! Edrychodd un o'r bechgyn ar bentwr o lyfrau emynau oedd yng nghornel yr eglwys, a beth a welodd wedi'i stampio ar bob un ohonynt ond y geiriau 'Moriah, Trelew'. Buom yn holi, a chael ar ddeall fod grŵp o ymfudwyr a aeth i Batagonia yn y lle cyntaf wedi methu cartrefu oherwydd caledi'r bywyd yno, ac wedi pen-derfynu symud i Ganada i geisio gwell amodau byw. Roedd llawer o deuluoedd a disgynyddion y bobol hynny yno'n ein croesawu'r bore hwnnw; yn agos i gan mlynedd yn ôl, roedd rhieni a theidiau a neiniau llawer ohonynt wedi teithio i Saskatchewan yr holl ffordd o Batagonia yn ne'r Ariannin, gan ffurfio trefedigaeth newydd Gymreig ei naws yn ardal Bangor, yng nghanol Canada.

* * *

Cyn dod â'r bennod hon i'w therfyn, mae un profiad arall a gafodd Meibion Menlli sy'n werth ei groniclo, a hynny oherwydd y pleser a gawsom ni oll trwy fod yn rhan o dri chynhyrchiad llwyfan mawr yn niwedd y saithdegau a dechrau'r wythdegau. Mae'n debyg mai Eisteddfod Genedlaethol Wrecsam 1977 a roes fod i'r fenter, sef cynhyrchu sioe lwyfan fawr yn Theatr Clwyd, Yr Wyddgrug, sioe a fu'n gymaint o lwyddiant nes iddi gael ei llwyfannu nifer o weithiau wedyn yn Theatr Clwyd, ac ar ôl hynny ar hyd a lled gogledd a chanolbarth Cymru. Y ddau awdur oedd Rhys Jones a Bob Roberts (roedd Bob yn byw yn Nyserth bryd hynny). Fersiwn cyfoes o rai o *Weledigaethau'r Bardd Cwsg* (Ellis Wynne) oedd y symbyliad y tu ôl i'r sioe, a'r enw a roed arni oedd *Ffantasmagoria*. Yn canu ac yn cymryd rhan yn y sioe yr oedd Cantorion Clwyd, Cantorion Gwalia, criw mawr o gantorion ifanc, a Meibion Menlli. Bu'r profiad hwn o gyfleu stori gyflawn trwy ganu a llefaru yn llwyddiant mawr, a bu galw am ddilyniant iddi ymhen blwyddyn neu ddwy. Fe aeth yr un tîm ati eilwaith i gynhyrchu *Croeso Dominique* ac yna, ar ôl egwyl fer, sioe oedd â chefndir Beiblaidd iddi o dan yr enw *Moses*. Owen Evans, Pennaeth yr Adran Saesneg yn Ysgol Maes Garmon, fu'n cynhyrchu'r tair sioe, ac fe ddefnyddiwyd nifer o brif unawdwyr ac actorion gogledd-ddwyrain Cymru yn y tri chyflwyniad. Rhan Menlli yn y sioe gerdd oedd gofalu am y dimensiwn cerdd dant oedd ynddi, a hefyd ymuno gyda'r cantorion eraill yng ngweddill y cynhyrchiad. Yn *Ffantasmagoria*, cerdd ddychanol am Neuadd y Sir oedd gennym i'w chyflwyno, a hynny i gyfeiliant piano, drymiau a gitarau, gan atgoffa'r hogie o raglenni *Canu'n Llon* ddeng mlynedd ynghynt, a chyda'r un *maestro* yn gwneud campau ar y piano. Ond bu'r sioe *Croeso Dominique* yn fwy o arbrawf i ni o lawer, er mai mewn arddull cerdd dant y cyflwynem y geiriau. Bob Roberts a luniodd y geiriau, oedd yn sôn am wahanol esgyrn y corff dynol. Er mwyn creu mwy o awyrgylch, roedd y rhan honno o'r sioe'n cael ei llwyfannu o dan oleuadau arbennig, gan fod Meibion Menlli'n gwisgo dillad duon oedd â sgerbydau gwynion wedi'u pwytho arnynt. O dan y goleuadau, dim ond yr esgyrn oedd i'w gweld gan y gynulleidfa. Fe apeliodd yr eitem hon yn fawr at yr hogie, a newydd-deb y cyflwyniad yn torri tir newydd i ni.

Braint oedd cael ein gwahodd i fod yn rhan o'r cynyrchiadau hyn a chael cyd-ganu gyda chriw mor ddiddan. Ein gobaith yw bod y cynulleidfaoedd wedi cael cymaint o bleser wrth wrando ar y sioeau ag a gawsom ni wrth cymryd rhan ynddynt.

* * *

Mae ambell un wedi gofyn i mi sut y bu i ni lwyddo i gadw gyda'n gilydd yn griw mor glòs dros gyfnod mor hir, a hynny heb ffrae na chweryl na phwdu. Rwy'n credu mai'r ateb i'r cwestiwn yw oherwydd fod hwyl a chwerthin a thynnu coes wedi bod â rhan amlwg yn ein cyd-fyw drwy gydol y cyfnod. Dyma oedd y WD 40 oedd yn sicrhau bod injian Menlli'n rhedeg yn esmwyth. Mae llu o enghreifftiau'n dod i'r cof, ond bodlonaf ar ddwy enghraifft yn unig.

Wrth i'r gyfres radio *Canu'n Llon* ddirwyn tua'i therfyn ar ôl dros hanner can rhaglen wythnosol, roedd y BBC wedi bod yn anfon sieciau at drysorydd y parti ar y pryd. Ac wedi iddo neilltuo symiau o arian ar gyfer tanwydd i'r pedwar modur oedd yn ein cludo i Fangor bob pythefnos, a digolledu pawb am gost eu cinio a'u te, roedd ganddo ddigon ar ôl yn y celwrn i dalu am siwt newydd i bob un ohonom ar gyfer cyngherddau, a hefyd grysau a thei bob un. Nodwyd y manylion hyn oll ar y ffurflen a ddychwelodd drwy'r post at ryw John Jones oedd yn

Arolygwr gyda'r Dreth Incwm. Ac yn ein hymarfer nesaf bu cwyno mawr gan y trysorydd, a chawsom hanes yr holl chwys a'r llafur y bu raid iddo eu dioddef wrth lenwi'r myrdd manylion y gofynnai ffurflenni'r llywodraeth amdanynt.

Ac yn ystod yr wythnos ddilynol, cafodd y parchus drysorydd alwad ffôn gan aelod arall o'r parti, a ddywedodd wrtho mewn llais reit sychlyd mai John Jones oedd ei enw, a'i fod yn swyddog gyda'r Dreth Incwm. Aeth ymlaen i holi'r trysorydd hyd at syrffed am yr holl fanylion roedd ef wedi'u cynnwys ar ei ffurflen ateb, gan swnio'n hen genna manwl a blin. Atebodd y trysorydd yn gwrtais, fonheddig yn ôl ei arfer, cyn i'r gwalch ar ben arall y ffôn fethu cadw'r chwerthiniad o'i lais, a chyfaddef pwy ydoedd.

Yn ystod yr wythnos ddilynol, fe ganodd cloch y teleffôn unwaith eto yng nghartre'r trysorydd, ac meddai'r llais, 'John Jones o Swyddfa'r Dreth Incwm sydd yma, ac mae 'na un cwestiwn bychan nad ydych chi wedi'i ateb ar eich ffurflen.' Atebodd y trysorydd, 'Paid a bod yn ddiawl gwirion . . . Dydw i ddim yn mynd i gael fy nal ddwywaith.' Rhywsut, rhywfodd, fe aeth y sgwrs yn ei blaen, hyd nes y sylweddolwyd mai'r John Jones go iawn oedd mewn gwirionedd ar ben arall y ffôn, a'i fod yn ŵr llawer mwy hynaws na'r sawl a fu'n cymryd ei enw'n ofer!

Tua'r flwyddyn 1962, roedd Beryl a minnau wedi symud i dŷ newydd yn Rhuthun. Roeddwn wedi bod wrthi'n ymlafnio er mwyn cael rhyw fath o drefn ar yr ardd, ac ar ddiwedd un ymarfer o'r parti gofynnais i Arthur – ffermwr cefnog o Glawddnewydd – tybed a fedrai sbario hanner llond bag o wrtaith celfyddydol i mi, er mwyn cael ychydig o lewyrch ar yr ardd. Cytunodd, gan ddweud y byddai'n dod â chyflenwad i mi ar noson yr ymarfer nesaf. Bu'n ffyddlon i'w addewid, ac ar ddiwedd y practis sylwais fod hanner llond bag o wrtaith wedi'i adael ganddo wrth stepen y drws.

Bûm wrthi'n palu'n ddygn, gan wasgar y gronynnau gwynion hwnt ac yma dros yr ardd. Ymhen rhai wythnosau, fe sylweddolais beth oedd y gwalch wedi'i wneud. I mewn yn y bag gwrtaith roedd wedi ychwanegu llond dwrn o hadau maip, a minnau yn fy mrwdfrydedd wedi'u gwasgaru i bob rhan o'r ardd. Fe gefais ddigon o gnwd i faip i borthi'r pum mil, er mawr lawenydd i bob aelod arall o Barti Menlli. Ac am rai blynyddoedd wedi hynny, byddwn yn cael fy myddaru gyda'r cwestiwn, 'Sut faip sydd gen ti eleni?'

* * *

Wrth edrych yn ôl dros ysgwydd y blynyddoedd, mae'n anodd credu bod trigain mlynedd wedi mynd heibio ers y cyfarfyddiad cyntaf hwnnw i baratoi ar gyfer Eisteddfod Derwen. Cafwyd myrdd o hwyl yng nghwrs y blynyddoedd hynny, a buom yn ffodus iawn yn ein dewis o gantorion i fod yn aelodau o'r parti. Ni chafwyd yr un afal drwg i amharu ar y gyfeillach. Erbyn heddiw, mae un ar ddeg o'r cantorion a fu'n canu gyda ni wedi mynd at eu gwobr. Bu raid i chwech o'n cyn-aelodau orffen gyda'r parti oherwydd fod eu gwaith wedi peri iddynt orfod symud i fyw i ardal arall. Mae'r gweddill ohonom yn heneiddio'n barchus ac yn byw ar atgofion. Mae un o'r hen griw wedi datblygu'n dipyn o ystadegydd, a'r dydd o'r blaen fe ddaeth ataf gyda'r sym hwn:

• I deithio i'r 563 cyngerdd a darllediad efo Meibion Menlli dros y blynyddoedd, byddai pob car wedi gorfod teithio 51,026 milltir.

- Gan ein bod wedi arfer teithio mewn 4 car rhaid lluosi â 4, sy'n rhoi cyfanswm o 204,104 milltir.
- O ychwanegu pellteroedd Patagonia, Llydaw, Iwerddon a Chanada at hyn, byddai'r cyfanswm yn cynyddu i fwy na 230,000 milltir.
- Ac meddai'r ystadegydd, â'i dafod yn ei foch, 'A dydi'r lleuad ddim ond 3,813 milltir yn bellach na hynny!'

O dremio'n ôl, fe ddaw llawer o atgofion am y dyddiau dedwydd gynt. Dros yr holl flynyddoedd fe fuom yn ffodus iawn yn y tywydd a gawsom pan oeddem allan gefn trymedd nos ar ein ffordd i gyngerdd neu ar ein ffordd adref. Dim ond dwywaith, hyd y cofiaf, y cawsom unrhyw drafferth. Niwl oedd y broblem fawr un noson a ninnau ar ein ffordd i'r Trallwng. Caeai niwl Dyffryn Hafren amdanom fel blanced, ac nid oedd modd gweld dim. Roedd Bob y Garej yn eistedd yn y blaen gyda mi, a'n hunig obaith oedd i Bob agor ei ffenestr, a galw allan i ba gyfeiriad yr oedd y gwrych yn troi. 'Dal yma.' 'Dal draw,' oedd y gorchmynion a gefais, un ar ôl y llall. Cyn hir, fe sylweddolais fod y ffordd wedi mynd yn sobor o glonciog; dyma stopio, a chanfod bod radar Bob wedi methu darganfod mai i lawr rhyw lôn gul i gyfeiriad fferm yr oeddem yn teithio. Troi'n ôl oedd y broblem nesaf, ond fe wnaethom hynny, a chyrraedd y Trallwng rhyw chwarter awr yn hwyr.

Un noson arall, y gaeaf yn cau amdanom, a sgiffyn go lew o eira wedi disgyn, roeddem ar ein ffordd unwaith eto i Sir Drefaldwyn. Cawsom stop wrth y Dafarn Dywyrch ger Llandegla i geisio penderfynu a fyddai'n ddiogel i ni gymryd y ffordd gyflymaf ar ein taith, sef mynd dros Fwlch yr Oernant ac i Langollen. Wedi pwyllgora, penderfynwyd ei mentro hi ar y ffordd wrth fynd, ond dod yn ein holau trwy Gorwen, oedd yn bellach o ran milltiroedd, ond heb gymaint o ddringo. Fe aethom drwy Fwlch yr Hir Farrug yn ddiogel, ac i fyny hyd at y caffi ar ben y bwlch. I lawr â ni wedyn yn ofalus ac araf hyd nes dod at y man mwyaf serth – yn union ym mhlygiad y bedol. Yn y fan honno llwyddasom i frêcio'n llwyddiannus, oherwydd o'n blaenau roedd clamp o gar wedi troi reit ar draws y ffordd wrth i'r gyrrwr geisio dod i fyny'r clip serth. Daeth clamp o ddyn mawr allan o'r car ar ôl i ni i gyd lwyddo i stopio – Sais, yn ôl ei acen – ac meddai wrthym mewn ffordd braidd yn ffroenuchel, 'I'm so glad you've come, boys. Can you give me a push up this steep bit to the top? I'm trying to get to Ruthin.' Ddywedodd neb yr un gair, ond heb drafferth yn y byd fe afaelwyd yn y car ac mewn dau eiliad roedd ei drwyn yn wynebu ar i lawr tua Llangollen. Trodd un o'r hogie at y gyrrwr, gan ddweud, 'In weather like this it's safer to go through Corwen'. Ac i ffwrdd â fo.

Mae dau atgof doniol sy'n mynnu dod yn ôl ac yn ôl o hyd, ac fe'u rhannaf gyda chi cyn cloi'r bennod. Buom yn arbennig o ffodus na chafwyd damwain nac unrhyw anghaffael ar y moduron, sy'n tystio i safon y moduro ac i'r gofal a fu dros y ceir. Yr unig broblem a gafwyd oedd ar un noswaith hwyr iawn, a ninnau'n teithio am adref o Geredigion. Fel mae'n digwydd, cerbyd Bryneglwys oedd y cerbyd olaf yn y confoi y noswaith honno, a Tudor oedd yn gyrru. Wrth iddynt groesi'r Bontnewydd ger Brithdir, fe ddaeth byrst sydyn i'r bibell ddŵr uwchben yr injian. Roedd yn rhy hwyr i ddeffro neb, roedd y tri char arall wedi mynd, a 'run jwg na fflasg i mofyn dŵr o'r afon. Doedd dim amdani felly ond i Tudor afael mewn hen bâr o wellingtons oedd yn y trwmbal, a straffaglu'i ffordd yn y tywyllwch i lawr at afon Wnion i mofyn dwy lond wellington o ddŵr. Ar ôl diwallu anghenion dyfriol y modur orau medrai yn y tywyllwch, cafodd ei siarsio gan un o'i gyd-deithwyr i ddal ei afael ar y wellington, rhag ofn y byddai ei hangen eto ar y daith adref, efallai wrth yr afon Lliw ger Llanuwchllyn; neu ger Llyn Tegid; neu hyd yn oed gyflenwad o ddŵr Bro Hiraethog o'r afon Alwen ger Pont Felin Rhug. Sut bynnag, fe gyrhaeddodd pawb adre'n ddiogel yn oriau mân y bore. Bob tro y byddaf yn mynd heibio'r Bontnewydd, dyna'r darlun sy'n mynnu dod â gwên i'm hwyneb, ynghyd â sylw ffraeth a wnaed gan un o'r hogie chwim ei feddwl wrth i ni droi yn y Bontnewydd i fyrhau'n ffordd i Fachynlleth ymhen rhyw hanner blwyddyn wedyn. Meddai'r cyfaill oedd yn eistedd yn y blaen gyda mi, a'i wyneb yn syth fel sant: 'Maen nhw'n mynd i godi cofgolofn wrth y bont yma cyn bo hir.' Daeth llais chwilfrydig o'r sedd gefn: 'Cofgolofn i bwy?' Ac ar ei union, fe ddaeth yr ateb: 'I'r Duke of Wellington.'

Mae'r atgof arall fymryn yn llai gweddus na'r stori ddiwethaf ond mae meddwl am y sefyllfa'n dal i wneud i mi chwerthin, er nad oedd pob un ohonom yn chwerthin ar y pryd. Dychmygwch yr olygfa. Meibion Menlli'n sefyll yn ddwy res nerfus y tu ôl i'r llen ar flaen y llwyfan yn disgwyl i'r llen agor. Mae cryndod y llen yn awgrymu ei bod yn dechrau agor, pan ddaw sibrydiad gan rywun o'r rhes gefn, 'Hei, mae dy falog di ar agor!' Erbyn hynny, mae'r llen wedi agor yn llawn, ac nid oes dim y gall cantorion y rhes flaen ei wneud ond bwrw iddi i ganu. Trwy gydol yr eitem gyntaf bydd pob aelod o'r rhes flaen mewn gwewyr, gan feddwl tybed ai ef oedd yn sefyll yn canu yng ngŵydd pawb a'i wisg yn anweddus. Does dim rhaid i mi ddweud mai un o jocars y rhes gefn oedd yn gyfrifol am y sibrydiad – gŵr a gaiff fod yn ddi-enw, ond gŵr oedd yn ddigon clyfar i beidio â mentro gwneud yr un sibrydiad bob tro, dim ond rhyw unwaith yn y pedwar amser, ond roedd hynny'n gwneud y tric yn ganmil mwy effeithiol. Heddiw, gwên. Ar y noson, pryder.

A dyna rai o helyntion bywyd fel aelodau o Feibion

Menlli. Y cwbl a ddywedaf wrth ddod â'r bennod hon i'w therfyn yw, 'O! na fyddai modd galw'r blynyddoedd hynny'n ôl'.

I DRE'R HEN DDANIEL

Yn y flwyddyn 1965 fe agorodd pennod newydd yn fy hanes pan symudais o Ysgol Brynhyfryd yn Rhuthun i Ysgol Maes Garmon, Yr Wyddgrug. Golygai hyn gryn dipyn o rwyg yn fy hanes ar ôl treulio deng mlynedd hapus ryfeddol yn 'nyffryn clodfawr Clwyd'. Fodd bynnag, fe ddaeth cyfle i fod yn bennaeth adran mewn ysgol oedd bron yn newydd, gan mai ym 1961 yr agorwyd ei drysau am y tro cyntaf. Roedd hefyd yn gyfle i wireddu breuddwyd arall oedd gennyf, sef y cyfle i gael dysgu daearyddiaeth trwy gyfrwng yr iaith Gymraeg hyd at arholiadau Safon Uwch, a hynny yng nghwmni athrawon o gyffelyb anian oedd hefyd yn torri cwysi tebyg yn eu pynciau hwythau.

Agorwyd Maes Garmon bedair blynedd cyn i mi symud yno, ac fel ysgol roedd yn rhan o freuddwyd Cyfarwyddwr Addysg Sir y Fflint yn y cyfnod hwnnw, sef Dr B. Haydn Williams. Yn gefn brwdfrydig iddo ef yn y fenter hon yr oedd ei ddirprwy, sef Moses J. Jones, a ddaeth yn Gyfarwyddwr yn dilyn marwolaeth annhymig Dr Haydn Williams.

Roedd y ddau ohonynt wedi sylweddoli bod canran plant Cymraeg eu hiaith o fewn y sir yn lleihau, ac wedi penderfynu bod angen mynd i'r afael â'r broblem yn hytrach na llaesu dwylo a gwneud dim. Bu'n frwydr galed dros nifer o flynyddoedd cyn llwyddo i sefydlu cadwyn o Ysgolion Cynradd Cymraeg ar hyd a lled y sir. Rhaid talu diolch i'r cynghorwyr sir hynny a ddaeth i sefyll ym mwlch

Braf i brifathro oedd ceisio lloches weithiau gyda staff y gegin – ymhell cyn dyddiau Jamie Oliver, wrth gwrs!
(*O'r chwith*): Jessie Hughes; Aled; Eileen Pickering; Julie Jones; Eileen Bevan; Mary Severn; Madge Lewis; Dorothy Hardy.

Steddfota eto! Eisteddfod Genedlaethol y Fflint 1969, a'r côr cerdd dant oedd yn cymryd rhan yn y seremoni agoriadol.

Yn anffodus, nid oedd lloches rhag hon!
Ymweliad y Prif Weinidog ag Ysgol Maes Garmon ym mis Medi 1984.

Cadeirydd
Pwyllgor Gwaith
Eisteddfod Sir
Fflint a'r Cyffiniau
2007 yn cyflwyno'r
rhestr Testunau i'r
Archdderwydd,
Selwyn Iolen, yn
ystod y Seremoni
Cyhoeddi yn nhref
y Fflint ym mis
Mehefin 2006.

Taid a'i wyres, Catherine, yn paratoi i
fynd i'r llwyfan yn Seremoni'r Cadeirio
ym Mhrifwyl 2007.

Elen, wyres arall, ar fin mynd
i'r llwyfan ym mhasiant y plant,
Y Fordaith Fawr ar nos Sadwrn
cyntaf Prifwyl 2007.

Hamddena yn yr ardd gefn ym 1995.

Ger Pen-y-pigyn ar lethrau'r Berwyn uwchlaw Corwen. Saith o ffrindiau oedd yn cyd-oesi yng Nghorwen yn y pedwardegau wedi dod ynghyd ym mis Hydref 2007 i groesawu John a Mary Bennett Davies yn ôl i'w hen fro o Awstralia.

I gario'r hen linach ymlaen. Chwech o wyrion hapus.
(O'r chwith): Erin Llwyd; Miriam Llwyd; Elen Llwyd; Catherine Lloyd; Glain Llwyd; Cai Aled.

Dyna Steddfod 2007 ar ben. Rŵan am hufen iâ!

yr argyhoeddiad, a mynnu bod hwn yn bolisi i'w ddilyn.

Ond roedd cynlluniau Dr Haydn Williams yn anelu ymhellach na'r sector cynradd, ac erbyn canol y pumdegau roedd Ysgol Uwchradd Gymraeg Glan Clwyd wedi'i sefydlu yn y Rhyl ar gyfer plant o ochr orllewinol y sir, ac ym 1961 gwireddwyd breuddwyd y Cyfarwyddwr trwy agor Ysgol Maes Garmon yn nhref Yr Wyddgrug i ddarparu ar gyfer disgyblion o ochr ddwyreiniol y sir. Nid mater hawdd fu sefydlu'r ysgolion hyn. Golygai frwydr gyson ar lawr y Cyngor Sir, gan fod nifer pur lafar o'r cynghorwyr yn wrthwynebus i syniad mor chwyldroadol. Ond roedd Dr B. Haydn Williams yn gwbl sicr mai hwn oedd y cwrs cywir i'w ddilyn, ac fe ddaliodd yn gadarn at yr egwyddor hon er gwaethaf pob gwrthwynebiad a fu. Sir y Fflint oedd y sir gyntaf yng Nghymru i wireddu'r freuddwyd y byddai holl blant y sir yn cael cynnig addysg Gymraeg ar lefelau cynradd ac uwchradd. Mor drist, felly, yw sylwi nad yw ein *Gwyddoniadur* newydd, a gyhoeddwyd yn 2008, wedi gweld yn dda i sôn am enw'r arloeswr hwn y mae cynifer o siroedd erbyn heddiw wedi dechrau efelychu ei bolisïau.

Fel hyn y canodd y Parchedig Eirian Davies iddo:

> Lle rhed Clwyd fe gafwyd gŵr –
> gwefreiddiol Gyfarwyddwr.
> Gofidiai am y famiaith,
> un dewr oedd dros gadw'r iaith,
> a rhagwelai argoelion
> golau wawr o'r ysgol hon.

Mae llawer wedi fy holi yng nghwrs y blynyddoedd sut ac o ble y cafwyd yr enw Maes Garmon ar yr ysgol. Mae'n rhaid mynd yn ôl i'r bumed ganrif Oed Crist i gael y chwedl. Dywedir fod Garmon, tua'r flwyddyn 429, yn arwain nifer o Frythoniaid Cristnogol yn erbyn eu gelynion

145

paganaidd oedd yn ymosod o gyfeiriad y Dwyrain. Perswadiodd Garmon ei wŷr i guddio yn y llwyni, a phan ddeuai'r gelyn i ddod allan o'u cuddfan, gan floeddio 'Haleliwia' nerth eu pennau. O gael eu brawychu gan y weithred annisgwyl hon, trodd y gelyn, a rhedeg ymaith. Gelwir y digwyddiad hwn yn 'Frwydr yr Haleliwia'. Codwyd obelisg ar gyrion y dref i nodi lleoliad y frwydr. Gwelwyd fod y chwedl yn cynnig enw addas iawn ar yr ysgol uwchradd newydd yn y dref, gan mai brwydr ddi-arfau sydd yn digwydd hyd heddiw i gadw'n hunaniaeth fel cenedl.

Ond nid oedd gweiddi 'Haleliwia' yn ddigon yn yr ymdrech i gadw'r iaith yn fyw yn ail hanner yr ugeinfed ganrif. Golygai lawer o waith caled i hyfforddi plant i'w galluogi i ddefnyddio'r Gymraeg fel cyfrwng addysg a chwarae; golygai hefyd lawer iawn o waith cenhadu ymhlith rhieni a darpar-rieni i'w hargyhoeddi bod addysg trwy'r iaith Gymraeg gyfuwch ag addysg trwy'r iaith Saesneg, ac na fyddai Saesneg y plant yn dioddef o'r herwydd. Pery llawer o bobol hyd heddiw, er gwaethaf holl lwyddiannau addysg Gymraeg yn ystod yr hanner canrif ddiwethaf, i ailadrodd yr hen fantra treuliedig hwnnw, 'But you've got to have good English if you want to get on'. Yn union fel pe bai addysg trwy gyfrwng y Gymraeg yn gwneud hynny'n anos neu'n amhosibl!

Golygai waith caled hefyd oherwydd prinder neu ddiffyg gwerslyfrau addas ar gyfer pob agwedd o'r holl bynciau angenrheidiol. Diolch byth fod llawer iawn o'r angen hwn bellach wedi'i ddiwallu, ond yn y dyddiau cynnar roedd pob athro ac athrawes yn gorfod llosgi lampau'r hwyr i ddarparu adnoddau ar gyfer eu gwersi. Yn fy mhwnc i, roedd y 'dyblygwr ysbrydol', fel y byddem yn cyfeirio'n gellweirus at y 'spirit duplicator', yn arf gwerthfawr iawn a ychwanegai dipyn o liw wrth baratoi mapiau a diagramau perthnasol ar gyfer y gwahanol gyrsiau.

Yn anffodus, mae'r angen yn parhau o hyd i ryw raddau gan fod athrawon yn gorfod ymgodymu â galwadau newydd fyth a beunydd. Ym myd addysg, ers blyn-yddoedd bellach, nid oes dim byd yn aros yn llonydd yn ddigon hir i athro ddod yn gwbl gyfarwydd â phob agwedd o'r cynnwys. Dros yr ugain mlynedd diwethaf, mae pob Tom, Dic a Harri gwleidyddol wedi mynd ati i newid y gofynion ar athrawon o safbwynt cynnwys y cwricwlwm, natur a safon arholiadau, a llu o agweddau eraill ym myd addysg. Nid cynt mae un syniad wedi cael ei roi ger bron, nad oes rhywun yn rhywle'n penderfynu bod angen ei newid neu fabwysiadu syniad mympwyol arall yn ei le. Mae fy nghalon yn gwaedu wrth feddwl am y gors y mae nifer o'r syniadau hyn yn arwain byd addysg iddi heddiw.

Mi wn fod hyn yn beth dadleuol i'w ddweud, ond gan fy mod wedi cychwyn yn y cywair hwnnw, waeth i mi gael y cyfan oddi ar fy mrest. Mae dau beth ynglŷn â'r byd addysg yn ystod y blynyddoedd diwethaf sy'n fy nghynddeiriogi'n lân. Y cyntaf yw yr hyn a wnaeth Kenneth Baker pan oedd ef yn Weinidog Addysg ar ran y Blaid Dorïaidd, sef mynnu bod pob athro'n cadw cyfrif manwl o'i oriau gwaith. Y funud y gwnaeth ef hynny, fe gollwyd miloedd o oriau o waith gwirfoddol ychwanegol y byddai athrawon ac athrawesau'n eu gwneud heb gyfri'r gost, megis arwain corau, cynhyrchu dramâu, bod yn reffarî ar foreau Sadwrn ac ati. Yr eilbeth yw'r slogan 'Education, education, education' a fu'n gymorth i ennill etholiad i'r Blaid Lafur mae'n siŵr. Ymddengys i mi fod 'education' wedi mynd yn gocyn hitio i bawb a phopeth. Mae'r swydd Cyfarwyddwr Addysg wedi'i dileu yn y mwyafrif o'n siroedd, gan ychwanegu at bortffolio (fy nghas air) y person sydd i fod i drefnu ac ysbrydoli addysg o fewn y sir bob math o faterion eraill megis hamdden, yr amgylchfyd, tai bach cyhoeddus a phethau felly. O! na ddeuai pobl fel Dr B. Haydn Williams, Moses Jones a John Howard Davies yn eu holau! A dyna fi wedi chwythu fy mhlwc yn y cyfeiriad yna, a chreu sawl gelyn ar yr un pryd, mae'n siŵr! Mae syniad newydd groesi fy meddwl y foment hon, sef onid yw'n beth da nad wyf yn ceisio am swydd fel athro yn awr?

Pan gyrhaeddais i Faes Garmon ym 1965, Elwyn Evans oedd y prifathro – gŵr o syniadau cadarn, a gŵr oedd wedi gosod ei sylfeini ei hunan i'r ysgol. Rhys Jones oedd ei ddirprwy, ac ef hefyd oedd Pennaeth yr Adran Gerdd. Erbyn hynny, roedd nifer y disgyblion wedi cynyddu o'r 109 oedd yno ar y diwrnod cyntaf, i tua 250. Ym mis Medi 1963 roedd athrawon a phlant yr ysgol gyfan wedi symud o hen Ysgol Gynradd Glanrafon, lle cychwynnodd yr ysgol ei gyrfa, i adeilad newydd oedd ar yr un tir ag Ysgol Fodern Daniel Owen (lle saif Ysgol Alun ac Ysgol Maes Garmon heddiw). Cyn codi adeilad newydd Maes Garmon, roedd y penseiri wedi ceisio amcangyfrif faint o ddisgyblion fyddai'n mynychu'r ysgol ar ôl iddi dyfu i'w llawn maint. Rwy'n credu iddynt godi'r adeilad yn y dybiaeth na fyddai nifer y disgyblion fyth yn tyfu'n fwy na thua 300. O ganlyniad, roedd coridorau'r ysgol wedi eu cynllunio i ddelio â thrafnidiaeth hynny o ddisgyblion oddi mewn iddi. Bu hyn yn broblem enfawr, ac mi gredaf y pery felly. Erbyn yr wythdegau, roedd yn agos i wyth gant o ddisgyblion yn yr ysgol ac roedd symud tyrfa o'r maint hwnnw o gwmpas yr ysgol ar hyd coridorau culion yn drefnus a thawel yn dasg anodd iawn.

Ond ym 1965 roedd yr ysgol yn rhwydd lawn, ac ymateb y rhieni wedi bod yn anhygoel. Fe wyddai Elwyn Evans fod angen cyhoeddusrwydd i gadw enw'r ysgol yn llygad y cyhoedd, ac fe brofodd ei hun yn hen law ar y gwaith hwnnw. Ar ôl i mi fod yno am rhyw ddwy flynedd, fe symudodd Rhys Jones i ysgol lawer iawn mwy, sef Ysgol Uwchradd Treffynnon. Bu colled fawr ar ei ôl ym Maes Garmon, ac arna i y syrthiodd y dasg amhosibl o'i olynu fel Dirprwy. Yn gymharol fuan wedi hynny, yn niwedd 1968, fe ddaeth y newyddion syfrdanol fod Elwyn Evans am newid cyfeiriad ei yrfa, a mynd i fyd arolygu a chynghori addysg Gymraeg yng Nghlwyd yn gyntaf, yna cyfnod ym Mrycheiniog, ac wedyn yng Ngwynedd. Maes o law, fe ddaeth yn ei ôl i fyd ysgolion trwy gael ei apwyntio'n bennaeth ar Ysgol Gyfun David Hughes ym Mhorth-aethwy. Mwy brawychus fyth oedd clywed am ei farwolaeth trwy ddamwain tra oedd oddi cartref ar ei wyliau ym 1984.

Yn nechrau 1969 y cefais i fy apwyntio'n bennaeth ar ysgol yr oeddwn, erbyn hynny, wedi dod i'w hadnabod yn bur dda. Gwyddwn y byddai gennyf staff o athrawon ac athrawesau cystal ag unrhyw ysgol yn y wlad – staff o argyhoeddiad, oedd yn credu yn yr hyn yr oeddynt yn ei wneud. Bu'r sicrwydd hwn yn gymorth mawr i mi benderfynu rhoi i mewn am y swydd. Eto i gyd, roedd y foment fawr, pan ddaeth, yn peri i rywun edrych arno'i hun, a holi tybed a fedrwn i wynebu sialens mor fawr. Mae'n rhaid i mi ddweud bod yr ymateb a gefais gan aelodau'r staff a chan lawer iawn o rieni wedi codi fy nghalon, gan fy mherswadio i edrych ymlaen yn ffyddiog, gan gredu y medrai'r fenter fawr weithio.

Gwyddwn y byddai un mater y byddai raid ei setlo'n bur fuan. Roedd cynllun wedi'i gychwyn i raddau bychan yn ystod cyfnod Elwyn Evans, sef i ganiatáu mynediad i'r ysgol i blant un ar ddeg oed oedd heb fod mewn ysgolion Cymraeg cyn hynny, a heb Gymraeg ar eu haelwydydd. Roedd hon yn her arbennig, ac nid yn rhywbeth i fwrw i mewn iddo ar chwarae bach. Ond bu'r Awdurdod Addysg yn graig gadarn i bwyso arni, a Moses Jones a'i ddirprwy, John Howard Davies, yn gymorth hawdd eu cael mewn cyfyngder. I wynebu'r sialens, fe gawsom ychwanegu dau athro at ein staff i weithio'n benodol ar gyrsiau trochi drwy'r Gymraeg. Torrai hyn dir newydd yng ngwir ystyr y gair, gan nad oedd yr un ysgol uwchradd arall yng Nghymru wedi mentro i'r fath raddau. Ar ôl i'r disgyblion ddod yn rhugl yn yr iaith Gymraeg, byddai disgwyl iddynt wynebu eu holl gyrsiau trwy gyfrwng yr iaith Gymraeg hyd at lefel yr arholiadau allanol, fel gweddill plant yr ysgol. Medrwn synhwyro bod sawl un o'm cyd-benaethiaid yn yr ysgolion Saesneg eu cyfrwng yn amheus iawn a fyddai'r fath gynllun gwallgof (yn eu tyb hwy) fyth yn llwyddo.

Fe gawsom gefnogaeth ryfeddol o dda gan rieni oedd yn gwneud y naid hon i'r anwybod, ond trwy eu sicrhau y byddem yn monitro cynnydd eu plant yn fanwl iawn, a thrwy roi adroddiad manwl iddynt bob hanner tymor, fe welsant hwy ein bod o ddifri. Gwyddent hefyd y byddai drws f'ystafell i bob amser ar agor iddynt os gwelent fod problem yn codi. Er syndod i lawer o'm cyd-benaethiaid fe weithiodd y cynllun, ac fe gymhathwyd y dysgwyr hyn i blith gweddill diadell yr ysgol, er mawr ryddhad iddynt hwy ac i'w rhieni. Cychwynnwyd gyda grŵp o 16 o 'ddysgwyr', ond erbyn 1982 roedd y nifer wedi codi i 91. Bûm yn ffodus ryfeddol o fedru apwyntio aelodau o'r staff oedd yn barod i roi llawer iawn mwy na chant y cant, neu ni wn a fyddai'r cynllun chwyldroadol hwn wedi llwyddo i'r fath raddau.

Ymhlith holl staff yr ysgol roedd rhyw argyhoeddiad bod yn rhaid i'r ysgol lwyddo, a theimlid y cyd-ddyheu yma ymhlith yr holl staff – yn y swyddfa, yn y gegin, a hyd yn oed ymhlith y tîm glanhawyr. Ac ar ben hyn oll, roedd gennym gymeriad o ofalwr oedd yn sicr o godi calon pawb, hyd yn oed mewn ambell argyfwng. Fe ddatblygodd yr ysgol gyfan yn uned glòs, deuluol.

Credaf mai ni oedd un o'r ysgolion uwchradd cynharaf yn y sir i amserlennu nosweithiau rhieni'n ofalus, gan nodi amser penodol ar gyfer eu cyfweliadau gyda gwahanol athrawon. Fe gafodd y system gyfrifiadurol hon gymeradwyaeth y rhieni, gan ei bod yn rhoi gwell trefn i'r noson ac yn ceisio gofalu nad oedd rhai rhieni'n gor-ymestyn eu sgwrs gyda rhai athrawon. Fe weithiodd y system yn rhyfeddol o dda, ac er nad oedd yn berffaith, fe wnâi lawer gwell defnydd o amser y mwyafrif o'r rhieni a'r athrawon. Pan oedd ambell un yn dal ati i siarad yn hytrach na chadw at ei amserlen, byddai fy nghyfaill Rhys Jones weithiau'n mynd at y piano ac yn chwarae'r gân 'Now is the hour for me to say Goodbye'. Y cyfan oll mewn ysbryd o hwyl, wrth gwrs!

Mae ysbryd o hwyl yn bwysig ym mywyd ysgol – hwn yw'r WD40 sy'n gwneud i olwynion ysgol droi'n rhwydd ac esmwyth. Er enghraifft, fel y gŵyr llawer ohonoch sydd yn gyfarwydd â rhediad beunyddiol unrhyw ysgol, un o'r lleoedd mwyaf aflêr fel arfer yw'r ystafell athrawon. Mewn ymgais i wella'r agwedd hon, roeddem wedi gosod sawl apêl ar yr hysbysfwrdd yn yr ystafell honno, ac am ychydig ddyddiau gwelid gwelliant, ond ymhen wythnos neu lai byddai'r annibendod yn ei ôl. Cafodd Rhys Jones syniad un diwrnod a gafodd effaith am o leiaf fis neu ychydig mwy, trwy osod rhybudd i fyny yn dweud rhywbeth fel hyn: 'Yr wythnos nesaf, bydd arbenigwyr yn dod yma o Neuadd y Sir i gasglu'r holl sterniach a'r cachdifelachau sydd yn yr ystafell hon. Os oes peth o'ch eiddo chi wedi'i adael yn yr ystafell, byddwch cystal â'i symud oddi yma os gwelwch yn dda.' Mae'n anodd credu cymaint o wahaniaeth a wnaeth y rhybudd i gyflwr yr ystafell athrawon. Gan nad oedd neb yn gallu dyfalu beth ar y ddaear oedd 'sterniach' na 'cachdifelachau', ac am nad oedd neb am gydnabod hynny ychwaith, fe gliriwyd popeth – jest rhag ofn!

Ymhlith aelodau'r staff roedd gennym rai a haeddai gael eu hystyried yn bencampwyr yn y grefft o dynnu coes. Un o'r cyfeillion hyn oedd Iwan Jones. Fe wyddai ef fy mod i'n casáu gweld eira'n disgyn ar ddiwrnod ysgol, oherwydd y byddai raid i mi wneud penderfyniad a ddylem alw tua dwsin o fysiau i mewn i gyrchu plant adref ai peidio. Pe gwelai Iwan gymaint ag un bluen eira yn disgyn o flaen ffenestr ei ystafell ddosbarth, byddai'n anfon plentyn ataf i holi a oedd hi'n amser galw am y bysiau!

Athro arall oedd yn arch-dynnwr coes oedd Gwyn Elis o Lithfaen. Mae'n drist dweud erbyn heddiw y dylaswn fod wedi cyfeirio ato fel y diweddar Gwyn Elis, oherwydd fe'i collwyd yn anamserol o gynnar rhyw ddwy flynedd yn ôl. Tra bu acw, nid oedd neb yn ddiogel rhag ei driciau. Ond fe ddaeth mistar ar Mistar Mostyn un noson, ac fe lwyddodd rhywun i dalu'r pwyth yn ôl iddo oherwydd ei herian cyson. Roedd gennym Helfa Drysor ymhlith holl aelodau staff yr ysgol, a phob llond car wedi derbyn amlen oedd yn cynnwys yr holl gliwiau angenrheidiol i arwain pawb yn y diwedd i Dafarn y Liver yn Rhydtalog. Pawb ond Gwyn. Roedd ef a'i briod, Jessie, wedi derbyn amlen fel pawb arall ond roedd eu cliwiau hwy'n eu harwain, ar ôl hir droelli, i Dafarn y Piccadilly yng Nghaerwys. Ac ar eu taith, roeddent wedi gweld rhai eraill o foduron yr athrawon yn mynd i gyfeiriadau hollol groes iddynt hwy, a Gwyn wedi dweud sawl tro, gan chwerthin, 'Drycha ar nacw'n mynd y ffordd anghywir!' Cyraeddasant y Piccadilly o flaen pawb, gan feddwl yn siŵr eu bod wedi ennill. Daeth y tafarnwr atynt gan holi ai ef oedd Mr Ellis, a rhoi amlen iddo'n ei gyfeirio'n ôl yr holl ffordd i Rydtalog!

Roedd yn rhaid i mi fod yn fythol wyliadwrus oherwydd er bod Elwyn Roberts, prifathro Ysgol Glanrafon, Yr

Wyddgrug a minnau'n gyfeillion mawr, nid oedd yr un ohonom yn ddiogel rhag triciau'r llall. Fe dyfodd un gyfres rhyngom fel pelen eira, ac ni wyddem o ble y deuai'r ergyd nesaf. Un gwyliau haf, roeddwn yn rhan o gynllun i greu ffilm Gymraeg ar gyfer y cyfryngau oedd i'w ffilmio yn ninas Caer. Cynhyrchydd y ffilm oedd George Roman, oedd yn gyfarwyddwr artistig yn Theatr Clwyd, a'r ddau ohonom yn adnabod ein gilydd yn bur dda. Daeth ataf un diwrnod, gan ofyn a fyddwn yn barod i fynd i Faes Awyr Manceinion i gyfarfod James Mason a'i wraig, a'u cyrchu oddi yno i Westy'r Grosvenor yng Nghaer, gan fod James yn mynd i chwarae rhan ddi-siarad yn ei ffilm. Cytunais ac, yn wir, mwynheais y siwrne'n ôl yng nghwmni'r actor enwog.

Yr wythnos gyntaf ar ôl i'r ysgol ailagor wedi gwyliau'r haf, fe'm galwyd at y ffôn gan yr ysgrifenyddes, a ddywedodd wrthyf fod rhyw Bill Dixon eisiau siarad efo fi ar y ffôn. Atebais yr alwad, ac fe ddywedodd y llais ei fod yn ohebydd i'r *Daily Post*, a'i fod yn paratoi cyfres o erthyglau ar 'Unusual Holiday Jobs'. Dywedodd ei fod wedi clywed fy mod i wedi bod yn rhedeg tacsi i hebrwng James Mason hwnt ac yma, a holodd a fyddwn yn barod i'w gyfarfod er mwyn cael yr hanes yn gyflawn. Roedd rhywbeth yn dweud wrthyf nad oedd yr holl stori'n ddilys ac yn y diwedd, ar ôl hir siarad, fe adnabûm yr acen.

Roedd hyn yn galw am ateb, ac fe ddaeth syniad i'm pen o anfon llythyr at Elwyn yn llaw rhyw Mr W.C. Plunkett dychmygol, pennaeth awdurdod swyddogol yng Nghaer-dydd, yn dweud ei fod ef, mewn ymateb i ymholiad Seneddol, wedi gorfod dewis nifer o ysgolion cynradd yng Nghymru, gan ofyn iddynt ddarparu ystadegau ynglŷn â nifer y toiledau oedd yn yr ysgol, a faint o roliau papur tŷ bach a ddefnyddid yn yr ysgol bob wythnos. Hefyd, byddai angen cadw cyfrif manwl o faint o ddisgyblion fyddai'n defnyddio'r toiledau ar un amser chwarae penodol yn ystod yr wythnos ganlynol. Roedd ei ysgol ef yn un o'r rhai a ddewiswyd ar gyfer yr arolwg. Anfonwyd y llythyr, a phan ddaeth diwedd yr wythnos ddilynol, fe recordiwyd y sgwrs a'r holl atebion – ac mae'n debygol mai hwn oedd un o'r recordiadau doniolaf a grëwyd erioed!

Yn dilyn hyn, fe wyddwn fy mod mewn lle peryglus, ac fe rybuddiais Mrs Donna Jones, fy ysgrifenyddes, i wneud ei gorau i'm gwarchod, rhag ofn y byddai galwadau ffug yn dod ar y lein. Rhyw fore Llun, ymhen pythefnos, fe ddaeth Donna ataf gan edrych yn bryderus a dweud bod rhyw ddyn o Lundain eisiau siarad gyda mi ar y ffôn. Dywedodd ei fod yn siarad o'r swyddfa yn Llundain oedd yn gyfrifol am y cynllun T.V.E.I. oedd gennym yn rhedeg yn yr ysgol ar y pryd. (Fe ddylwn egluro bod Maes Garmon yn un o 14 ysgol uwchradd drwy Brydain ar yr adeg honno oedd yn rhedeg y cynllun arbrofol 'Technical and Vocational Educational Initiative' ar ran y 'Manpower Services Commission'.) Roedd y cynllun wedi dod â llawer o welliannau technolegol i ni fel ysgol, a bu'r swyddfa yn Llundain yn dilyn datblygiad y cynllun yn fanwl. Atebais y ffôn, i gael fy hysbysu gan ddyn oedd braidd yn swyddoglyd ei anian, y byddem fel ysgol yn derbyn ymweliad gan y Prif Weinidog ar y prynhawn dydd Gwener yr wythnos honno, ac y byddai hi'n awyddus i weld disgyblion y grwpiau T.V.E.I. wrth eu gwaith. Y foment i mi glywed y neges, yr enw a ddaeth i'm meddwl ar unwaith oedd enw Prifathro Ysgol Glanrafon, Yr Wyddgrug. Mae'n siŵr bod y gwas sifil yn Llundain wedi clywed rhyw gymaint o anghrediniaeth yn fy llais wrth i mi ymateb, ac fe ddywedodd wrthyf, deued a ddelo, y byddai neb llai na'r Prif Weinidog ar garreg fy nrws bnawn dydd Gwener.

Euthum ar fy union i ystafell un o'm dau ddirprwy, sef Ednyfed Williams, gŵr a fyddai'n cadw'i ben mewn unrhyw argyfwng. Dywedais wrtho y byddem yn cael ymwelydd reit bwysig ar ddiwedd yr wythnos. 'Pwy?' gofynnodd. 'Y Prif Weinidog,' medde finnau. 'Pwy?' gofyn-nodd eilwaith. 'Mrs Thatcher,' atebais innau. Pan glywodd hynny, dyma fo'n rowlio chwerthin ac yn dweud, 'Elwyn Glanrafon eto'. 'Nage,' meddwn wrtho, 'roedd y boi o Lundain yn reit siŵr o'i bethe, a doedd o ddim yn swnio'n debyg i Elwyn.' 'Fo ydi o, gei di weld,' atebodd yntau. Y bore wedyn, fodd bynnag, roedd gweld llu o blismyn o gwmpas yr ysgol yn edrych pa ffordd y byddai'n rhaid i'r foneddiges gerdded yn ddigon i'n perswadio ni'n dau, ac erbyn hynny roedd Ednyfed a minnau wedi ein llwyr argyhoeddi y byddai'r Prif Weinidog gyda ni ymhen tridiau.

I gymhlethu'r holl ddarlun, roedd cyfarfod prifathrawon ysgolion uwchradd Cymraeg Cymru gyfan i'w gynnal yn Ysgol Maes Garmon drwy'r dydd ar y dydd Gwener hwnnw. Bûm yn ystyried canslo'r cyfarfod, ond yn y diwedd penderfynais mai gwell fyddai peidio newid yr amserlen, er i mi newid lleoliad cyfarfod y prynhawn i'r prifathrawon, gan ei symud o'r ysgol i Neuadd y Sir.

Roedd prifathrawon o bob rhan o Gymru wedi cyrraedd atom y bore dydd Gwener hwnnw, ac fe ymddiheurais na fedrwn i fod gyda nhw yn eu cyfarfod ar ôl cinio, am fod gennyf ymwelydd go bwysig yn dod i'r ysgol. 'Pwy sy'n dod?' holodd un ohonynt. Medraf weld y syndod ar eu hwynebau'r funud yma pan ddywedais innau, 'Margaret Thatcher'.

A dyna sut y daeth y Foneddiges Haearn i Faes Garmon ar brynhawn dydd Gwener, cyn mynd ymlaen i gyhoedd-iad pellach yn British Aerospace ym Mrychdyn. Diolch byth, roedd John Howard Davies, y Cyfarwyddwr Addysg, wedi dod atom i'm cynorthwyo i'w harwain o gwmpas. Gofynnais i Ednyfed fod yn dywysydd i Denis Thatcher, ac fe ddilynodd ei ysgrifennydd preifat yr osgordd yng nghwmni un neu ddau o athrawon eraill. Bu'r ddynes bwysig yn holi nifer o'r disgyblion yn reit fanwl – mor fanwl, yn wir, nes ein bod wedi gor-redeg dros ein hamser. Gwelwn ei hysgrifennydd preifat yn anesmwytho, gan edrych ar ei oriawr, ond ymddangosai ef ychydig bach yn ofnus o dynnu ei sylw at y ffaith bod yr amser yn brin os oeddynt am gyrraedd eu cyhoeddiad nesaf mewn pryd. Nid oedd gennyf fi ddim i'w golli, felly mentrais ddweud, 'Prime Minister, I think we are running a little late'. Ei ymateb hi oedd troi at y disgyblion, gan ddweud 'He's bullying me. Does he bully you?'

Sut bynnag, fe adawodd heb frys na braw, ac fe ddaeth pennod reit gyffrous i ben. Roeddem wedi cadw'r wybodaeth am yr ymweliad rhag y disgyblion ymlaen llaw, ac rwy'n amau bod ambell un mwy tafodrydd na'i gilydd heb lwyr faddau i mi am na chawsant glywed y gyfrinach, ac o'r herwydd iddynt golli cyfle i fedru datgan protest am rywbeth neu'i gilydd! Ni wyddwn innau ychwaith hyd y pnawn hwnnw y gallai prifathro fod yn greadur mor ddichellgar!

Gyferbyn, fe welwch gopi o'r llythyr a dderbyniais gan y Prif Weinidog yn dilyn ei hymweliad. Os mêts, mêts!!

O sôn am ddisgyblion yr ysgol, roedd gennym draws-doriad da o blant yn dod atom i Faes Garmon. Soniais eisoes fod gennym rai oedd yn dod fel dysgwyr llwyr a hollol yn un ar ddeg oed. Roedd eraill wedi'u magu ar aelwydydd di-Gymraeg, ond wedi mynychu ysgolion cynradd Cymraeg er pan oeddynt yn bedair oed. Fe ddeuai eraill o gartrefi Cymraeg, ac o ysgolion gwledig oedd fel arfer yn llai eu maint; ac eraill wedyn o gartrefi Cymraeg ac wedi derbyn eu haddysg yn un o'r bum ysgol gynradd Gymraeg oedd yn ein bwydo fel ysgol uwchradd. Bu raid

1O DOWNING STREET

THE PRIME MINISTER

26 September 1984

Dear Mr. Davies,

I write to thank you most warmly for a very enjoyable visit to Maes Garmon school last Friday. I was greatly impressed by everything I saw - by the TVEI programme and what you have made of it, by your staff, and - if I may say so - by the dedication and leadership which you yourself have shown. The children were so obviously happy, and interested in what they were learning - I can think of no higher tribute to a headmaster.

Thank you too for providing such a welcome cup of tea, and for presenting me with the EdWord material. I shall treasure the print of St. Asaph Cathedral as a memento of a very happy visit.

Yours sincerely

Margaret Thatcher

Aled Davies, Esq.

i ni ailysgrifennu'r hen *Rhodd Mam* ers talwm, oedd yn mynnu mai dim ond dau fath o blant sydd, sef 'plant da a phlant drwg'!

Ond o dderbyn am eiliad fod y *Rhodd Mam* yn gywir, mae'n rhaid i mi ddweud ar ôl deugain mlynedd o ddysgu bod llawer iawn mwy o rai da nag o rai drwg. Yn Ysgol Maes Garmon, roedd gennym yr amrediad llawn o allu ymhlith y disgyblion, a'r hyn y ceisiem ei wneud oedd ymestyn pob disgybl hyd eithaf ei gyraeddiadau, fel bod pob plentyn yn cael cyfle i deimlo bod ei ddoniau ef neu hi yn cael eu meithrin a'u datblygu cyn belled ag y byddai hynny'n bosibl.

Wrth 'bwyso ar y giât' ac edrych yn ôl, rwyf yn aml yn dyfalu beth fu hynt a helynt y cannoedd o gyn-ddisgyblion a aeth trwy felin Maes Garmon dros y blynyddoedd. Mae llawer ohonynt wedi disgleirio yn eu meysydd fel ysgolheigion, cerddorion ac actorion proffesiynol, meddygon, llenorion, cyfreithwyr, darlledwyr, technegwyr y cyfryngau, newyddiadurwyr, athrawon a byd cyllid a masnach.

Mae'r un math o ddyfalu'n digwydd yn achos cynathrawon ac athrawesau'r ysgol. Beth yw eu hynt a'u helynt hwy erbyn hyn? Yn naturiol, mae rhai ohonynt yn dal i fyw yn y fro hon o hyd, a byddaf yn eu gweld o bryd i'w gilydd. Mae eraill wedi crwydro ymhellach, a'r cysylltiad a fu gynt wedi gwanio, ond byddaf yn sôn amdanynt yn aml ac yn holi yn eu cylch bob tro y daw cyfle. Yn y flwyddyn 2001 fe gafwyd aduniad, gan fod Ysgol Maes Garmon yn dathlu'i phen blwydd yn ddeugain oed, a chafwyd cyfle i adnewyddu'r hen gyfeillach gyda llawer iawn ohonynt. Sonient i gyd am yr her a'u hwynebai wrth ddod i ddysgu mewn ysgol uwchradd Gymraeg yn y blynyddoedd cynnar, ac am y prinder adnoddau oedd ar gael yn eu gwahanol bynciau. Fel y gweddill ohonom, roedd y mwyafrif ohonynt yn dangos rhyw ychydig bach o draul y blynyddoedd, ond am ryw awr neu ddwy cawsant i gyd gyfle i ail-fyw yr hen ddyddiau'n afieithus a llawen, cyn dychwelyd i'r ardaloedd lle maent bellach yn byw. Yn ôl i fro eu mebyd y symudodd nifer ohonynt, megis Catherine Blackwell, Ted Huws a Philip Wyn Jones. Colegau'r Brifysgol a ddenodd ambell un arall megis Hywel Wyn Owen, Gwyn Lewis a Glyn Saunders Jones. Cyfnod fel un o Arolygwyr ei Mawrhydi aeth â Rhiannon Lloyd o Faes Garmon, ac yn ddiweddarach daeth yn ôl i fyd ysgol fel Pennaeth Ysgol Glan Taf yn y brifddinas.

Mynd i gadw trefn ar agwedd arall o Addysg Gorfforol a wnaeth Huw Jenkins pan aeth i ofalu am y gwaith hwnnw gyda'r Urdd yng Ngwersyll Glan-llyn. Symud i'r Ponciau a mynd yn ôl i ofalu am eglwys a barodd i Elfyn Richards adael Maes Garmon; tra mai symud i Ynys Môn fel Dirprwy Bennaeth yn Ysgol Uwchradd Bodedern a wnaeth Alan Wyn Roberts – y ddau ohonynt wedi cyfrannu'n sylweddol iawn i waith Adran Addysg Grefyddol yr ysgol.

Mae gennym destun diolch bod canran helaeth o gyn-ddisgyblion yr ysgol wedi aros o fewn eu milltir sgwâr i ddilyn crefft gyntaf dynolryw, neu i weithio fel seiri neu beirianwyr, argraffwyr, gweithwyr dur, neu i weithio mewn siopau neu dai bwyta, gan gymryd rhan ym mywyd eu cymuned. Gwelwyd enghraifft dda o hyn yn y paratoadau ar gyfer Eisteddfod Genedlaethol Sir y Fflint a'r Cyffiniau, 2007. Roedd naw o swyddogion Pwyllgor Gwaith yr Eisteddfod yn gyn-ddisgyblion o Ysgol Maes Garmon. A phe cymerem i ystyriaeth bawb oedd yn aelodau o holl wahanol is-bwyllgorau'r Brifwyl, byddai'r cyfanswm yn dipyn uwch.

Fe glywir yn aml gan y rhai hynny mewn cymdeithas sydd wrth eu boddau'n dilorni gwaith yr ysgolion

Cymraeg, fod llu o gyn-ddisgyblion yr ysgolion hyn heb ddangos llawer o ddiddordeb yn y Gymraeg ar ôl iddynt adael yr ysgol. Fe ddichon fod elfen o wir yn yr haeriad. Ond yr hyn sy'n bwysig yw eu bod hwythau, bob un o'r lleill, wedi cael cyfle i ddysgu'r iaith a'u dewis hwy yn y pen draw yw arddel neu wrthod y cyfle a gawsant. Y cwestiwn y dylid ei ofyn yw hwn – beth fyddai cyflwr yr iaith Gymraeg o fewn ffiniau hen Sir y Fflint pe na bai'r ysgolion Cymraeg yn bod?

Mae'n hawdd gwneud cyff gwawd o waith yr ysgolion Cymraeg. Y diweddar Frank Price Jones, rwy'n credu, oedd yn arfer dweud ei bod yn hawdd gweld y gwahaniaeth rhwng disgybl o Wynedd a disgybl o Sir y Fflint. Byddai plentyn o ysgol yng Ngwynedd yn holi, 'Wyt ti wedi gwneud dy geography homework?', tra byddai disgybl o Sir y Fflint yn holi, 'Ave yuh done your gwaith cartref daearyddiaeth?' Jôc fach daclus ddigon i'w dweud yn y chwedegau. Ond roedd neges i Wynedd ac i Sir y Fflint yn y jôc. Ai'r un yw'r sefyllfa yn yr unfed ganrif ar hugain, tybed?

Ar ôl i mi ymddeol o'r ysgol ym 1985, mae tri phennaeth arall wedi cyfrannu eu doniau hwy i wead bywyd yn Ysgol Maes Garmon, a'r tri ohonynt wedi llwyddo i ychwanegu at brofiadau addysgol y disgyblion. Daeth Huw Lewis â phrofiad o fod yn brifathro yng Ngwynedd gydag ef, a hefyd lawer o hyfedredd ym myd cerddoriaeth a daear-yddiaeth. Ar ei ôl ef, roedd gan Dr Philip Davies brofiad o fath gwahanol i'w gynnig ar ôl treulio cyfnodau fel athro Cymraeg i ddisgyblion ysgol ac i oedolion. Ar ymddeoliad Dr Philip Davies, fe benodwyd un o gyn-ddisgyblion yr ysgol, sef Huw Alun Roberts, yn bennaeth. Mae'n ŵr aml-ochrog iawn; mathemateg yw ei bwnc, ond mae hefyd yn gynganeddwr rhugl ac yn ganwr. Mae ganddo un llinyn arall i'w fwa sydd, rwy'n siŵr, wedi profi'n dra defnyddiol iddo wrth iddo setlo i lawr yn ei swydd newydd, sef ei gyfnod yn y gwaith o arolygu ysgolion.

Peth arall a'm plesiodd yn fawr gyda'r tri ohonynt yw eu bod yn credu, fel finnau, bod cyflwyniadau llwyfan yn werthfawr i ddisgyblion ysgol, a hynny ar sawl lefel. Mae'n rhoi cyfle i blant a phobl ifanc weithio tuag at nod o gyflwyno cyfanwaith, ar lafar neu ar gân. Mae'n gyfle ardderchog hefyd i fechgyn a merched ddatblygu eu doniau a'u sgiliau wrth baratoi setiau, wrth lunio gwisgoedd ac wrth goluro. Y peth arall y mae cyflwyniad ar lwyfan yn ei hawlio gan bawb sydd ag unrhyw fath o ran i'w chwarae yw disgyblaeth. Ac ar ddiwedd cyflwyniad llwyddiannus, yr ymdeimlad o falchder fod y rhan a gyflawnwyd gan yr unigolyn yn bwysig yn llwyddiant y sioe gyflawn.

Dros y blynyddoedd, fe gynhyrchwyd nifer o sioeau cerdd gan gwmnïau Maes Garmon, ar lwyfannau'r ysgol a hefyd ar lwyfan mawr Theatr Clwyd. O edrych yn ôl arnynt oll mae'r rhestr yn ymddangos yn frawychus o hir, ond trwyddynt fe gafodd y disgyblion brofiad llwyfan amheuthun. O bryd i'w gilydd, byddaf yn cyfarfod cynddisgyblion, ac yn aml iawn eu cwestiwn cyntaf fydd 'Ydych chi'n cofio'r sioe . . .?'

O'r cychwyn cyntaf, llwyddodd yr ysgol i gael tîm o weithwyr cefn llwyfan oedd bron iawn yn broffesiynol, yn gymaint felly fel y byddai rhai o dechnegwyr Theatr Clwyd yn rhyfeddu at eu dawn pan fyddem yn symud sioe o theatr yr ysgol i fyny i'r theatr broffesiynol. Nid wyf am eu henwi fel unigolion, oherwydd gwaith tîm oedd y cyfan, ond hoffwn fanteisio ar y cyfle hwn i ddiolch yn bersonol iddynt oll am eu gwaith caled. Bu colled fawr ar ôl rhai ohonynt, oherwydd fod eu hymroddiad a safon eu gwaith mor aruchel.

Ac mae'r traddodiad yn parhau o hyd. Ar lwyfan yr

ysgol y gwelwyd potensial bachgen deuddeg oed am y tro cyntaf, pan ofynnwyd i Rhys Ifans chwarae'r brif ran yn *Olifar*. A'r cyd-ddigwyddiad ein bod yn gweithio yn hen dref Daniel Owen, a bod Rhys Jones yn athro yn yr ysgol, a'n perswadiodd ni i lunio'r sioe *Rhys*, yn seiliedig ar y llyfr *Rhys Lewis*, gan ofyn unwaith eto i Rhys Ifans chwarae'r brif ran. Ac erbyn heddiw, wrth gwrs, mae Rhys yn un o sêr y sgrin ryngwladol.

Mae'n amlwg na fyddai'r fath wleddoedd yn bosibl heb dalentau arbennig ymhlith aelodau'r staff, ac rwy'n siŵr y caf enwi Carys Tudor Williams, Eirian Jones ac Owen Evans fel rhai o'r prif gynhyrchwyr llwyfan, a hefyd y penaethiaid cerdd – Rhys Jones, Ceurwyn Evans, Elisabeth Hughes, Rhiannon Jenkins, a'r pennaeth cerdd presennol, Nia Jones. Fe gawsom gydweithrediad parod iawn hefyd gan Eirian Williams a gyfansoddodd gerddoriaeth y sioe *Wilco* ar ein cyfer. Mwy trist na thristwch yw ei bod wedi ein gadael ym mlodau ei dyddiau.

Gyda rhai o'r sioeau a lwyfannwyd, fe fûm innau'n lwcus fod Ednyfed Williams yn ddirprwy i mi. Mae ganddo ef beth wmbredd o brofiad fel actor, ac yn deall yn union beth sy'n gweithio ar lwyfan, a beth i'w osgoi. Dyna pam, gydag ambell sioe megis *Olifar* a *Rhys*, y byddem yn rhannu'r gwaith o lunio geiriau'r caneuon, a *libretto* y geiriau llafar.

Stori ddiddorol hefyd yw hanes cyfieithu geiriau caneuon y sioe *Joseph and the Amazing Technicolour Dreamcoat* i'r Gymraeg ar gais Awdurdod Cymwysterau, Cwricwlwm ac Asesu Cymru. Cefais air ganddynt yn gofyn a fyddwn yn barod i gyfieithu holl eiriau Tim Rice ar gyfer cerddoriaeth Syr Andrew Lloyd Webber, ac mai Cwmni Cyhoeddi Curiad o Ben-y-groes fyddai'n argraffu'r llyfr ar ôl iddo gael ei orffen. Fe dderbyniais gopi Saesneg o'r sioe gan y cwmni sy'n edrych ar ôl buddiannau'r ddau gyfansoddwr, ac fe aed ati i gyfieithu. Enw'r cwmni, gyda llaw yw *The Really Useful Group Ltd.* (ac nid yw'r enw hwn bob amser yn eirwir!).

Fe gymerodd y cyfieithu tua chwech wythnos o amser, a phan oedd yn barod fe'i hanfonais i ffwrdd i Gwmni Curiad. Ni chlywais yr un gair am o leiaf dri mis wedi hynny ond, un diwrnod, fe ddigwyddais gyfarfod â Dyfed Edwards, Pennaeth Cwmni Curiad. Holais ef beth oedd wedi digwydd i'r cyfieithiad a anfonais ato, a dywedodd wrthyf ei fod, o'r diwedd, wedi derbyn caniatâd yr awduron gwreiddiol i ddechrau argraffu. Y rheswm am yr oedi maith oedd eu bod, yn ôl eu trefn arferol gydag unrhyw waith cyfieithu, wedi anfon fy nghyfieithiad i at rywun arall, gan ofyn iddynt gyfieithu fy nghyfieithiad yn ôl i'r iaith Saesneg er mwyn gweld a oedd y cyfieithydd gwreiddiol wedi gwneud ei waith yn iawn! Mae'n amlwg eu bod yn cyfarfod â'u gofynion, ac fe aeth yr argraffu yn ei flaen.

Ar ôl gorffen y gwaith yma, rwyf wedi mwynhau gweld sawl perfformiad o'r ddrama gerdd – yn Eisteddfod Genedlaethol Llanelli 2000, a hefyd yn Ysgol Maes Garmon, Ysgol Dyffryn Teifi ac Ysgol Glan Clwyd. Yn ysgolion y De a'r Gogledd, nid yw'r cyfieithiad yn ymddangos ei fod yn peri unrhyw drafferthion i'r perfformwyr.

Rwy'n falch iawn hefyd o un o'r traddodiadau eraill sydd wedi tyfu yn ystod y blynyddoedd diwethaf yn Ysgol Maes Garmon, sef y Gwasanaeth Carolau blynyddol yn Eglwys y Santes Fair yn nhref Yr Wyddgrug bob Nadolig. Rhywsut, mae'r athrawon a'r disgyblion sy'n cymryd rhan yn y gwasanaeth bob blwyddyn yn llwyddo i greu awyrgylch cwbl addolgar o fewn muriau'r hen eglwys sy'n arweiniad delfrydol i Ŵyl y Geni. Mae sôn am y gwas-anaeth hwn drwy'r ardal gyfan, a chymaint yw'r galw am docynnau fel bod angen i'r gynulleidfa fod yn eu seddau toc ar ôl brecwast!

Mae cerddoriaeth wedi chwarae rhan bwysig ym mywyd Ysgol Maes Garmon o'r cychwyn cyntaf, a phery felly o hyd. Diolch byth fod ambell arolygwr ysgolion yn sylweddoli hynny hefyd, i mi gael dyfynnu un o hoff straeon fy nghyfaill Rhys Jones pan fydd yn sôn am ei ail gyfnod ef ar staff yr ysgol. Un penwythnos, roeddwn i wedi bod yn gweithio ar drefniant cerddorol cerdd dant, ac yn awyddus i sicrhau bod y cordiau yn eu lle. Gan mai amatur cerddorol ydw i ochr yn ochr â Rhys, tua chwarter i naw o'r gloch ar y bore Llun dyma fi'n rhoi caniad iddo ef yn ei ystafell ym mhen arall yr ysgol gan ofyn iddo bicio draw i'm hystafell i am funud pan fyddai hynny'n gyfleus, i fwrw golwg ar gordiau fy ngosodiad. Mae'n rhaid bod y foment honno'n digwydd bod yn gyfleus, oherwydd fe gyrhaeddodd bron iawn cyn i mi roi'r ffôn i lawr.

Roedd wedi gadael cil y drws ar agor wrth ddod i mewn, ond fe aethom ati ein dau i sol-ffeuo'r gosodiad – Rhys yn canu nodau'r llais uchaf, a minnau'r llais isaf – ac oedd, roedd popeth yn iawn gyda'r trefniant. Ar hynny, daeth y ddau ohonom yn ymwybodol fod rhywun yn sefyll wrth y drws ac yn gwrando. Troesom i weld pwy oedd yno, a gweld mai un o Arolygwyr Ei Mawrhydi oedd yn clustfeinio. A geiriau'r gŵr hwnnw ar ôl bod yn dyst i'r fath berfformans oedd, 'Mae'n rhaid fod yr ysgol yma'n rhedeg fel wats os ydi'r prifathro ac un o'i ddirprwyon yn medru canu sol-ffa am ddeng munud i naw ar fore dydd Llun!' Ac mewn ysbryd o syndod, nid o gerydd, y gwnaeth ef y sylw hwn.

Wn i ddim oedd yr arolygwr yn iawn ai peidio ynglŷn â'i sylw fod yr ysgol yn rhedeg fel wats. Mae'n siŵr ein bod wedi cael ambell awr pan oedd problemau'n codi'u pennau, ac ar adegau felly roedd angen amynedd a bwyd llwy i'w datrys. Ond, ar y cyfan, mae'n rhaid i mi gyfaddef fy mod wedi mwynhau fy nghyfnod ym Maes Garmon yn fawr. Roeddem yn gorfod gweithio'n galed iawn ar adegau, ond roedd ymateb y disgyblion, cefnogaeth gyson y rhieni a'r llywodraethwyr, ac ymroddiad yr athrawon ar hyd y blynyddoedd, yn codi calon pawb o'u cwmpas. Ar hyd y daith hefyd bûm yn hynod ffodus o gael dirprwyon rhagorol – pobl brofiadol yr oedd eu barn a'u cyngor yn werthfawr iawn, a phobl hefyd oedd yn defnyddio'u synnwyr cyffredin i ddatrys problemau. Diolch byth, doedd yr un ohonynt yn ein byddaru gyda'r *jargon* sydd mor hoff gan gymaint o'r rhai sy'n galw'u hunain yn 'arbenigwyr addysgol'.

Mae atgofion yn bethau rhyfedd. Wrth i ddyn heneiddio, yr atgofion difyr a doniol sy'n mynnu aros yn y cof. Mae profiadau anfelys y gorffennol fel pe baent yn cilio drwy ridyll y meddwl. Ond a bod yn onest, ar hyd fy ngyrfa fe fûm i'n hynod o ffodus mai prin iawn oedd y sefyllfaoedd anodd a ddaeth i'm cwrdd. Fodd bynnag, rhaid i mi sôn am un digwyddiad sydd ychydig yn aflednais, ond sydd hefyd yn ddoniol iawn wrth edrych yn ôl arno – er, yn sicr, nid oedd yn teimlo felly pan ddigwyddodd. Mae gennyf ddau reswm dros gynnwys yr hanes. Gwnaf hynny am ei fod yn dangos pa mor ddyrys y gall y treigladau sydd gennym yn yr iaith Gymraeg fod i ddysgwyr yn arbennig (ac i lawer o'r gweddill ohonom hefyd, pe byddem yn onest). Ond fy ail reswm yw am fy mod wedi clywed y stori'n cael ei hail-adrodd tua hanner dwsin o weithiau erbyn hyn, ac wrth wrando, cael ar ddeall i'r cyfan ddigwydd yn ysgolion Botwnnog, Eifionydd, Aberaeron, Dyffryn Teifi neu Rydfelen. Mae fel pe bai wedi mynd yn rhan o lên gwerin ysgolion uwchradd Cymru – a minnau'n gwybod yn iawn mai i mi y digwyddodd!

A dyma'r hanes. Un diwrnod o haf, tua chanol y

saithdegau, roeddem wedi trefnu taith gerdded i holl ddigyblion ac aelodau staff yr ysgol. Roedd hyn yn glamp o gyfrifoldeb, ond credem y byddai'n brofiad da i'r disgyblion ac i ninnau. Roedd gofyn i ni gymryd y daith o ddifrif, a chan fod gennyf ar y staff nifer o athrawon oedd wedi cwblhau tystysgrif arwain ar fynydd, penderfynwyd torri'r wers olaf yn fyr ar y diwrnod cyn y daith, casglu'r holl dyrfa i'r Neuadd, a gofyn i un o'r athrawon hyn siarad â holl ddisgyblion yr ysgol am y pethau angenrheidiol i'w gwneud ac i beidio â'u gwneud ar daith o'r fath.

Y bore wedyn, tra oedd yr ysgol i gyd yn ferw gwyllt ac ar fin cychwyn, fe ganodd y teleffôn. Roedd rhiant o bentref cyfagos am gael gair â mi, ac roedd yn amlwg wrth edrych ar wyneb yr ysgrifenyddes na fyddai'r alwad yn un bleserus. Rhiant di-Gymraeg oedd am gael gair â mi, ac o'r frawddeg gyntaf un roedd yn amlwg fod ei decell ar fin berwi drosodd. Pam fy mod i, oedd â saith gant o blant o dan fy ngofal, yn caniatáu i athrawon regi ger bron y disgyblion, a hynny yn y dull mwyaf ffiaidd? Holais innau pwy oedd yr athro dan sylw, a dywedodd wrthyf mai yn y sgwrs gyda'r plant ar ddiwedd y diwrnod blaenorol y digwyddodd y camwri. Atebais innau, gan ddweud fy mod yn sicr na fyddai'r athro hwnnw wedi gwneud dim o'r fath beth, ac addewais edrych i mewn i'r holl stori, a'i alw'n ôl wedi i mi gael sgwrs gyda'r athro.

Sut bynnag, roedd y daith ar fin cychwyn, a meddyliais innau mai gwell fyddai peidio sôn am y sgwrs ffôn hyd nes y byddem oll wedi cyrraedd yn ôl, rhag i mi ddifetha diwrnod yr athro ar y daith. Wedi i bawb ddychwelyd yn ddiogel, fe gawsom sgwrs i holi beth yn hollol a ddywedodd wrth y disgyblion ar ddiwedd y prynhawn blaenorol, gan egluro'r rheswm dros fy ymholiad. Gwelwn fod y rheswm dros fy nghwestiwn yn ddirgelwch llwyr iddo. Atebodd mai'r cyfan roedd wedi'i wneud oedd sôn am ddiogelwch wrth gerdded mynydd, a bod angen darparu ar gyfer pob math o dywydd. Dylai pawb ofalu gwisgo esgidiau cryf, ac y dylai pawb gofio dod â rhywbeth i'w yfed, a phecyn bwyd efo nhw.

A dyna pryd y sylweddolais beth oedd achos yr holl helynt. Di-Gymraeg oedd y rhieni, a dysgwr oedd y plentyn, a'r hyn oedd wedi peri'r holl drafferth oedd fod yr athro, wrth siarad â'r plant, wedi treiglo'r gair 'pecyn' yn y dull cywir! Cefais air gyda'r tad, ac er nad wyf yn ramadegwr fe lwyddais i'w ddarbwyllo ef na ddywedwyd dim byd aflednais o gwbl. Ac roedd ganddo ef ddigon o ras i ymddiheuro a maddau. Os byth y clywch chi'r stori yna eto'n cael ei thadogi ar unrhyw ysgol uwchradd arall, byddwch yn gwybod beth yw'r gwirionedd!

Ym 1969, ar ddechrau fy nghyfnod fel prifathro ar Ysgol Maes Garmon, penderfynais y dylem fel ysgol gael emyn a fyddai'n perthyn i ni ac i neb arall. Bûm yn meddwl yn hir i bwy y byddwn yn gofyn cymwynas o'r fath, a chofiais fod un prifardd oedd â chysylltiad agos â'r ysgol gan fod ei fab, Iwan, yn aelod o'r staff. Roeddwn innau hefyd yn ei adnabod yn bur dda er pan oeddwn yn byw ac yn gweithio yn Nyffryn Clwyd. Anfonais air at Gwilym R. Jones, Golygydd y *Faner*, i ofyn iddo a fyddai cystal â meddwl am y syniad, ac yn wir, ymhen rhyw bythefnos, fe ddaeth yr emyn sydd bellach yn cael ei adnabod fel 'Emyn Maes Garmon'. Roeddwn wedi dotio at grefft y bardd yn cwmpasu holl obeithion disgybl ac ysgol o fewn un emyn, a'r cyfan wedi'i wau yn gynganeddol gelfydd. Cyn gorffen y bennod hon, fe hoffwn rannu'r emyn gyda chi. Ar yr emyn-dôn 'Tregeiriog', o waith T. Hopcyn Evans, y bydd staff a disgyblion Maes Garmon yn canu'r emyn hwn o waith y Prifardd Gwilym R. Jones:

EMYN MAES GARMON

I Ti, sy'n llywio'r bywyd hwn
y seiniwn frwd hosanna.
Maddeui wall â chydymddwyn –
Iôn addfwyn, Ti yw'n noddfa.

Diolch i Ti ar ddechrau'r daith
am obaith dyddiau mebyd.
Mae enfys dy ewyllys da
fel bwa dros ein bywyd.

Am heulwen dysg, canmolwn Di.
Ti huli ein cynhaliaeth.
Yr Iesu teg ymhob rhyw stŵr
yw'n tŵr a'n dealltwriaeth.

Am iaith mor dlos â rhos yr haf
fe eiliwn gywir foliant.
Am decaf gwlad y cread crwn,
ni ganwn er D'ogoniant.

Rho inni ddawn i lwybro'n ddoeth
at gyfoeth nas dwg gwyfyn,
a'th gael yn wastad, Dad pob dawn
yn gyfiawn ymhob gofyn.

Rho Dy dangnefedd, rhyfedd ras
y Deyrnas yn nod arnom.
Hael Iôr, O gad in gael o hyd
wir olud lle yr elom.

Gwilym R. Jones (1969)

Fe ddaeth pennod Maes Garmon i ben i mi yn y flwyddyn 1985, ac am rai blynyddoedd wedyn fe wnes fy ngorau i gadw draw rhag ofn i rywun feddwl fy mod yn busnesa! Ond pery fy niddordeb yng ngwaith yr ysgol o hyd, ac mae'n braf cael gweld syniadau newydd yn datblygu wrth i genhedlaeth iau o athrawon ac athrawesau ddod i gynnal y gwaith arloesol sy'n digwydd o fewn ei muriau. Mae un datblygiad yn sicr o fod wedi gwella golwg yr ysgol, sef y fynedfa a'r ystafelloedd newydd a agorwyd yn ddiweddar, ar ôl i ni geisio dwyn perswâd ar yr Awdurdod Sirol i wneud hynny ers blynyddoedd lawer. Dymunaf yn dda i Ysgol Maes Garmon wrth iddi wynebu'r dyfodol yn hyderus. Mae'n waith caled, ond yn waith pwysig, os am gadw breuddwyd Dr B. Haydn Williams yn fyw.

Fel y canodd y Prifardd Myrddin ap Dafydd yn ei gywydd i Faes Garmon:

> Ond o'r dail drwy ryd Alun
> Garmon a ddaw eto'n ddyn;
> o goed, o gyll, gyda'i gân,
> daw, â'i eiriau yn darian
> i'r llannerch, ac o'r llwyni
> daw'n ôl ein cynheiliad ni.
>
> Yng ngwlad Dyfrdwy'r adwyon,
> â'i phoenau hi'n y ffin hon,
> heddiw'n uwch cyhoeddi wna
> alawon 'Haleliwia'.
> Yma o hyd y mae iaith.
> Yma hefyd mae afiaith.
>
> *Myrddin ap Dafydd (1990)*

CANU GYDA'R TANNAU

Soniais mewn pennod gynharach fod dau beth wedi rhoi diddordeb cychwynnol i mi yn yr hen ddull Cymreig hwn o osod pennill ar gainc, a hynny mewn arddull nad oes yr un wlad arall drwy'r cread crwn yn ei harddel. Yr ysgogiad cyntaf, mae'n ddiamau, oedd diddordeb fy nhad yn yr hen grefft, ac arferai ddysgu ambell osodiad allan o'r llawlyfr *Y Tant Aur* gan Delynor Mawddwy i blant yr ysgol. Yr ail symbyliad oedd i mi glywed llais arian William Edwards, Rhydymain, yn 'canu penillion' mewn cyngerdd yn Neuadd y Pentref, Brithdir, a theimlo bod rhyw swyn cyfareddol yn ei ddatganiad. Mae'n debyg mai fel yna y cychwynnodd fy niddordeb innau yn yr hen gelfyddyd.

Ar ôl inni symud i fyw i Gorwen, dyma ddechrau mynd ati o ddifrif i ddysgu ambell osodiad ar gyfer cyngerdd yn yr Aelwyd, neu i gystadlu yn yr eisteddfod tai yn y capel. Bûm yn ffodus hefyd fod gŵr o'r enw David Roberts oedd yn ffermio ym Mhenbont, Corwen, yn eisteddfotwr, a byddai'n arfer cynnig cario fy nghyfaill John Bennett (sydd bellach yn Awstralia ers hanner canrif) a minnau i eisteddfodau bach y wlad o amgylch Corwen – i Glawdd-poncen, Gwyddelwern, Bryneglwys neu Fetws Gwerful Goch. Yng nghefn ei fan lefrith ef y byddai John a minnau'n mynd o steddfod i steddfod i gystadlu ar unawdau, deuawdau, adrodd a cherdd dant. Mae ein dyled yn fawr i Dafydd Roberts am ei garedigrwydd a'i hir amynedd.

Pan ddaeth yr Eisteddfod Genedlaethol i Rosllan-nerchrugog yn y flwyddyn 1945, y Parch H.E. Jones oedd

Ciwrat Corwen, ac ef hefyd oedd arweinydd Aelwyd yr Urdd yn y dref. Pan glywodd fod y Gendlaethol yn dod i'n cyffiniau ni, fe wnaeth ddatganiad mentrus, 'y byddai aelwyd Corwen yn gwneud marc yn Steddfod y Rhos'. Nid oedd y 'Parchedig' yn ddyn y medrech yn hawdd ei wrthod, ac fe aeth oddi amgylch y fro yn annog ac yn swcro gwahanol rai i gystadlu ac i hyfforddi. Er gwell neu er gwaeth, fe syrthiodd coelbren yr unawd cerdd dant dan 16 oed arnaf fi. Golygai hyn ganu mewn cynghrair a fyddai gryn dipyn yn uwch nag Eisteddfod Clawddponcen, felly roedd yn rhaid mynd ati i chwilio am rywun i 'osod' a llunio cyfalawon ar gyfer dwy gerdd, sef detholiad o 'Cywydd y Delyn' (William Morris) ar y gainc 'Y Delyn Newydd', a 'Molawd Maelor' ar gainc draddodiadol arall, sef 'Y Wenynen'.

Ni wn pa bwyllgora a fu rhwng fy rhieni cyn anfon gair i Gapel Celyn at y cyfaill Watcyn o Feirion i ofyn am ddau osodiad, ond ymhen rhyw ddeg diwrnod fe ddaeth llythyr drwy'r post, a'r dasg wedi'i chwblhau. Mynd ati i ddysgu wedyn ac yna, ychydig ddyddiau cyn wythnos yr eisteddfod yn y Rhos, trefnu i fynd i Gapel Celyn er mwyn i Watcyn glywed tybed a oedd y prentis wedi gwneud unrhyw gamgymeriadau mawrion.

Yn rhyfedd iawn, cofiaf dri pheth am yr ymweliad hwnnw â'r pentref sydd bellach wedi'i ddileu'n llwyr o dan ddŵr Llyn Celyn. Y cof cyntaf oedd ei bod hi'n ddiwrnod trybeilig o boeth, a'r tar yn toddi'n llynnoedd ar y ffyrdd. Yr eilbeth a gofiaf oedd gweld Watcyn Jones efo blaen Woodbine yn cuddio o dan ei fwstásh tra chwaraeai ef yr harmoniwm i mi gael canu i'w gyfeiliant. Mae'n amlwg fod y prentis wedi dysgu'n go lew, oblegid ni fu raid newid rhyw lawer o ddim. A'r trydydd peth sydd wedi aros yn fy nghof yw gweld merch Watcyn Jones a rhyw ferch arall gyda hi'n ymdrochi mewn siwtiau nofio yn afon Tryweryn heb fod ymhell o'r fan lle roedd fy nhad wedi parcio'r car. Rhyfedd y pethau sy'n gwneud argraff ar feddwl llanc pymtheg oed!

Diolch i'r Parchedig Huw E. Jones, fe ddaeth wyth gwobr i aelodau Aelwyd Corwen yn Eisteddfod Genedlaethol Rhosllannerchrugog. Pe bai ef yma i mi ei holi, mi wn yn iawn mai ei ymateb fyddai: 'Ond wnes i ddim ond mynd o gwmpas ar fy meic i ofyn i bobol'. Un diymhongar felly oedd o, ond mae llawer ohonom yn dra dyledus iddo. Am ryw ddwy neu dair blynedd wedi hynny bûm yn poeni Watcyn Jones yn awr ac yn y man, gan ofyn iddo am osodiad o ryw eiriau neu'i gilydd. Ond teimlwn fy mod yn dechrau mynd yn dipyn o niwsans iddo, felly dyma wneud penderfyniad y byddwn o hyn allan yn ceisio llunio fy ngosodiadau fy hun.

Am flwyddyn neu ddwy, dyna a wneuthum, gan ddefnyddio'r gosodiadau hynny i gystadlu, a cheisio gwrando'n ofalus ar feirniadaethau i weld a oedd unrhyw beth y dylid ei osgoi neu ei newid. Ac yna, fe ddaeth y diwrnod mawr pryd y lluniais fy ngosodiad cyntaf ar gyfer rhywun arall. Mae'r ferch y gosodais gerdd ar ei chyfer ar hyn o bryd yn byw yng Nghaerdydd, ac yn wyneb cyfarwydd ar y teledu. Iddi hi y lluniais osodiad ar gyfer un o gystadlaethau Eisteddfod yr Urdd, a gwell prysuro i ddweud ei bod hi'n llawer iau na fi. Os cofiaf yn iawn, fe enillodd y wobr gyntaf. Heulwen Haf! Diolch iddi am fentro canu gosodiad gan un mor ddibrofiad.

* * *

Fe roddir sawl enw ar y dull unigryw hwn o ganu. Canu penillion, medd rhai, ond gwell gan eraill yr enw cerdd dant, neu ganu gyda'r tannau. Pa enw bynnag a ddefnyddir, yr un yw bwriad y datgeinydd, sef llunio cyfalaw wrth gyflwyno cerdd – cyfalaw a fydd, gobeithio, yn gymorth i ddehongli ystyr y geiriau, ac yn ychwanegu rhywfaint at bleser a dealltwriaeth y sawl sy'n gwrando. Mae gan y grefft ei rheolau ei hun, ac wrth gwrs rhaid cadw cyfeillion Cymdeithas Barddas yn hapus trwy barchu'r cynganeddion.

Rywdro tua canol y saithdegau, rwy'n cofio cael sgwrs ddifyr gyda'r cerddor Meirion Williams rhwng dau gyfarfod yn Eisteddfod Llanegryn. Fe drodd y sgwrs i gyfeiriad cerdd dant, ac roedd yn amlwg fod gan y cyfansoddwr ddiddordeb mawr yn y dull hwn o osod pennill ar gainc, er ei fod yn cyfaddef nad oedd ef erioed wedi mentro gosod na chanu dim ei hunan. Yna, wrth i ni sôn am sut a pha bryd y cychwynnodd y dull unigryw hwn o ganu am y tro cyntaf yng Nghymru, fe ddywedodd – yn nodweddiadol gellweirus – fod yn rhaid bod y gŵr neu'r wraig a feddyliodd am y fath syniad chwyldroadol naill ai'n athrylith neu'n wallgof!

Mae'r sylw hwn wedi aros yn fyw yn fy nghof, ac am wn i nad oes yna elfen o wirionedd ynddo hefyd pan eir ati i geisio meddwl sut y bu i rywun ddyfeisio dull mor gymhleth o ganu, lle na chaniateir i'r datgeinydd ddechrau ei ddatganiad ar yr un pryd â'r delyn, ond lle disgwylir iddo orffen pob pennill yn ddi-feth ar nodyn olaf y gainc. Ac o gofio am yr holl amrywiaeth mesurau a ddefnyddiwyd gan feirdd ddoe a heddiw, mae'n amlwg fod y dyfeisydd – pwy bynnag ydoedd – wedi gosod magl go fawr o flaen y datgeiniaid, a hynny heb sôn am yr amrywiaeth mawr a geir mewn hydau ceinciau sydd yn cymhlethu'r holl dasg yn fwy eto.

Mae'r cyfeiriadau a geir at ganu gyda'r tannau ym marddoniaeth yr Oesoedd Canol yn dangos ei bod yn hen gamp boblogaidd a byw. Cyfrifid 'canu telyn' a 'canu cywydd pedwar, ac acennu' ymhlith y pedair camp ar hugain teuluol a restrir gan Edward Jones y telynor yn ei lyfr *Musical and Poetical Relicks of the Welsh Bards* yn niwedd y ddeunawfed ganrif. Mae'r un awdur yn awgrymu bod mwy fyth o arbenigedd yn perthyn i grefft cerdd dannau, gan nodi pedair camp ar hugain cerdd dannau – rhestr sy'n golygu nemor ddim i ni heddiw, ond sy'n tystio'n huawdl i fanylder crefft hen feistri'r dyddiau gynt.

Yn union fel y gwnaeth Meirion Williams, mae ceisio dyfalu sut y cychwynnodd y dull hwn o ganu yn y lle cyntaf yn her i'r dychymyg, ac yn destun chwilfrydedd. 'Rhydd i bob dyn ei farn, ac i bob barn ei llafar' meddai'r hen ddihareb, a'm dyfaliad i yw mai un o'r cystadlaethau teuluol a ddyfeisiwyd yng nghefn gwlad oedd canu gyda'r tannau yn ei ddechreuad. Modd i ddiddanu aelodau'r teulu yn ystod oriau tywyll y gaeaf, yn union fel y gwelwyd sawl cystadleuaeth arall megis 'dweud stori'; 'canu cân am y cyntaf' (megis 'Cyfri'r Geifr'); canu cân ymestynnol (megis 'Ar y bryn roedd pren'); cymeriadu ambell gân werin (megis 'Yr hen ŵr mwyn' neu 'Ble buost ti neithiwr'); darllen darn heb ei atalnodi; llunio pennill mewn mydr ac odl; enwi llyfrau'r Beibl ar un gwynt a.y.b. Cyn dyfod oes y radio a'r teledu, sydd wedi lladd y math hwn o adloniant – yn wir, cyn dyfod llyfrau i fod yn rhan gyffredin o ddiddanwch – roedd teuluoedd yn gorfod llunio'u diddanwch eu hunain ar fin nosau ger y tân yng nghefn trymedd gaeaf.

Yn llygad fy nychymyg, fel yna y datblygodd y grefft. Os nad oedd yno delynor, yna byddai aelodau'r teulu yn cymryd eu tro i ganu'r gainc, tra byddai aelodau eraill yr aelwyd yn eu tro yn ymgymryd â'r dasg anodd o 'daro i mewn' yn lleisiol yn y man priodol er mwyn llwyddo i orffen y pennill ar nodyn olaf y gainc. Cefais i fy hun brofiad o'r math yma o drefn tra oeddwn yn teithio'n ôl ar fws efo Côr Corwen ar ôl i ni fod yn cystadlu yn Eisteddfod

Llanfachreth tua 1948 neu 1949. Yn rhywle ar y ffordd adref, ar ôl canu *repertoire* lawn o emynau a chaneuon gwerin, dyma un hanner o deithwyr y bws yn dechrau canu'r gainc 'Llwyn Onn' ar y geiriau la-la-la, tra bu ochr arall y llwyth bws yn taro i mewn gyda geiriau 'Calon Lân', neu 'Melin Trefin'. Ac yn yr ail bennill, y telynorion a'r datgeiniaid yn newid drosodd!

I gario fy nyfaliad personol un cam ymhellach, medraf ddychmygu'r gystadleuaeth hon yn datblygu i fod yn un amrywiol iawn. Byddai'r gainc yn cael ei newid, gan ddewis ceinciau o wahanol hydau er mwyn cymhlethu'r tasgau. Ac yna, efallai y gwelid datblygiad pellach eto pan fyddai gofyn i bob aelod o'r teulu yn ei dro ddilyn ei ragflaenydd trwy ganu pennill ar yr un mesur yn union. Byddai unrhyw un oedd yn methu dilyn yn gywir yn disgyn allan o'r gystadleuaeth. A dyna ni wedi sefydlu rheolau ar gyfer 'canu cylch' a ddaeth yn gystadleuaeth boblogaidd ymhlith gwerin Cymru yn ystod y ddeunawfed ganrif a'r bedwaredd ganrif ar bymtheg. Ffrwyth fy nychymyg i yw'r dyfaliad hwn, wrth gwrs, ac efallai fy mod yn cyfeiliorni, ond mae'n un ffordd o egluro sut y gallai canu gyda'r tannau a chanu cylch fod wedi cychwyn. Ac nid oes neb a wad fod yr elfen gystadleuol yn elfen gref iawn mewn llawer o gêmau carreg yr aelwyd a chwaraeid erstalwm, megis chwarae cardiau neu liwdo!

Crefft yr unigolyn oedd y cyfan. Y person unigol fyddai'n derbyn yr her, yn penderfynu pa bennill o ba fesur i'w ganu, ym mha bwynt ar y gainc i 'daro i mewn', a pha nodau a fyddai ganddo yn ei gyfalaw (o gofio y disgwylid i'r datgeinydd ganu cyfalaw oedd yn weddol felys i'r glust). Yn llawer iawn diweddarach – yn ystod dechrau'r ugeinfed ganrif – y daeth cerdd dant yn fater torfol, pryd y gwelwyd datblygiad mewn canu aml-leisiol. Er mwyn cyrraedd y sefyllfa honno, fodd bynnag, roedd yn rhaid colli un elfen holl bwysig o'r hen draddodiad, sef y gallu oedd gan unigolyn i benderfynu drosto'i hunan pa bennill i'w ddewis i ganu'n fyrfyfyr; ymhle i 'daro i mewn', a pha nodau i'w canu fel cyfalaw. Mae'n siŵr bod y newid i'r dull o ganu aml-leisiol wedi rhoi mwy o felyster sain i'r gwrandawyr ond, yn sicr, fe gollwyd un elfen bwysig o gof gwerin, sef y gallu i osod pennill ar gainc, gan wneud hynny ar y pryd, ac nid ar ôl paratoi ymlaen llaw.

I ble'r aeth yr hyfedredd anhygoel hwn? I ble'r aeth y gallu rhyfeddol i storio trysorfa o benillion o wahanol hydau yn y cof ac, yn fwy na hynny, i fedru eu galw'n ôl i gof ar amrantiad pan fyddai galw am hynny? Nid yw datgeiniaid heddiw'n dod yn agos at yr un gynghrair. Fe ddichon fod ein cyfalawon yn felysach oherwydd eu bod wedi cael eu paratoi ymlaen llaw, ond o safbwynt cofio geiriau, ac yna i osod yr hyn a gofiwyd yn gywir ar gainc, nid yw datgeiniaid y ganrif bresennol ond megis prentis-iaid wrth ochr rhai o hen gewri'r gorffennol.

Gwelwyd datblygiadau mawr yn yr ugeinfed ganrif. Daeth canu deuawdau, triawdau, pedwarawdau a phartïon yn boblogaidd. Ffurfiwyd corau. Tyfodd y Gymdeithas Gerdd Dant i fod yn un o'r cymdeithasau celfyddydol Cymreig mwyaf niferus ei haelodaeth. Cyhoeddwyd cylchgrawn blynyddol, trefnwyd cyrsiau gosod, a thyfodd yr Ŵyl Gerdd Dant flynyddol a sefydlwyd yn y flwyddyn 1947 i fod y digwyddiad undydd mwyaf o'i fath yn y calendr celfyddydol Cymreig. Ac ar yr wyneb, roedd y dyfodol yn ymddangos yn heulog ac yn llawn addewid.

Ond, erbyn heddiw, mae nifer o leisiau newydd yn codi gan awgrymu bod 'Rheolau Cerdd Dant' – a luniwyd trwy lawer o chwys yn ystod dauddegau a thridegau'r ganrif ddiwethaf – yn rhy gaethiwus, ac y dylid eu llacio, neu hyd yn oed eu hanwybyddu, gan roi pen-rhyddid i bawb i osod pennill ar gainc fel y dymunant. 'Mae'n rhaid i gerdd dant ddatblygu', yw'r mantra sy'n cael ei ddefnyddio gan y rhai sy'n awyddus i weld yr hen grefft yn symud yn ei blaen yn yr unfed ganrif ar hugain. Ond y cwestiwn sy'n fy mlino i yw hwn: 'Ymlaen i ble?' Pa bryd y mae unrhyw ddatblygiad chwyldroadol yn peidio â bod yn gerdd dant?

Yn ddiddorol iawn, mae'r un gwewyr yn union yn codi mewn celfyddyd arall ym maes diwylliannol Cymru, sef ym myd y ddawns werin, ac mae Cymdeithas Ddawns Werin Cymru yn ymgodymu â'u problem hwythau ar hyn o bryd. Mae dyfodiad a phoblogrwydd arddull ddawns 'Riverdance' yn cael ei hystyried gan rai yn berygl o lusgo elfennau dieithr i mewn i'r arddull ddawnsio draddodiadol Gymreig, ac ar hyn o bryd mae panel wedi'i sefydlu gan y Gymdeithas Ddawns Werin i drafod y mater hwn yn benodol.

O dridegau'r ugeinfed ganrif ymlaen, mae caredigion cerdd dant wedi ymwrthod â'r hen osodiadau llafar a oedd ar gof a chadw'r werin mewn llawer ardal, gan fynd ati i ysgrifennu gosodiadau sydd yn llawer mwy cerddorol ac ystyrlon. Gwneir ymgais i fynegi ystyr ac arwyddocâd y geiriau a genir. Rhoddodd hyn lawer gwell graen cerddorol ar y gosodiadau a genir, a chan fod llawer o'r gosodiadau hyn yn aml-leisiol, fe geir mwy o gyfle i ychwanegu at liw'r darluniau neu'r profiadau y cenir amdanynt. Mae'r cyfalawon yn llawer mwy melys nag oedd rhai'r hen osodwyr byrfyfyr erstalwm.

Ond, gyda phob datblygiad, mae'n bwysig defnyddio ffrwyn yn ogystal â chwip. Mae mor hawdd meddwi ar sbloet o seiniau sydd, mewn gwirionedd, yn ychwanegu dim oll at neges y bardd. Fe ddichon fod y seiniau'n hyfryd ynddynt eu hunain, ond i ble yr aeth y geiriau a'u hystyr? Yn aml, fe gollir uniongyrchedd y geiriau, ac fe wneir cam â gwaith y bardd. Tybed a yw rhai o'r 'gosodiadau' blaengar a luniwyd mor addurniedig brysur yn gerddorol, nes

bod y geiriau – sydd i fod yn greiddiol i unrhyw ddat-
ganiad cerdd dant – yn cael eu colli mewn niwl cerddorol?

Un o'r cyfansoddiadau rhyfeddaf a grëwyd yn fy nhyb i
oedd darn cerddorfaol o waith Grace Williams, *Penillion for
Orchestra*. Ynddo fe geir alaw waelodol fel sydd mewn
cerdd dant, ac yna gyfalawon sy'n plethu o gwmpas y gainc
wreiddiol, ond heb un gair yn cael ei ynganu o gwbl. Dyma
nonsens pur, gan mai hanfod cerdd dant yw mynegiant
geiriau. Heb eiriau, nid oes modd rhoi'r enw 'penillion'
iddo. Tybed a ddylid gwylio rhag ofn i rai o'r 'gosodiadau'
cyfoes ymdebygu i osodiadau Grace Williams?

Mae sefyllfa cerdd dant ar hyn o bryd yn peri pryder i
lawer, ac mae tri pheth sy'n fy mhoeni innau wrth i mi
geisio edrych ymlaen i blygion dyfodol yr hen gelfyddyd.

A oes perygl i gynhyrchwyr radio a theledu anghofio'n
gyfan gwbl am hen draddodiadau canu penillion a chanu
gwerin, yn eu rhuthr i ymddangos yn gyfoes a threndi? Bob
blwyddyn ar hyn o bryd, yn ystod un diwrnod yr Ŵyl
Gerdd Dant, mae'r cyfryngau torfol yno'n darlledu, ond am
weddill y flwyddyn anaml iawn, iawn y clywir unrhyw
ddatganiadau cerdd dant. Fe geir aneirif ddisgiau 'rym-ti-
tym-ti-tym', ond odid ddim cerddi lle gellir deall eu
geiriau. Ac mae'r un pryder yn bodoli ynglŷn â phrinder
datganiadau o blith trysorau ein halawon gwerin hefyd.
Pam hyn, tybed?

A oes perygl i'r hen gerdd dant a genid mewn cartref a
thafarn a chyngerdd gynt newid i fod yn gyfrwng
eisteddfodol yn unig? Mae sawl parti a chôr yn brysur iawn
yn rhoi sglein ar eu harfau am wythnosau cyn yr Ŵyl
Gerdd Dant a'r Brifwyl, ond ai 'fel jwg ar seld' i gael ei
harddangos ar ddydd gŵyl yn unig y dylai'r hen grefft,
fu'n gyfrwng adloniant i werin ein cenedl ers canrifoedd,
gael ei gweld a'i chlywed? I ble'r aeth yr hwyl? Mae un
llygedyn bychan o oleuni a all fod o gymorth i wella

rhywfaint ar y sefyllfa, er mai dim ond yn ei fabandod y mae'r syniad ar hyn o bryd. Yn union fel y mae'r beirdd yn cyd-gyfarfod i gystadlu mewn talyrnau, mae arbrawf wedi cychwyn i gael datgeiniaid i gystadlu'n hwyliog ac anffurfiol yn erbyn ei gilydd mewn noson o gerdd dant ac o hwyl. Trefnwyd dwy neu dair 'stomp' o'r fath yn bur lwyddiannus yn ystod y flwyddyn neu ddwy ddiwethaf, ac er nad wyf yn or-hoff o'r enw, efallai mai trwy gyfrwng y math yma o noson hwyliog y mae dod â gwên eto'n ôl i wynebau'r werin Gymreig wrth iddynt fwynhau noson o adloniant ysgafn wrth wrando ar ganu gyda'r tannau.

A oes perygl i'r gwerinwr cyffredin a'r 'gosodwr achlysurol', sy'n llunio gosodiadau er mwyn ei ddiddanwch ei hun a'i ffrindiau, gael ei adael ar fin y ffordd ym mwrlwm y datblygiadau cerddorol diweddar? O gofio'n ôl i gyfnod y dadeni a ddigwyddodd yn nhridegau'r ganrif ddiwethaf, a fyddai lle i gyfraniadau allweddol pobl fel W.H. Puw, William Edwards, Caradog Puw, J.E. Jones, Ted Richards, Ioan Dwyryd a'u tebyg pe byddent wedi byw yn yr hinsawdd bresennol?

A dyna finnau wedi rhannu rhai o'm gofidiau am ddyfodol yr hen gelfyddyd gyda'r darllenwyr. Gobeithio nad wyf wedi bod yn fwrn, ond rwy'n teimlo'n well ar ôl cael dweud fy nweud! Gan mlynedd yn ôl, bu bron i'r hen grefft o ganu gyda'r tannau fynd ar ddifancoll pan gollodd y mwyafrif o ddatgeiniaid a gwrandawyr cyffredin ddiddordeb. Yn fy marn i, dyma fater a ddylai fod yn uchel iawn ar agenda Cymdeithas Cerdd Dant Cymru yn nechrau'r ganrif newydd hon, sef ceisio sicrhau na fydd hanes yn ei ailadrodd ei hun.

* * *

179

Mae'n rhyfedd fel y gall un digwyddiad arwain at ddatblygiadau pellach. Ym 1981, roedd llwybr troellog yr Eisteddfod Genedlaethol wedi'i harwain i fwynder Maldwyn, ac i dref Machynlleth, ac roedd un gystadleuaeth a osodwyd gan y pwyllgor yn yr adran lenyddiaeth wedi apelio'n fawr ataf. Penderfynais roi cynnig arni.

Roedd Rhestr Testunau 1979 wedi gofyn am 'Lawlyfr o gyfarwyddiadau ar osod cerdd dant a hyfforddi datgeiniaid', ac fe ganiateid dwy flynedd o amser i gwblhau'r gwaith. Teimlwn fod gwir angen llyfr o'r fath, gan mai prin ac anghyflawn iawn oedd y gweithiau a gyhoeddwyd yn y maes hwn. Roedd traethawd buddugol Idris Vychan yn Eisteddfod 'Genedlaethol' Caer, 1866, yn hynod ddiddorol, ond yn niwlog iawn ei gyfarwyddiadau. Fe aeth ugain mlynedd heibio cyn i Anrhydeddus Gymdeithas y Cymmrodorion gyhoeddi'r traethawd buddugol hwnnw. Yn ystod y deffroad a fu ym maes cerdd dannau yn ystod hanner cyntaf yr ugeinfed ganrif, fe gyhoeddwyd sawl llyfryn oedd yn llawer mwy eglur ei fynegiant gan rai o feistri'r hen gelfyddyd, megis Telynor Mawddwy, Dewi Mai o Feirion, J.E. Jones, Idwal Wyn Jones a Haydn Morris, ond oherwydd mai llyfrynnau cymharol fyr oeddynt, nid oedd yr un ohonynt wedi llwyddo i gwmpasu pob agwedd o ganu gyda'r tannau, a'r problemau a wynebai'r gosodwr. Ar ôl ffurfio Cymdeithas Cerdd Dant Cymru ym 1934, fe gafwyd cyfleoedd i drafod y gwaith o 'osod' cerdd ar gainc mewn pwyllgorau ac ysgolion haf, ac ar ôl i'r Gymdeithas ddechrau cyhoeddi cylchgrawn blynyddol yn y flwyddyn 1936, daeth cyfle i wyntyllu ambell broblem a fyddai'n debygol o beri poen a blinder i osodwyr. Serch hynny, tameidiog oedd y cynghorion yn erthyglau cyfranwyr y cylchgrawn, ac yr oedd gwir angen llyfr a fyddai'n cwmpasu'r holl faes. Teimlwn fod Pwyllgor Llên Eisteddfod Maldwyn a'r Cyffiniau, 1981, yn cynnig cyfle i fynd i'r afael â'r angen hwn. Gwelodd y beirniad, Gaenor Hall, yn dda i wobrwyo'r gwaith a anfonwyd i mewn dan y ffugenw 'Idris Fychan', a dwy flynedd yn ddiweddarach cyhoeddwyd y gyfrol *Cerdd Dant – Llawlyfr Gosod* gan Wasg Gwynedd.

Yn niwedd 1984, roedd y Gymdeithas Gerdd Dant yn dathlu'i hanner canfed pen blwydd, a derbyniais gais gan Bwyllgor Gwaith y Gymdeithas i gyhoeddi llyfr fyddai'n croniclo peth o hanes y Gymdeithas, gan olrhain rhai o'r datblygiadau a welwyd yn ystod yr hanner canrif er 1934. Ar 10 Tachwedd 1984, cyhoeddwyd y llyfr *Hud a Hanes Cerdd Dannau*.

Yn sgil y gwaith ymchwil a wnaed ar gyfer y gystadleuaeth yn Eisteddfod Maldwyn, a chyn cyhoeddi'r ddau lyfr ym 1983 a 1984, gwelais fod angen gwneud mwy o waith os am gael y darlun cyflawn o hanes canu gyda'r tannau. Bûm yn ffodus i gael fy nerbyn i baratoi traethawd ymchwil dan nawdd yr Adran Gerdd, Coleg Prifysgol Bangor. Cefais y cyfaill Wyn Thomas yn arolygwr ar y gwaith, a da hynny, gan i'w feddwl clir ef fod yn gymorth mawr i mi wrth gael y maen i'r wal ar sawl achlysur. Gwelsom fod y maes cyflawn yn rhy eang, a chyfyngwyd y traethawd cychwynnol i astudiaeth o'r prif ffynonellau oedd wedi'u cyhoeddi yn y maes hwn o gerddoriaeth gwerin Cymru. Ym 1985, fe ddyfarnwyd gradd MA i mi am y traethawd hwn.

Ond roedd llawer iawn mwy o waith eto i'w wneud os am gwblhau'r dasg yn gyflawn, ac roedd y cam nesaf hwn yn un pwysig os oedd cof y werin am y modd yr oedd cerdd dant wedi datblygu neu edwino mewn gwahanol ardaloedd o Gymru yn ystod yr ugeinfed ganrif i'w roi ar gof a chadw. Teimlwn fod angen cyfweld nifer mawr o bobl er mwyn cael rhannu eu barn a'u profiad, ac wrth wneud hynny i roi i'r oesoedd a ddêl y lleisiau a fu. Tristwch pethau oedd fy mod yn gwybod, wrth recordio lleisiau nifer ohonynt, na fyddai llawer o'r genhedlaeth a fu'n cynnal yr hen draddodiad gyda ni'n hir iawn. Cadarnhawyd hyn o sylweddoli bod mwy na hanner yr 84 a gyfwelwyd gennyf rhwng 1986 a 1994 bellach wedi ein gadael. Yr unig gysur a gaf yw'r ffaith y bydd eu lleisiau ar gof a chadw yn Llyfrgell Genedlaethol Cymru ar gyfer ymchwilwyr y dyfodol. Unwaith eto, bûm yn ffodus o ennill gradd PhD gan y Brifysgol am y gwaith ymchwil hwn, a chyhoeddwyd addasiad ohono gan Wasg Carreg Gwalch ar ran Cymdeithas Cerdd Dant Cymru mewn dwy gyfrol ym 1999 a 2000 dan y teitl *Canrif o Gân*.

Mae'n siŵr fod llu o wendidau yn y gwaith, ond credaf mai'r hyn sy'n bwysig yw fod hanes datblygiad yr hen gelfyddyd yn ystod yr ugeinfed ganrif wedi'i groniclo, a bod lleisiau llawer o'r cyfeillion a fu'n ymwneud â hi wedi'u cadw'n ddiogel.

Trwy garedigrwydd Cwmni Sain, cefais gyfle i ganu ambell osodiad ar record ac ar ddisg. Mae chwarae recordiau feinyl bellach allan o ffasiwn, ond fe erys dwy gryno-ddisg hyd yn hyn heb gael eu haberthu ar domen technoleg ddoe. Yn y flwyddyn 1999, i gyfeiliant Telynores Dyfrdwy (Ceinwen Stuart), cefais gyfle i recordio *Gwin Hen a Newydd* (Sain SCD2222), sef casgliad o gerddi oedd yn rhychwantu wyth canrif o farddoniaeth Gymraeg. Cefais gyfle pellach yn y flwyddyn 2007 i recordio cadwyn o 22 o gerddi, sef *Cyn Cau'r Drws* (Sain 2543), eto i gyfeiliant Ceinwen. Y tro hwn roedd nifer o ganeuon Meibion Menlli hefyd wedi'u cynnwys, a thrwy hynny cefais gyfle i ddwyn i gof y dyddiau dedwydd gynt o grwydro Cymru yng nghwmni'r hogie.

STEDDFOTA

Yn y bennod ddiwethaf fe soniais fy mod i'n amau tybed a ydym fel cenedl yn cystadlu mewn eisteddfod neu ŵyl, nid er mwyn y mwynhad o berfformio, ond er mwyn ennill; dichon mai hyn sydd wedi mynd â llawer o'r hwyl allan o berfformio er mwyn pleser yn unig. A dyma fi'n awr yn mynd ati ar fy union i sôn am eisteddfod. Dyna beth ydi bod yn anghyson!

Ond beth bynnag yw ein barn am rinweddau neu ffaeleddau cystadlu, mae'r 'cyfarfod bech', chwedl pobl gorllewin Meirionnydd, ac eisteddfodau niferus cefn gwlad Cymru, wedi rhoi llwyfan i berfformwyr o bob rhan o'r wlad berffeithio'u doniau, ac wedi chwarae rhan bwysig yn niwylliant ein cenedl dros y blynyddoedd. Maent wedi apelio ataf finnau hefyd. Mae'n ddiamau eu bod wedi chwarae rhan bwysig iawn yn natblygiad gyrfaoedd rhai o berfformwyr amlycaf ein cenedl, fel mae llawer ohonynt yn barod iawn i gydnabod. Mae rhestr eu henwau bron yn ddiddiwedd, ond bodlonaf ar enwi rhai yn unig, megis Sian Phillips, Bryn Terfel, Stuart Burrows, Mary Lloyd Davies, Delme Bryn Jones, Daniel Evans, J.O. Roberts, Gwyn Hughes Jones, a llu o artistiaid eraill a ddaeth yn enwau cenedlaethol a rhyng-genedlaethol ar lwyfannau proffes- iynol yn ddiweddarach.

Yn ddiamau, fe wnaeth yr eisteddfod gyfraniad pwysig. Fel hogyn o Gorwen, teimlaf yn falch o'r rhan a chwarae- wyd gan y dref fechan honno yn natblygiad y cyfarfodydd cystadleuol hyn. Erbyn diwedd y ddeunawfed ganrif, roedd llawer o'r hen deuluoedd bonedd a arferai noddi llên a chân yn y canrifoedd blaenorol wedi colli'u Cymraeg a'u diddordeb mewn diwylliant Cymru. Roedd trefnu a rhedeg eisteddfodau o unrhyw faint wedi mynd yn anodd. Dyna pryd y cafodd Thomas Jones, Ecseismon ar briffordd y goets fawr yng Nghorwen, y weledigaeth o geisio denu nawdd i eisteddfodau o gyfeiriadau newydd, sef gan rai o'r cymdeithasau oedd yn dwyn Cymry ynghyd yn ninasoedd mawr Lloegr, megis y Cymmrodorion a'r Gwyneddigion yn Llundain. Llwyddodd i gael y Gwyneddigion i gytuno mewn egwyddor i noddi eisteddfod oedd i'w chynnal yn llofft Tafarn Owen Glyndŵr yng Nghorwen ar 12 Mai 1789. Fe aeth yr eisteddfod honno'n rhan o lên gwerin tref Corwen, ac fe gofiaf glywed adrodd yr hanes gan William Jones, Siop Gwaelod, pan oeddwn tua tair ar ddeg mlwydd oed. Roedd ef yn hyffordd nifer o adroddwyr y cylch, a hefyd yn dipyn o hanesydd lleol. Ganddo ef y clywais y stori am Twm o'r Nant yn pwdu.

Ymddengys nad oedd Thomas Jones yr Ecseismon wedi rhoi dot ar bob 'i' a chroes ar bob 't' yn ei gytundeb gyda Cymdeithas y Gwyneddigion yn Llundain yn ei drafodaethau gyda nhw'n gynnar ym 1789. Do, fe gytunwyd mewn egwyddor i noddi'r eisteddfod ym mis Mai, ond nid oedd y manylion llawn wedi eu trafod a'u cytuno, ac yr oedd sawl amod yr oeddent hwy am ei gosod cyn iddynt gyflwyno'r arian nawdd. Rhai o'r amodau oedd mai Cymdeithas y Gwyneddigion fyddai'n dewis testun cerdd y gadair, y byddai pob ymgais yn cael ei hanfon i mewn o dan ffugenw, ac y byddai gan y Gwyneddigion rhyw ran i'w chwarae hefyd yn y beirniadu. Yn anffodus, nid oedd trafodaethau ynglŷn â'r holl fanylion hyn wedi digwydd, ond roedd Thomas Jones wedi hysbysebu eisteddfod mis Mai fel pe bai popeth eisoes wedi'i setlo.

Oherwydd hynny, bu raid i Eisteddfod Mai 1789

ddigwydd dan yr hen amodau eisteddfodol, heb dderbyn nawdd, a chan ddewis enillydd y gadair ar sail cerddi a luniwyd 'ar y pryd' gan y beirdd. Mae'r rhestr o destunau a osodwyd i'r wyth bardd a ddaeth yno i gystadlu yn annisgwyl, a dweud y lleiaf, o edrych arnynt drwy sbectol yr unfed ganrif ar hugain, sef: 'Adferiad y Brenin i'w gynefin iechyd'; 'Y Frenhines'; 'Tywysog Cymru'; 'Mr Pitt'; 'Etifedd Nannau'; 'Arglwydd Bagot'; 'Owain Glyndŵr'; 'Y Gwyneddigion'. (Byddai'n ddiddorol clywed beth ddywedai beirdd megis Myrddin ap Dafydd, Twm Morys a Tudur Dylan pe bai Gerallt wedi gosod tasgau fel yna iddyn nhw!) Yn y diwedd, os cofiaf stori William Jones yn iawn, Gwallter Mechain o Lanfechain a orfu, ac fe bwdodd Twm o'r Nant a throi am adref yn bur sydyn, gan awgrymu bod Thomas Jones wedi rhoi achlust i Wallter Mechain ymlaen llaw o beth fyddai rhai o'r testunau. Croesodd fy meddwl sawl gwaith yng nghwrs y blynyddoedd pa rai o'r manylion a gawsom gan William Jones, Siop Gwaelod, sy'n gywir, a faint o frodwaith y storïwr a ychwanegwyd ganddo er mwyn rhoi lliw i'w stori!

Ym mis Medi yn yr un flwyddyn, fe gynhaliwyd Eisteddfod a dderbyniodd nawdd gan y Gwyneddigion yn nhref y Bala, gan ei gwneud yn amlwg bod manylion y cytundeb llawn wedi'u cytuno erbyn hynny. Ond chwarae teg i'r hen Thomas Jones. Ef a gafodd y syniad gyntaf, ond ei fod wedi gweithredu'n llawer rhy gyflym.

O ganol degawd cyntaf yr ugeinfed ganrif ymlaen, roedd gan Gorwen un fantais fawr arall ar gyfer cynnal eisteddfod neu ŵyl o unrhyw fath. Codwyd Pafiliwn ar gyrion y dref – adeilad pren all ddal cynulleidfa o tua dwy fil o bobol. Hwn yw'r adeilad gyda'r acwsteg gorau yng ngogledd Cymru, ym marn llawer o gantorion, ac ynddo y cynhaliwyd Eisteddfod Genedlaethol Cymru ym 1919; yr Eisteddfod Genedlaethol gyntaf erioed i'w chynnal o dan nawdd Urdd Gobaith Cymru ym 1929, a hefyd yr Eisteddfod Genedlaethol gyntaf i'w threfnu gan Urdd Gobaith Cymru ar ôl yr Ail Ryfel Byd ym 1946. Mae sawl côr, cyngerdd, plaid wleidyddol, band roc ac arwerthiant wedi manteisio ar y gofod sydd o fewn y Pafiliwn i gynnal eu gweithgareddau oddi ar hynny, ac mae Eisteddfod Powys hefyd yn talu ymweliad yn ei thro, gan fod Corwen o drwch blewyn yn dod o fewn terfynau'r eisteddfod daleithiol honno.

Soniwyd eisoes mewn pennod flaenorol am rai o'r eisteddfodau lleol y cefais i a'm cyd-ieuenctid gyfle i ennill profiad ynddynt. Yn yr ardal honno, roedd un eisteddfod a ddenai fwy o gystadleuwyr a chynulleidfa na'r rhelyw – efallai oherwydd bod ganddynt well cyfleusterau i ddenu tyrfa. Roedd gan Landderfel hefyd Bafiliwn, ac yno y cyrchai cystadleuwyr a chynulleidfa o bell ac agos ar Wener y Groglith. Un o'r pethau hynod yn Eisteddfod Llandderfel oedd y ffaith fod pob gweithgaredd eisteddfodol yn dod i ben am dri o'r gloch y prynhawn, a llond pafiliwn o gynulleidfa'n cofio'r awr a'r dydd trwy uno i ganu emyn mawr Huw Derfel, 'Y gŵr a fu gynt o dan hoelion' ar y dôn 'Cyfamod' (Hen Ddarbi). Bûm yn Eisteddfod Llandderfel lawer gwaith, a phob tro fel roedd tri o'r gloch yn nesáu, byddai rhywbeth yn digwydd i awyrgylch y cyfarfod, y gynulleidfa'n difrifoli, a phob un oedd yn bresennol yn ymdeimlo â dwyster yr awr ac yn canu gydag angerdd. Bob tro y bydd rhywun yn ledio'r emyn hwn mewn unrhyw wasanaeth capel, yn llygad fy nychymyg i bydd yn ddydd Gwener y Groglith yn eisteddfod Llandderfel, ac fe ddaw'r awyrgylch ddefosiynol oedd i'w theimlo yno am dri o'r gloch y prynhawn yn yr hen bafiliwn poeth, yn ôl i gof yn ddi-feth.

Wedi i Beryl a minnau briodi a symud i fyw i dref Rhuthun, byddai ambell wahoddiad i feirniadu'n dod i'm rhan. Beirniadu cerdd dant gan amlaf, ond weithiau tafoli'r adroddwyr yn ogystal (cyn iddynt oll droi'n llefarwyr!). O bryd i'w gilydd, fe ddeuai cyfuniad gwahanol – un yn arbennig, sef cais o Lanfachreth i arwain a hefyd i feirniadu cerdd dant. Roeddwn yn arbennig o falch o gael gwahoddiad i Eisteddfod Llanfachreth, oherwydd fod fy ngwreiddiau yn y fro honno, a byddwn yn adnabod nifer o garedigion yr eisteddfod yn yr ardal. Pobl nobl ydi pobl Llanfachreth, ac yn wir fe gefais wahoddiad i fynd yn ôl yno i arwain a beirniadu cerdd dant bob blwyddyn am ddeng mlynedd ar hugain. 'Eisteddfod y ffagots' yw Eisteddfod Llanfachreth i lawer o eisteddfodwyr, oherwydd ei bod yn arferiad ganddynt ers blynyddoedd bellach i baratoi brechdanau gyda'r llenwad arbennig hwnnw (a myrdd o fathau eraill hefyd, wrth gwrs)!

Bydd y pwt o stori nesaf yma yn dweud llawer wrth y rhai sy'n anghyfarwydd â charedigrwydd pobl cefn gwlad Meirionnydd. Pan euthum yno y flwyddyn gyntaf, gofynnodd un o'r gwragedd caredig i mi a oeddwn i'n dymuno cael brechdan ffagots. Atebais innau, 'Na, dim diolch, dydw i ddim yn hoff iawn o ffagots, ond mae 'na un neu ddau gen i adre acw fyddai'n wfftio ataf yn gwrthod y fath gynnig.' Ddywedodd neb yr un gair, dim ond cynnig brechdan gyda llenwad gwahanol i mi. Ond pan alwais yn yr ysgol am baned cyn cychwyn am adref tua un o'r gloch ar y bore Sul, roedd pecyn wedi'i lapio mewn ffoil wedi'i osod yn daclus wrth ochor fy mhlât, gyda'r geiriau 'Rhywbeth bach i chi fynd adre efo chi' arno. Ie, pecyn o ffagots! Credwch neu beidio, ni soniodd neb ddim mwy am y peth, ond bob blwyddyn am y deng mlynedd ar hugain nesaf, byddai parsel bach wedi'i lapio'n dynn wrth ochr fy mhlât i mi fynd adre efo mi. Yn wir, byddai'r hen blant acw'n ddigon wynebgaled i'm holi, fel y byddai dyddiau'r haf yn nesáu, 'Pryd mae steddfod y ffagots, Dad?'

Wrth sôn am Eisteddfod Llanfachreth, daw i gof un digwyddiad doniol iawn, ond digwyddiad hefyd lle dangosodd rhai o gyfeillion y cyfryngau torfol ddiffyg dychymyg a gweledigaeth. Roedd rhyw gwmni teledu'n dilyn dau neu dri o gystadleuwyr eisteddfodol o eisteddfod i eisteddfod, gan eu ffilmio'n canu neu adrodd. Yn eu tro fe ddaethant i Lanfachreth, ac yn weddol fuan yng nghyfarfod yr hwyr fe gawsant gyfle i ffilmio rhai o'r cystadleuwyr yn perfformio. Ymhen y rhawg fe ddaeth cystadleuaeth yr unawd Gymraeg, a'r gŵr oedd yn mynd i ganu gyntaf yn y gystadleuaeth yn un arall o'r rhai oedd ar restr ffilmio'r dyn camera. Gelwais y canwr ymlaen, a chyhoeddi ei enw, a hefyd enw'r gân a'r cyfansoddwr. Cychwynnodd Eirian Owen, y gyfeilyddes, ar rag-ymadrodd yr unawd, a disgwyliai'r unawdydd am y foment i agor ei gyflwyniad. Dyna pryd y penderfynodd ystlum ddod i mewn drwy'r ffenestr agored, gan hedfan yn ôl ac ymlaen uwchben aelodau'r gynulleidfa ar gyflymder mawr ac wedi ffwndro'n lân. Daliai Eirian yn ddewr iawn i chwarae'r piano, gan blygu'i phen yn sydyn bob tro y deuai cyrch awyr i'w chyfeiriad hi. Ni wyddai'r canwr druan beth ar y ddaear oedd yn digwydd, ac erbyn hynny roedd sawl gwraig yn y gynulleidfa wedi codi cardigan dros ei phen, rhag ofn i'r ystlum nythu yn ei gwallt am wn i.

Erbyn hynny, roedd gweddill y gynulleidfa'n rowlio chwerthin; roedd yn amlwg hyd yn oed i'r arweinydd twp na fedrai unrhyw gystadleuydd berfformio dan amodau felly, ac fe ataliwyd y gystadleuaeth er mwyn ystyried beth i'w wneud nesaf. Penderfynwyd diffodd y golau yn y neuadd ac, yn wir, fe ymlonyddodd yr ystlum, gan ddod i stop trwy afael yn dynn yn un o ddistiau'r nenfwd. Yn araf bach fe ymdawelodd y gynulleidfa, ac yn betrus iawn dechreuwyd ailoleuo'r neuadd. Arhosodd yr ystlum yno'n llonydd, gan afael yn sownd yn y distiau. Beth i'w wneud nesaf oedd y broblem a'n hwynebai'n awr. Pe byddem yn ailgychwyn y cystadlu, a fyddai'r ymwelydd yn ailddechrau ei gampau? Sut bynnag, roedd yn rhaid mentro. Galwyd ar y cystadleuydd i ailddechrau canu; ymlaen ag Eirian Owen gyda rhagymadrodd y gân, a gwrandawodd yr ystlum yn astud ar yr unawd gyflawn o'i safle freintiedig rhwng y distiau. Pan ddaeth y canwr i ddiwedd ei gân, cafodd gymeradwyaeth fyddarol gan y gynulleidfa, ac i seiniau'r curo dwylo daeth yr ystlum i lawr o'r nenfwd, gan wneud un cyrch awyr o gwmpas y neuadd cyn dychwelyd i wrando ar y gantores nesaf yn y gystadleuaeth o'i hoff safle rhwng y distiau. Ac yno y bu am weddill y noson, gan wneud '*lap of honour*' bach taclus yn ystod y gymeradwyaeth ar ôl pob perfformiad!

Er i'r saga ddoniol ryfeddol hon ddigwydd o dan drwynau pobol y cyfryngau, oedd â'u holl gyfarpar ganddynt at eu galwad, ni ffilmiwyd yr un lathen o holl berfformans yr ystlum na'r gynulleidfa, am mai dod yno i ffilmio dau neu dri chystadleuydd yn unig oedd y gwaith a rhoddwyd iddynt i'w wneud. Tybed na theilyngai perfformiad unigryw yr ystlum eisteddfodol ychydig bach o'u sylw a'u hamser? Byddai wedi bod yn ddiddanwch pur i wylwyr y teledu, rwy'n siŵr!

Yn ystod blynyddoedd y saithdegau a'r wythdegau y cefais y cyfnod prysuraf o grwydro eisteddfodau bach Cymru, gan deithio adref weithiau a'r wawr ar fin torri dros rostir Llandegla. Yn yr eisteddfodau hyn y sylweddolais gymaint yw ymroddiad eisteddfodwyr lleol mewn llawer ardal yng Nghymru. Mae'r mwyafrif o bwyllgorau ein heisteddfodau lleol yn gweithio'n ddiflino, ac yn ddiddiolch hefyd yn aml, er mwyn sicrhau llwyddiant, ac fe wn gymaint yw eu siom os na dderbyniant gefnogaeth gan gystadleuwyr a chynulleidfa. Fe wyddom oll am y cwynion arferol sy'n dilyn eisteddfod aflwyddiannus – rhaglen rhy faith; diffyg dychymyg yn y testunau; gorffen yn rhy hwyr; dim cefnogaeth gan ysgolion lleol, a.y.b. Ond tybed na ddylid edrych ar y broblem o safbwynt pwyllgor yr eisteddfod weithiau? Oherwydd anwadalwch cystadleuwyr, ac er mwyn sicrhau bod y rhaglen yn parhau am fin nos gyfan, teimlir fod yn rhaid cynnwys digon o gystadlaethau. Mae hyn yn golygu bod angen mwy o arian yn y coffrau i gwrdd â'r galw am fwy o wobrau. Os daw llu mawr iawn o gystadleuwyr, mae'n dilyn y bydd yr eisteddfod yn rhedeg yn hwyr.

Wrth gwrs, mae sail i rai o'r cwynion. Mae'n wir fod rhai eisteddfodau'n mynd ymlaen hyd yr oriau mân, gyda dim ond llond dwrn o bobl yno'n gwrando am y ddwyawr olaf. Mae'n wir fod yna ambell restr testunau sy'n dangos diffyg dychymyg. Mae'n wir hefyd fod ambell bwyllgor yn derbyn nemor ddim cefnogaeth gan yr ysgol leol, er iddynt geisio llunio testunau addas ar gyfer y disgyblion. Y bwch dihangol yn hyn oll bob amser yw pwyllgor yr eisteddfod leol – y bobl hynny sy'n ymboeni i gynnal yr eisteddfod ac i geisio trefnu ar ei chyfer. Ac wrth gwrs, fel mewn sawl maes arall, mae'n haws o lawer i ganfod beiau nag yw i roi ysgwydd dan y baich.

Rwy'n credu mai hyn oll a'm hysgogodd i ddweud rhywbeth i'r cyfeiriad yma wrth annerch ar lwyfan Eisteddfod Genedlaethol Bro Delyn ym 1991 fel Llywydd y Dydd. Mentrais ofyn pa sawl eisteddfotwr cenedlaethol brwd ac amlwg ar faes y brifwyl bob blwyddyn oedd wedi ymweld â'i eisteddfod leol yn ystod y flwyddyn ddiwethaf; a pha nifer o eisteddfodau lleol roedd aelodau o Gyngor yr Eisteddfod Genedlaethol wedi'u mynychu er Eisteddfod Genedaethol Casnewydd ym 1990? Fe fu cryn ymateb yn y wasg a'r cyfryngau i'r hyn a ofynnais ond, rhywsut, rwy'n amheus a welwyd unrhyw welliant, gwaetha'r modd. Credaf yn gydwybodol mai trwy fwrw'u prentisiaeth yn yr eisteddfodau lleol y mae perfformwyr mewn unrhyw faes yn ennill hyder ac yn dysgu'u crefft. Heb yr eisteddfodau lleol, byddai'r Brifwyl Genedlaethol yn llawer iawn tlotach.

Arweiniodd y sylwadau hyn hefyd at ffurfio Cymdeithas Eisteddfodau Cymru ym 1992 – ar ffurf weddol lac ac answyddogol ar y cychwyn ond, yn ddiweddarach, gyda chymorth ariannol gan Gronfa Carnegie, a hefyd gan Gymdeithas y Celfyddydau, sefydlwyd y Gymdeithas ar seiliau mwy cadarn, gydag oddeutu 110 o eisteddfodau lleol wedi ymaelodi. Yn ddiweddarach, derbyniwyd cymorth penodol ar gyfer math arbennig o ddatblygiad gan Gronfa'r Loteri hefyd. Bu'r ddau Swyddog Datblygu'n ddiwyd yn y gwaith o gynorthwyo eisteddfodau lleol i ddatrys eu problemau trwy hyrwyddo eu gwaith, cyd-gysylltu eisteddfodau â'i gilydd, a chynhyrchu cylchlythyr llawn gwybodaeth, dyddiadau a chyfeiriadau deirgwaith bob blwyddyn. Ond yn awr, gyda Champau Olympaidd 2012 yn bwrw'u cysgodion dros gynifer o achosion celfyddydol ledled Prydain, a dinas Llundain yn traflyncu bron y cyfan o adnoddau diwylliannol y Deyrnas Unedig, mae Cymdeithas Eisteddfodau Cymru hefyd o dan fygythiad, ac yn ei chael ei hun mewn argyfwng ariannol. Canlyniad hyn yw mai dim ond un swyddog datblygu sydd bellach gan y Gymdeithas, ac mae ei dyfodol yn edrych yn dywyll os na ddaw rhyw angel gwarcheidiol i'w chynnal. Bu swyddogion y Gymdeithas – Ellis Wyn Roberts, Terwyn Thomas, Goronwy Ellis, John Thomas a Huw Edwards – ac aelodau eu pwyllgor, ynghyd â'r un swyddog datblygu presennol, yn gwneud eu gorau glas i gadw'r olwynion i droi er lles yr eisteddfodau bach, a hynny er dued y rhagolygon.

Fe fu'r Eisteddfod Genedlaethol hefyd yn rhan bwysig o'm bywyd dros y blynyddoedd. Er y flwyddyn 1937, nid oedd ond rhyw dair neu bedair eisteddfod na chefais gyfle i fynd iddyn nhw am ddiwrnod neu ddau, ac o ddechrau'r saithdegau ymlaen dechreuodd Beryl a minnau yr arfer o dreulio wythnos lawn yn yr eisteddfod ar ddechrau mis Awst bob blwyddyn. Trwy gyfrwng yr eisteddfod y daethom yn gyfarwydd â gwahanol rannau o'n gwlad, a thrwy gyfrwng y bererindod flynyddol hon y daethom i adnabod llawer o'n ffrindiau hefyd. Credaf yn gryf y dylai'r Eisteddfod barhau i symud o le i le bob blwyddyn, ac fe wn o brofiad mor fawr yw'r cyfraniad y gall ei wneud i Gymreictod ardal. Cefais brofiad sicr o hyn ym 1991 a 2007 pryd y cynhaliwyd dwy eisteddfod genedlaethol yn nhref Yr Wyddgrug.

Mae gweithio i baratoi at yr eisteddfod yn dwyn cymunedau at ei gilydd i weithio tuag at yr un nod. A phan fydd yr eisteddfod wedi symud ymlaen ar ei siwrne i ganolfan arall, bydd wedi gadael gwaddol o ewyllys da ac o weithgarwch ar ei hôl. Mae dyfodiad yr Eisteddfod Genedlaethol i ardal yn agoriad llygad i'r llu o newydd-ddyfodiaid sydd bellach wedi dod i fyw yn ein cymunedau, heb sôn am nifer o'r brodorion hefyd! Mae'n rhoi iddynt flas ac ymwybyddiaeth o ddiwylliant ein cenedl, ac mae'r rhai sy'n gweithio gyda dysgwyr y fro yn gweld bod mwy o alw nag erioed am gyrsiau i ddysgu'r iaith. Mae ardal gyfan yn derbyn y math o drallwysiad na fyddai'n bosibl pe bai'r Brifwyl yn sefydlog mewn un neu ddwy o ganolfannau parhaol yng Nghymru.

Bûm yn aelod o Lys yr Eisteddfod am nifer o flynyddoedd, ac er mawr syndod i mi cefais fy ethol yn aelod o Gyngor yr Eisteddfod am flynyddoedd wedi hynny. Ond y sioc fwyaf oll oedd cael fy ethol yn Gadeirydd Cyngor yr Eisteddfod am gyfnod o dair blynedd, ac wedyn yn Llywydd y Llys. Yn betrusgar iawn y derbyniais y ddwy swydd, yn enwedig ar ôl i rywun ddangos i mi restr o'm rhagflaenwyr yn y gwaith – rhestr oedd yn ddigon i godi'r braw mwyaf ar greadur fel fi. Ond mae'n rhaid i mi gydnabod bod pawb wedi bod yn hynod garedig tuag ataf trwy gydol y ddau gyfnod, ac fe gefais bob cymorth i wneud y gwaith. Fe ddigwyddodd ar gyfnod cynhyrfus yn hanes yr Eisteddfod Genedlaethol, gyda llawer o ddatblygiadau newydd, diddorol yn digwydd yn strwythur a threfniadaeth y Brifwyl. Ac yn goron ar y cyfan, gwelodd yr Eisteddfod yn dda i'm dewis i fod yn un o Gymrodyr yr Eisteddfod Genedlaethol – yn sicr, braint nad oeddwn yn ei theilyngu yn fy marn fach i.

Am fy mhechodau, cefais ddau gyfnod o fod yn Gadeirydd Pwyllgor Gwaith lleol yr Eisteddfod pan ddaeth y Brifwyl yn ei thro i Sir y Fflint. Ar dir Plas Rhual y gwnaeth yr eisteddfod ei chartref pan ddaeth i'r Wyddgrug yn y flwyddyn 1991. Yn y lleoliad hwn fe gawsom feistr tir rhadlon braf, sef Major Basil Heaton. Fe wnaeth bopeth a fedrai i'n gwneud yn hapus, er mai ychydig bach yn gyfyng oedd y tir gwastad oedd ar gael i ni. Serch hynny, roedd yn dir hanesyddol iawn, gan mai ar y tir hwn yr arweiniodd Garmon ei gyd-Gymry i fuddugoliaeth yn erbyn gwŷr y Mers o Loegr ymhell, bell yn ôl yn y flwyddyn 429 Oed Crist. Disgrifiwyd Brwydr yr Haleliwia mewn pennod flaenorol, ond a dweud y gwir roeddwn wedi amau pa mor eirwir oedd stori'r frwydr hon ers y tro cyntaf y clywais hi. Pa lu arfog profiadol, mewn difrif, fyddai'n troi'n ôl a ffoi mewn braw a dychryn ar ôl clywed criw o Gristnogion ofnus yn gweiddi 'Haleliwia'?

Ond yn ystod y paratoadau ar gyfer Eisteddfod Bro Delyn, cefais eglurhad gan Major Heaton a esboniodd y cyfan i mi, ac a'm gwnaeth yn gredadyn ar ôl bod am gyfnod hir yn simsanu'n go arw. Digwydd ei holi a wneuthum un prynhawn yn ystod yr wythnos cyn yr Eisteddfod yn niwedd Gorffennaf 1991. Dywedais wrtho fy mod yn cael trafferth i gredu'r hen chwedl, ac meddai, 'Oh, yes, it did happen. I'll show you exactly where it took place.' Ac i ffwrdd â ni i'r cae sydd yn union ar draws y ffordd o'r Plasty – y cae lle codwyd obelisg i gofio am y 'frwydr' gan un o gyn-deidiau Basil Heaton. Mae llecyn ar y cae hwnnw – cae a arferai fod yn gae coediog yng nghyfnod Garmon – a phan gyfyd neb ei lais i weiddi wrth sefyll ar y llecyn hwnnw, fe ddaw sŵn y llais yn ôl ato o dri chyfeiriad. Yng ngeiriau Basil Heaton, 'There's a triple echo at this one point. And that's exactly what frightened the men of Mercia, making them turn tail and run. The shouts of "Halelujah" came at them from three different directions.' Felly, nid 'stori bîg' mo stori Brwydr yr Haleliwia o gwbl, ond stori yn hytrach sy'n dibynnu ar stereoffoneg yr Oesoedd Cynnar! Bellach rwyf yn gredadyn!

Ond ar ôl gwrando'r eglurhad am fuddugoliaeth annisgwyl Garmon a'i wŷr, a minnau'n sefyll yno gyda Basil Heaton gan edrych dros y gwrych i edmygu holl bebyll a phafiliynau Eisteddfod Bro Delyn – y cyfan wedi'u gosod allan yn barod ar gyfer y wledd oedd o'n blaenau yr wythnos ddilynol – daeth arswyd drosof wrth weld beth yn hollol roedd trefnwyr y maes wedi'i osod agosaf at y gwrych lle roedd yr effaith stereoffonig. Yno, gosodwyd dim byd llai na Phabell Roc yr Eisteddfod. Ni chysgais winc y noson honno, gan freuddwydio am holl seiniau'r Babell swnllyd honno'n dod i glustiau pob eisteddfotwr o dri gwahanol gyfeiriad!

Diolch byth, nid felly y bu. Cawsom wythnos lawen a chartrefol, gan fwynhau cwmni'r Major a'i deulu ar sawl amgylchiad. Cawsom wŷs ganddo un bore Sadwrn i ddod fel Pwyllgor Gwaith at lain o dir oedd yn edrych i lawr ar y maes. Buom yno am fore cyfan yn plannu ugeiniau o goed collddail oherwydd ei fod, fel perchennog y tir, yn awyddus i nodi'r ffaith bod yr Eisteddfod Genedlaethol wedi'i chynnal ar y tir islaw. Rhoddwyd enw newydd i'r llain, sef 'Gelli'r Eisteddfod'. Ym misoedd yr hydref, mae'n werth mynd heibio'r maes a gweld y Gelli, sydd erbyn hyn yn loddest o liwiau.

Yn achlysurol byddaf yn gweld Basil Heaton pan fyddwn ein dau yn y dref, ac fe wn yn union beth fydd cynnwys ein sgwrs. Bydd ef yn sicr o agor gyda'r cwestiwn 'Been to the Eisteddfod this year?' Byddaf innau'n ateb yn gadarnhaol, gan roi cyfle iddo ef holi bob tro yn ddi-feth: 'Was it as good as my Eisteddfod?' Go dda, yntê? Pe bai'r byd yma'n llawn o Basil Heatons, mi fyddai'n hen fyd go dda, choelia i byth!

Ni fu Eisteddfod Sir Fflint a'r Cyffiniau 2007 heb broblem neu ddwy ychwaith. Y tywydd oedd y bwgan mawr, a hyd at yr unfed awr ar ddeg (neu hyd yn oed tan chwarter i hanner nos), buom mewn gwewyr yn ei gylch, a gorfu i ni wario miloedd lawer mwy o arian nag oeddem wedi bargeinio amdano er mwyn cadw traed pob eisteddfotwr yn sych. Ond diolch byth, fe brofodd Clerc y Tywydd ei fod yn Gymro, a chawsom wythnos sych ynghanol haf gwlyb iawn. Er y gwario ychwanegol, llwyddasom i gadw ein pennau uwchben y dŵr yn ariannol, yn ogystal ag yn llythrennol.

Roeddem wedi sicrhau safle ardderchog yn y flwyddyn 2007, gyda digon o le i faes yr eisteddfod ei hunan, a hefyd i Faes B ac i'r meysydd carafannau a pharcio. Roedd tir Pentrehobin yn ddelfrydol ar lawer cyfrif – yn wastad fel ceiniog ac yn agos iawn at ganol y dref; yn ogystal roedd yr heddlu'n hapus gyda'r holl drefniadau teithio. Drwy'r wythnos gyfan fe gafwyd lle parcio i fwy na 6,000 o foduron bob dydd, a lle o fewn pedwar canllath i'r pafiliwn i osod mwy na saith gant a hanner o garafannau oedd yn aros am wythnos.

Cawsom bob cydweithrediad gan Mr Teddy Clarke, perchennog y tir, a hefyd gan Vivian Edwards sydd yn ffermio'r tir. Yn wir, bu Vivian a'i weithwyr yn gymorth arbennig iawn, gan fod y tywydd gwlyb wedi ei gwneud yn anodd iawn i gael eu peiriannau ar y meysydd er mwyn iddynt dorri'r gwair. Bu raid iddo ef a'i weithwyr losgi lampau'r hwyr i'n galluogi i gael y safle'n barod, ond diolch byth fe ddaeth popeth i fwcwl erbyn dechrau'r wythnos fawr, er mai cael a chael oedd hi.

Roedd un peth pwysig o'n plaid, sef ein bod wedi bwrw prentisiaeth yn y gwaith o baratoi ar gyfer gwyliau cenedlaethol deirgwaith o'r blaen cyn 2007. Bu Prifwyl Urdd Gobaith Cymru gyda ni yn y flwyddyn 1984; yna fe gawsom Eisteddfod Genedlaethol Bro Delyn ym 1991, a'r Ŵyl Gerdd Dant ym mis Tachwedd 1998. Ymddengys fod y rhif saith yn rhif pwysig yma yn Yr Wyddgrug, a chlywais rywun yn cyfeirio ato fel 'the seven year itch'!

Testun syndod a rhyfeddod bob blwyddyn hefyd yw ymroddiad a gwaith caled staff canolog yr Eisteddfod Genedlaethol. Mae'r tîm sydd ganddynt dan arweiniad y Prif Weithredwr, Elfed Roberts yng Nghaerdydd, a Hywel Wyn Edwards yn y Swyddfa Leol, yn gweithio oriau dirifedi er mwyn sicrhau bod prifwyl ein cenedl yn cael ei threfnu'n iawn a phopeth ynddi'n cyrraedd y safon uchaf posibl. Hoffwn dalu teyrnged i'r holl staff a gyflogir gan yr Eisteddfod, yn lleol ac yn y Brif Swyddfa. Teimlaf weithiau nad yw eu holl lafur yn cael ei lawn werthfawrogi gan y cyhoedd. Mae ambell eisteddfotwr sy'n well ganddo droi'r byd i waered i chwilio am fân frychau, heb unwaith ddiolch am yr holl waith sydd wedi mynd i mewn i drefnu a llwyfannu gŵyl mor fawr. Cafwyd trallwysiad o gymorth ychwanegol eleni trwy benodi Alwyn Roberts fel Dirprwy Drefnydd. Mae ef wedi ymgartrefu'n gyflym iawn, gan ysgafnhau rhan o'r baich a fu ar ysgwyddau Hywel Wyn Edwards. Mae'n braf cael ei groesawu i'r tresi.

Ni fedraf gloi'r bennod hon heb dalu teyrnged i bobol Sir

y Fflint sydd wedi 'sefyll yn y bwlch' ers canrifoedd i wrthsefyll y llif Seisnig sy'n dod atom, don ar ôl ton, dros Glawdd Offa. Medraf adrodd hynny o brofiad, ar ôl ceisio llywio dwy Eisteddfod Genedlaethol yn y sir yn ystod yr un mlynedd ar bymtheg diwethaf. Rwy'n sicr na chafwyd tîm mwy brwdfrydig a pharod i weithio yn unman yng Nghymru. Llwyddasant rywfodd i wneud pwyllgorau'n hwyl. Caem bresenoldeb pawb yn gyson yn yr holl gyfarfodydd; byddai merched caredig y Pwyllgor Lletty a Chroeso'n darparu paned i bawb ar derfyn pob cyfarfod; a hefyd, ar gyfer pob pwyllgor, byddai Emyr Roberts, ein Cadeirydd ar Bwyllgor y Celfyddydau Gweledol, wedi paratoi celficyn cain i'w roi ar raffl ymhlith yr aelodau, a thrwy hynny'n unig codwyd mwy na £700 at goffrau'r eisteddfod.

Bu'r holl is-bwyllgorau yr un mor frwd a dyfeisgar. Cerddwyd terfynau'r sir gan dimau o gerddwyr; dathlodd un cyfaill ei ben blwydd yn 77 mlwydd oed ar y 7fed dydd o'r seithfed mis yn y flwyddyn 07 trwy gerdded saith milltir i ben Moel Famau am y 177fed tro, a chodi rhai miloedd o nawdd yn y broses. Goddefodd un gŵr arall (sydd yn ei oed a'i amser), gael ei wisgo fel baban, a'i wthio mewn coets i lawr o Nercwys i dre'r Wyddgrug ac adre'n ôl er budd a lles yr eisteddfod. Rwy'n credu bod cynhesrwydd y croeso a roes pobl y sir i'r holl ymwelwyr a ddaeth atom i dreulio'r ŵyl yn ein cwmni wedi tystio i'w penderfyniad fod eu 'heisteddfod hwy' yn mynd i lwyddo.

Bellach, mae'r cyfan drosodd, a thir Pentrehobin wedi'i adfer. Nid oes un golwg o babell, carafán na phafiliwn, ac mae gwartheg a defaid yn pori'n dawel ar y dolydd gwastad, yn union fel pe na bai eisteddfod wedi bod yno o gwbl. Ond am un wythnos gofiadwy ym mis Awst 2007 bu'r meysydd yn fwrlwm o brysurdeb, gyda'r pafiliwn pinc yn ganolbwynt i'r sioe. Er gwaethaf y tywydd trychinebus yn ystod yr wythnosau cyn yr ŵyl, roedd Alan Gwynant a'i griw o weithwyr wedi gosod dwy filltir o bibellau dŵr o dan y dywarchen, pum milltir o wifrau trydan, a mwy nag wyth mil o dunelli o gerrig y bu raid i ni eu prynu'n ychwanegol i wneud y maes yn dramwyadwy. Ffeithiau diddorol eraill yw fod y Brifwyl wedi bod yn gartref i 350 o stondinau; bod yr eisteddfodwyr wedi defnyddio 300,000 galwyn o ddŵr, ac wedi defnyddio 21 milltir o bapur tŷ bach yn ystod wythnos yr Eisteddfod!

Un o'r pethau sy'n codi calon dyn yw'r sylw a wnaed sawl gwaith gan rai cwbl ddi-Gymraeg, o'u cyfarfod ar stryd y dref wedi i'r holl fwrlwm dawelu, a'r cyfan o'r pafiliynau a'r pebyll wedi ein gadael. Dywedodd dwsinau ohonynt gymaint o bleser fu cael dod i'r maes i fwynhau'r Brifwyl yn ein cwmni, a'r sylw mwyaf cyffredin a gaed gan lawer iawn ohonynt oedd, 'We didn't know it was going to be anything like that! When's it coming again?' Byddaf fi ac eraill o'r un genhedlaeth â mi wedi hen fynd i'n haped erbyn y daw'r diwrnod hwnnw, ond rwy'n sicr y bydd Cymry Sir y Fflint unwaith eto'n barod iawn i estyn eu croeso, ac i weithio'n galed er mwyn sicrhau ei llwyddiant. Gwn hefyd y gwnânt hynny gyda gwên. Pobol felly ydyn nhw.

Sir y Fflint. Sir y gororau. A dwbwl wfft i unrhyw un a ddwed nad ydym gystal Cymry bob blewyn â'r Cymry sy'n byw yn y 'Fro Gymraeg'.

* * *

LLUNIO CÂN A SIOE

Mae ysgrifennu rhywbeth, a chael gweld ffrwyth eich llafur a'ch syniadau'n magu cig a gwaed ar lwyfan, yn dwymyn anodd iawn cael gwared â hi. Nid oes na ffisig na phwltris a all wella'r dwymyn hon unwaith y bydd wedi gafael, ac nid yn hawdd y gellir ei 'chlirio trwy'r gwaed', chwedl yr emynydd, Morgan Rhys. Serch hynny, mae elfen gref o lwc yn perthyn i'r cyfan. Nid pob un a ddaliodd y dwymyn sy'n ddigon ffodus i fod mewn sefyllfa i gael gweld y gân a'r ddeialog y bu ef yn ymboeni drostynt yn cael eu perfformio ar lwyfan. Heb hynny, ni chaiff deimlo'r hwyl na'r her o weld a chlywed y geiriau moelion yn dechrau byw o ddifrif.

Credaf i'r dwymyn hon afael ynof gyntaf yn nyddiau glaslencyndod pan oeddwn yn aelod o Aelwyd yr Urdd yng Nghorwen, ac yn ceisio llunio cwlwm o ganeuon ynghyd â deialog i'w asio gyda'i gilydd. Roedd yna rhyw hyfrydwch o glywed cân yn ffitio i'w lle yn daclus a naturiol, fel llaw mewn maneg. Cofiaf un plethiad o ganeuon môr a lwyfannwyd gennym yn Neuadd Edeirnion, lle gweithiodd y cyfan yn rhwydd a heb unrhyw straen o gwbl.

Mae'n debyg mai profiadau wrth lwyfannu rhai o gampweithiau Gilbert a Sullivan yn Ysgol Brynhyfryd, Rhuthun a gadarnhaodd fy hoffter o ddefnyddio'r cyfrwng hwn, ac fel y soniwyd eisoes mewn pennod flaenorol, roedd gweld y dylanwad a gâi sioeau o'r fath ar fywyd ysgol gyfan yn symbyliad pellach i mi fabwysiadu'r math hwn o adloniant llwyfan pan ddaeth cyfle i mi fedru gwneud hynny.

A dyna lle mae'r elfen o lwc yn ymddangos ar ei chryfaf. Ofer yw i unrhyw ddramodydd na phrifathro freuddwydio am gynhyrchu sioe lwyfan go iawn os nad oes ganddo bobl o'i gwmpas a all droi ei freuddwyd yn realiti. Fe fûm i'n arbennig o ffodus. Heb allu pobl fel Carys Tudor Williams, Owen V. Evans ac Eirian Jones i weld golygfeydd drwy lygaid eu dychymyg, byddai lawn cystal i'r awdur druan fynd adre i balu'r ardd. A heb bobl ddawnus eu dwylo sy'n meddu ar ddawn i gynllunio a chodi setiau sy'n cyfarfod â holl ddymuniadau cynhyrchwyr, byddai'n llawn cystal i'r sgriptiwr druan roi ei ffidil yn y to. Gwyn fyd unrhyw ysgol sydd â phobl fel Alan Victor Jones, John Edwin Jones, Emyr Roberts, Norman Phillips, Gwyn Davies, Euryn Williams, Rhian Watcyn Jones, Gareth Owen, Wyn Parry ac Owen Owens yn aelodau o'u staff. Dyma gyfeillion oedd â'r ddawn i wireddu breuddwydion pob cynhyrchydd llwyfan. A bydd unrhyw ysgol sy'n medru galw ar ddoniau rhagorol mewn llunio gwisgoedd ac mewn coluro megis Gwennie Roberts, Margaret Jones, Menna Evans, Anwen Griffith, Margaret Hogg, Meirwen Howells a Rhiannon Williams, yn hynod freintiedig. Wel! Credwch neu beidio! Ond dyna pa mor ffortunus y bûm i!

Ar ben hyn oll, mae yna un anghenraid pellach os yw eich cynhyrchiad i gynnwys elfen gerddorol, ac yma eto fe fûm i'n ffodus o gael Rhys Jones, Ceurwyn Evans, Gareth Glyn, Elisabeth Hughes a Rhiannon Jenkins yn Benaethiaid Cerdd yn ystod fy nghyfnod i yn Ysgol Maes Garmon. Ac felly roedd popeth o'n plaid, a thros y blynyddoedd fe lwyfannwyd sawl sioe gerdd gan actorion a chantorion yr ysgol. Sioeau benthyg oedd rhai ohonynt, hynny yw sioeau a luniwyd gan ddramodwyr a chyfansoddwyr Seisnig, ond fod angen cyfieithiad Cymraeg i'w llwyfannu.

Gwelodd ambell sioe arall olau dydd mewn cyng-herddau cenedlaethol, megis:

Cobler Coch (cerddoriaeth Gareth Glyn – Eisteddfod Genedlaethol yr Urdd, 1976);

Iwrocwac (cerddoriaeth Rhys Jones – Eisteddfod Genedlaethol yr Urdd, 1980);

Mistar Jones (cerddoriaeth Eirian Williams – Eisteddfod Genedlaethol Cymru, 1997);

Blerwm (cerddoriaeth Rhys Jones – Gŵyl Ddrama Genedlaethol yr Urdd, 1989);

Hei di Ho (cerddoriaeth Gareth Glyn – Eisteddfod Genedlaethol Cymru, 1985);

Ble mae Arthur? (cerddoriaeth Rhys Jones – Eisteddfod Genedlaethol Cymru, 1991);

Wilco (cerddoriaeth Eirian Williams – Eisteddfod Genedlaethol yr Urdd, 1995).

Roedd ambell un yn fwy lleol ei chynulleidfa, megis:

Rhys (gyda Rhys Jones – cipolwg ar waith Daniel Owen, 1976);

Inc yn y Gwaed (gydag Elisabeth Hughes, ar gais Cwmni Theatr y Dreflan, Yr Wyddgrug. Ffantasi o fyd Papurau Bro, 1987);

Eden Dau (gydag Elisabeth Hughes, ar gais Cwmni Theatr y Dreflan, Yr Wyddgrug. Ffantasi garwriaethol, 1990).

Cyfrwng artiffisial iawn yw sioe gerdd – ac opera, o ran hynny. Wrth ddatblygu'r stori, mae'n hawdd iawn gadael iddi fynd yn gyfres o unawdau, gan ddefnyddio'r gwahanol ganeuon fel deialog mewn drama. Dysgais yn fuan iawn mai rhywbeth i'w osgoi os yn bosib fyddai deialog, ac mai'r gamp yw ceisio cael grwpiau neu aelodau'r cast llawn i ganu cynifer o'r caneuon ag sy'n bosibl, a thrwy hynny gael pob aelod i fod â rhan yn y cyflwyniad. Wrth gwrs, nid oes modd osgoi cynnwys rhyw gymaint o ddeialog er mwyn i stori'r sioe symud yn ei blaen, ond y drwg o wneud hynny'n rhy aml yw y bydd gormod o aelodau'r cwmni yn sefyllian o gwmpas, gan nad yw pob canwr a chantores yn actorion. Mewn grwpiau canu maent yn fwy parod i ymollwng ac i symud.

Wrth baratoi ar gyfer sioe blant, credaf ei bod yn ddymunol i gynnwys elfen o hiwmor os yn bosib. Bydd hyn yn gymorth nid yn unig i gyflwyniad yr actorion, ond hefyd yn ysgafnhau pethau i'r gynulleidfa. Yn y sioe *Wilco*, a gyflwynwyd yn ystod Eisteddfod Genedlaethol yr Urdd ym Mro Maelor ym 1985, ceisiwyd ysgafnhau pethau ynghanol stori'r diwydiannwr John Wilkinson yn sefydlu gwaith newydd yn Bersham yn ychwanegol at y gwaith oedd ganddo eisoes ym Mrymbo. Daeth y stori at y pwynt lle roedd Wilkinson am brofi gwn mawr o fath newydd sbon i weld a oedd yn gweithio ai peidio. Roedd popeth yn barod, a'r dyrfa wedi casglu ynghyd i wylio'r digwyddiad. Taniwyd y ffiws, a chlywyd ffrwydrad enfawr, gyda mwg mawr ymhobman. Allan o'r mwg fe ddaeth yr hen gyfaill Hezekiah Lewis mewn cyflwr o sioc, gyda'i drowsus a'i siaced yn rhubanau, i ganu'r gân, 'Be di rhyw giamocs fel hyn?' Dyma ran o'r gân, gyda'r dyrfa'n uno yn y cytgan:

Wel, nefi blŵ! Brensach y Bratia!
Dyw rhywbeth fel hyn ddim yn iawn!
Pe gwelwn i'r boi sy'n gyfrifol – Go Dratia!
Rwy'n siŵr mai ei dagu a wnawn.
A minne yno yn meindio fy musnes,
Daeth chwalfa, a'm gadael yn syn.
A diawl, bois be sydd o'i le?
Be 'di rhyw giamocs fel hyn?

(*Tyrfa*)
Bang! Biff! Whwsh! a Wham!
Helynt a hanner, bois bach!
Yr hen Hezekiah, y bardd Hezekiah,
Yn ffrwydro pan yn y tŷ bach!

Pan es i, yn gwbwl arferol,
I'r cwt sydd yng ngwaelod yr ardd
Am lonydd i feddwl am bethe dyrchafol –
(Fe wyddoch fy mod i yn fardd).
A minne yno yn straenio am odl,
Yn sydyn, y waliau a gryn!
Rŵan, 'rhoswch chi, bois! Dyma 'di codl!
Be 'di rhyw giamocs fel hyn?

Mae'r cwt oedd yng ngwaelod yr ardd 'cw
Wedi chwalu i bob rhan o'r plwy',
Pan ddaw'r awen i alw y bardd 'cw,
Ymhle caiff farddoni mwy?
Brawychwyd fi yno'n fy nghwman,
A chodais â'm hwyneb yn wyn.
A darnau o'm cerdd i ym mhobman.
Be 'di rhyw giamocs fel hyn?

(*Tyrfa*)
Bang! Biff! Whwsh! a Wham!
Helynt a hanner, bois bach!
Yr hen Hezekiah, y bardd Hezekiah,
Yn ffrwydro pan yn y tŷ bach!

Fe gafodd pawb hwyl wrth lwyfannu'r gân. Roedd hogie'r set wedi cael hwyl ar drefnu datgymaliad hynod effeithiol i'r tŷ bach, a chlec mor syfrdanol nes i'r gynulleidfa neidio allan o'u crwyn. Cafodd Eirian Williams hwyl arbennig ar lunio cân Hezekiah, a buom yn ffodus o gael actor ifanc a wyddai i'r dim sut i wneud y gorau o'r sefyllfa ddramatig

203

yr oedd wedi cael ei hun ynddi. Ac roedd y gynulleidfa hefyd yn mwynhau hiwmor y cyfan.

Gwelwyd hiwmor o fath gwahanol yn y cynhyrchiad o *Iwrocwac* ar lwyfan Theatr Clwyd fel rhan o Eisteddfod Genedlaethol yr Urdd yn Yr Wyddgrug yn y flwyddyn 1984. Bryd hynny, roedd sôn am fynediad i'r Farchnad Gyffredin yn Ewrop yn llond y gwynt, ac fe benderfynwyd creu cymeriadau tebyg i rai *Llyfr Mawr y Plant* – y llyfr ardderchog hwnnw gan Jennie Thomas a fu'n diddanu cenedlaethau o blant Cymru dros y blynyddoedd – mewn sefyllfa lle roeddynt yn camu i mewn i'r Ewrop newydd. Rhys Jones oedd y cyfansoddwr, ac fe gafodd ef thema oedd wrth ei fodd. Fel rhan o'r holl newidiadau oedd yn digwydd ar gyfandir Ewrop, roedd Clari Clwc wedi syrthio mewn cariad efo hwyaden Muscovi, a hwn oedd y dydd pan gafodd hi gyflwyno'r hwyaden i'w ffrindiau, gan ddweud na fedrai ganu, ond ei fod yn ddawnsiwr arbennig o dda. Dyma eiriau cân 'Y Llanc o deulu Muscovi:

Dawnsia, dawnsia, lanc o deulu Muscovi;
Tyrd yn heini, cân dy nwydus gân.
Cân dy eir-ia i Seibeir-ia,
Dawnsia hyd yr orie mân.

(Cytgan)
Troi a throi, yn ystwyth fel y fedwen fach, Hoytsha-tshoria!
Troi a throi nes bron gwirioni'n lân
Da-da-da-da-da-da. Da-da-da-da-de a.y.b.

Melys melys sain y balalaika,
Melys hefyd te o'r samovâr.
Dawns y Tobi draw o'r Gobi,
Draw o bellter As-i-a.

(Cytgan) Troi a throi... a.y.b.

Gyda Carys Tudor Williams yn cynhyrchu, medrwch ddyfalu pa fath o dderbyniad a gafodd cân 'Y llanc o deulu Muscovi'!

Byddai Rhys a minnau bob amser yn ceisio dod o hyd i le yn y sioe i gynnwys un gân mewn arddull cerdd dant. Yn y sioe hon, pryder yr ieir wrth wynebu mynediad i Ewrop oedd byrdwn eu cân:

'Orwell ar y gorwel'

Tra bu'r haul yn codi'n gynnar ac yn sbecian drwy y dail,
Tra bu Dwdl-dw y ceiliog yn rhoi cân o'r domen dail.
Tra bu merched gwawr y bore wrthi'n canu'n gynnar gôr,
Fe ddaeth Orwell dros y gorwel heddiw'n nineteen-eighty-
      four.

Ni chawn mwyach gyd-gyfarfod yn hamddenol megis
      cynt.
Ni fydd amser i farddoni, na sŵn canu lond y gwynt.
Yn ein byd compiwteredig rhaid cynhyrchu llond y stôr.
Fe ddaeth Orwell dros y gorwel heddiw'n nineteen-eighty-
      four.

Ble mae'r hen gymdogion gwladaidd? Ble'r aeth sgwrsio'r
      moch a'r ieir ?
Ble'r aeth enwau'r anifeiliaid? – Dim ond rhifau mwy a geir.
A rhyw swyddog pwysig boldew ddaw â'i ordors dros y
      môr,
Fe ddaeth Orwell dros y gorwel heddiw'n nineteen-eighty-
      four.

Sioe ar gyfer oedolion oedd *Eden Dau*, gan fod Cwmni Theatr y Dreflan wedi penderfynu cyflwyno sioe gerdd fel ychydig o newid o'u cynyrchiadau arferol. Lluniwyd ffantasi garwriaethol mewn sefyllfa ddychmygol hollol. Roedd rhyw fath o ffrwydrad byd-eang wedi digwydd, ac ychydig iawn o bobl a adawyd ar ôl. Ar y cychwyn, dim ond Adda ac Efa – a Tom (ffermwr madarch blêr a blewog) a Letitia (llysieuwraig frwdfrydig) – oedd wedi dod i'r golwg. Roedd Adda'n Gymro solet a llengar oedd braidd yn bregethwrol ei naws, ac Efa'n ddysgwraig nwyfus a deniadol. Gan nad oedd hi'n hoffi golwg Tom, mae Efa'n penderfynu gwneud y gorau o'r gwaethaf, a cheisio denu Adda fel cymar. Mae hyn yn digwydd cyn i griw o uwch swyddogion y cyngor ymddangos allan o'u byncar diogelwch yn nes ymlaen yn y sioe.

'Cân yr Afal Coch'

(Efa)   Drycha be sgenna i, tyrd yma ar frys –
Afal bach melys i dorri dy flys.
Mae gwrid ar ei fochau, a'r rheiny yn grwn.
Mi fyddi'n reit fodlon os profi di hwn.

(Cytgan):

    (Adda) Be am fale cochion Awst i mi i'w blasu?
          'James Grieve' neu 'Bramley Seedling' – ddau neu dri?
          Ac mi ganwn gân am byth pe cawn bwys o 'Granny Smith',
          Neu lwyth o fale coch 'Dis-cov-er-y'.
    (Tom)   Nawr te, gwranda di'r hen neidar,
          Beth am bwys o fale seidar?
    (Letitia) Neu un neu ddau o 'Gocsys' bach i mi.

(Efa)   Mae'r cnawd heb ei gleisio, a hardded ei lun;
A'i flas sy fel diliau ar dafod bob dyn.
Hen afal bach melys i dorri dy flys –
Drycha be sgenna i, tyrd yma ar frys.

(Cytgan)

(Efa)   Mae'r siâp bron yn berffaith, mae'n orlawn o sudd;
           Mae'r croen heb frycheuyn, mor wridog ei rudd!
           Hen afal bach melys i dorri dy flys,
           Drycha be sgenna i, tyrd yma ar frys.

(Cytgan)

Yma eto, mae'n rhaid i mi gyfrif fy mendithion am gael cydweithio gydag Elisabeth Hughes, sy'n gerddor hyd at flaenau ei bysedd, ac yn gwybod i'r dim sut i lunio alawon canadwy. Rwyf hefyd yn cyfrif fy hun yn ffodus o fod wedi cael cydweithio gyda gŵr arall y mae ei lais yn debyg o fod y llais sydd fwyaf adnabyddus i bob un ohonom fel cyflwynydd y rhaglen *Post Prynhawn* ar Radio Cymru. Bu Gareth Glyn yn ddisgybl yn Ysgol Maes Garmon, a daeth gwahoddiad i gydweithio gydag ef unwaith yn rhagor i lunio sioe gerdd pan oedd Ysgol Dyffryn Ogwen ym Methesda yn dathlu'i chanmlwyddiant. Roeddwn eisoes wedi cael y pleser o weithio gydag ef i ddarparu dwy sioe flaenorol, sef *Hei di Ho* ar gyfer y Genedlaethol yn y Rhyl, a'r *Cobler Coch* ar gyfer Prifwyl yr Urdd.

Helyntion y chwarelwyr a'r meistri yn niwedd y bedwaredd ganrif ar bymtheg a dechrau'r ugeinfed ganrif oedd thema'r cyflwyniad i fod – stori sy'n dal yn fyw iawn yng nghof yr ardal hyd heddiw. Dyma sut yr agorwyd y sioe:

'Bargian'

Bargian ydi bywyd, hen fargian digon sâl,
A chrintach ydi'r meistr, a bychan ydi'r tâl.
Daw weithia gerrig rhywiog i'w naddu ac i'w trin;
Ond rhoir pob bargian felly i'r rhai sy'n llyfu tin.

(Cytgan)
A ninna'n niwadd canrif, oes 'na obaith am well byd?
Ma'r trecha'n dal i dreisio, tra gwaedda'r gwan o hyd.
Fydd 'na obaith am well agwadd pan ddaw canrif
    newydd sbon?
Fydd 'na obaith am well bargian wedi claddu'r ganrif
    hon?

Pwy sydd eisio bargian a honno yn un wael?
Pwy sydd eisio rwbal, a cherrig gwell i'w cael?
Pa obaith sydd i grefftwr ennill cyflog yn y baw?
Mil gwell troi cerrig rhywiog yn grawia dan ei law.

(Cytgan)
A ninna'n niwadd canrif, oes 'na obaith am well byd?
Ma'r trecha'n dal i dreisio, tra gwaedda'r gwan o hyd.
Fydd 'na obaith am well agwadd pan ddaw canrif
    newydd sbon?
Fydd 'na obaith am well bargian wedi claddu'r ganrif
    hon?

Ac wrth gwrs, mewn sioe fel hon, fel ymhob sioe arall,
rhaid cael dau sydd dros eu pen a'u clustiau mewn cariad.
Dyma gân Dafydd ac Ann:

'Cân Serch'

(Dafydd)
Tyrd am dro 'rhyd Lôn Bach Odro efo fi ar fachlud haul,
Neu i lawr at Bont y Sarna pan fydd lloergan rhwng y dail.
Tyrd i ddringo i Waun y Gwiail ar brynhawn o Fedi braf,
Lle mae Tan-y-Foel yn galw ar ddau gariad derfyn haf.

(Ann)
Dof, mi ddof i Ben Braich Melyn. Dof, mi ddof i Bont y Tŵr.
Dof, mi ddof i weled lluniau dau yn dawnsio yn y dŵr.
Dof, mi ddof fin nos i grwydro hyd Foel Faban efo ti,
Ac fe wena lleuad Fedi dros y Fronllwyd arnom ni.

(Dafydd ac Ann)

Oddi yno fe gawn weled draw i Fynydd Llandygái,
A chyfaredd Ynys Seiriol wnaiff ein hudo ni ein dau.
Fe gawn yno'n dau freuddwydio wrth weld lloergan ar
   y lli;
A chawn hwyl ar wneud cynlluniau i'r dyfodol – ti a fi.

Nid bob amser y mae dyn yn medru cyfuno un o'i ddiddordebau oriau hamdden gyda'i waith beunyddiol, ond fe ddigwyddodd hynny yn fy hanes i, gan atgyfnerthu fy nghred bod gweithgaredd o'r fath yn ysgogiad i ddisgyblion ac i athrawon, yn ogystal â bod yn gyfrwng i ddwyn ysgol gyfan at ei gilydd mewn cyd-ymdrech. Rwyf hefyd yn argyhoeddedig fod y berthynas sy'n bodoli rhwng athro a disgybl yn cryfhau oherwydd y ffaith y bydd y naill a'r llall ohonynt wedi bod yn rhannu'r un llwyfan; o bosibl yn cydganu yn yr un corws, neu'n cydbeintio neu gyd-adeiladu'r set ar gyfer y sioe. Bydd disgybl ac athro wedi bod yn cyd-ymdrechu tuag at yr un nod, ac fe dâl hyn ar ei ganfed yn y berthynas fydd rhwng y ddau yn yr ystafell ddosbarth.

* * *

Soniais mewn pennod flaenorol am y ddolen gyswllt a grëwyd rhwng Rhys Jones a minnau trwy orfod paratoi rhaglenni ar gyfer y cyfresi *Canu'n Llon* a fu ar Radio Cymru yn y 1960au a'r 1970au. Cryfhawyd y cysylltiad hwn oherwydd ein bod wedi cyd-ddysgu ar ddau gyfnod yn Ysgol Maes Garmon. Clywais Rhys yn dweud mai ef yw'r unig un y gŵyr ef amdano y bu'n rhaid iddo gynnig am yr un swydd ddwywaith, oherwydd roedd yn Ddirprwy Bennaeth yno pan gyrhaeddais i yn yr ysgol. Yna fe aeth i swydd arall yn Ysgol Uwchradd Treffynnon am gyfnod cyn dychwelyd yn ôl i'r gorlan, fel petai, am nifer o flynyddoedd ar derfyn ei yrfa fel athro ac fel Dirprwy Bennaeth unwaith yn rhagor. Cefais flynyddoedd hapus a llawen yn ei gwmni. Yn wir, roedd cael mynd i'r ysgol yn bleser, oherwydd byddai rhywbeth doniol a chofiadwy'n siŵr o ddigwydd bron iawn bob dydd.

Ond ar wahân i'r gwaith addysgol oedd yn ein cadw'n brysur, roedd yna hefyd ddolen gyswllt arall oedd yn help i godi'r galon, sef ein cydweithio i gyfansoddi caneuon gyda'n gilydd. Soniaf am hyn oherwydd fod dull Rhys a minnau o gynhyrchu caneuon ar gyfer sioe, er enghraifft, yn wahanol i'r ffordd y byddwn yn gwneud hynny gyda rhai cyfansoddwyr eraill megis Gareth Glyn, Elisabeth Hughes neu Eirian Williams, ac fe ddichon y byddai o ddiddordeb pe byddwn yn egluro'r gwahaniaeth. Gyda phawb arall, byddai'r broses yn digwydd mewn dull cwbl normal; hynny yw, byddwn yn ysgrifennu cyfres o gerddi ar gyfer sioe, dyweder, ac yn anfon copi o sgript y sioe at y cyfansoddwr er mwyn iddo ef neu hi ddeall sut yr oedd y gwahanol gerddi'n ffitio i mewn i gyfanwaith y sioe. Yna, yng nghyflawnder yr amser, fe ddeuai'r caneuon yn ôl gan y cyfansoddwyr, a chan eu bod i gyd yn unigolion deallus a doeth, byddai'r caneuon yn ffitio i awyrgylch y gwahanol olygfeydd heb unrhyw drafferth o gwbl.

Ond byddai Rhys a minnau'n defnyddio dull gwahanol. A dweud y gwir, hwnnw oedd y dull a ddefnyddiem yn nyddiau *Canu'n Llon*, ac efallai mai gyda'r gyfres honno y dechreuasom weithio mewn ffordd wahanol. Pan fyddai galwad am gân neu am sioe, byddem gyntaf oll yn cydgyfarfod i drafod beth fyddai thema'r gwaith. Gyda sioe, byddwn i'n rhoi braslun iddo o'r stori oedd gen i mewn golwg; beth fyddai natur gwahanol sefyllfaoedd y sioe, a beth fyddai ymateb y gwahanol gymeriadau i'r sefyllfaoedd hynny. Yna, ymhen rhai dyddiau, byddai Rhys yn dod ataf gan ddweud ei fod wedi cael gweledigaeth am gân neu ddwy, a byddwn yn derbyn tâp ganddo, ynghyd â chopi sol-ffa, a hefyd sylw neu ddau tebyg i 'Rhyw feddwl y byddai hon yn gwneud cân serch, a'r llall ar gyfer y cytgan agoriadol'. Ac felly o gân i gân byddai'r sioe yn dod at ei gilydd. Anaml iawn y byddwn yn gorfod mynd yn ôl ato i ddweud rhywbeth fel: 'Wyt ti'n meddwl bod uchafbwynt y gân yna'n dod yn rhy gynnar?' neu rhyw sylw tebyg. Gan ei fod ef wedi'i eni i fod yn ddiplomat, roedd ganddo'r ddawn i ddweud weithiau: 'Wyt ti'n meddwl bod modd cryfhau'r geiriau yn y fan yna?' Ac ef oedd yn iawn bob tro.

Weithiau, pan fyddai galw am eiriau cyflym fel mewn *patter song*, byddai'n canu wrth recordio'r tâp i'w anfon ataf. Byddai'r geiriau a ganai yn nonsens llwyr, ond eu bwriad oedd dangos ymhle roedd yr acen i fod. Ond yn well na'r cyfan, roeddynt yn anhygoel o ddoniol ac rwy'n difaru f'enaid na fyddwn wedi cadw'r tapiau hynny. Byddent yn donic gwell nag unrhyw beth y gall y Gwasanaeth Iechyd Cenedlaethol fyth ei gynnig. A dyna fraslun o sut yr oedd gwahanol ganeuon y sioeau, neu ganeuon unigol, yn cael eu cyfansoddi. A rhan bwysicaf y broses oedd nad oedd yr un ohonom un gronyn dicach os oedd raid i ni ailfeddwl ynghylch unrhyw beth.

Wedi i'r ddau ohonom ymddeol o'n gwaith buom yn ffodus o fod yn byw'n gymharol agos at ein gilydd – yn ddigon agos i fedru cyfarfod o bryd i'w gilydd i roi'r byd yn ei le neu, os oedd syniad yn corddi ym mhen y naill neu'r llall ohonom, i gael ei drafod, a gweld a fyddem am wneud rhywbeth yn ei gylch. Dyna ddigwyddodd reit ar droad y ganrif newydd, pan gafodd Cymdeithas Eisteddfodau Cymru y syniad o ofyn i nifer o bobl gyfansoddi unawd newydd, gan drefnu y byddai'r unawdwyr buddugol mewn eisteddfodau lleol yn cael cyfarfod i ymgiprys am wobr sylweddol yn yr Eisteddfod Genedlaethol. Dyna pryd y cyfansoddwyd yr unawd 'Cilfan y Coed', a ddaeth yn boblogaidd gyda nifer o'r cystadleuwyr.

Yn y flwyddyn 2004 roedd Cwmni Cyhoeddi Gwynn yn awyddus i gyhoeddi casgliad o ganeuon gan y ddau ohonom, a dyna roes fod i'r gyfrol *Digon i mi*. Daeth y chwe chân sydd yn y llyfr i fodolaeth trwy gyfrwng fformiwla Jones/Davies, sef fod Rhys wedi anfon tâp o'r gerddoriaeth ataf, gydag awgrymiadau megis: cân wladgarol ond heb fod yn rhy ymosodol (a roes fod i'r gân 'Digon i Mi'); cân serch atgofus (a droes maes o law yn 'Fe'th gofiaf di'); deuawd rymus wladgarol (dyna sail y ddeuawd 'Dal ein Tir'). Nid wyf yn cofio a anfonodd Rhys unrhyw arweiniad i mi ynglŷn â'r gân 'Y Ddraenen Wen', ond gwn i mi wrando arni ar y tâp dro ar ôl tro, a methu'n lân â tharo ar yr union eiriau a fyddai'n gweddu i'r gerddoriaeth. Ond un noson heulog, braf yn nechrau haf 2004, roeddwn yn teithio am adref o Drawsfynydd am y Bala, gan wrando ar gerddoriaeth y gân arbennig hon. Wrth ddringo ar hyd Cwm Prysor, gwelais yr union beth y bûm yn chwilio amdano ers wythnosau. Yno, ar fin yr afon, fe welwn goeden ddraenen wen yn llawn blodau gwynion, gyda haul min nos fel pe bai'n goleuo'i harddwch. 'Dyna fo,' meddwn wrthyf fy hun. 'Dyna gân Rhys wedi'i setlo.'

Ddraenen wen ger yr afon, â'th flodau yn frodwaith llon;
Ddraenen wen ger yr afon, does goeden mor hardd â hon!
Mae lluniaidd ddawns dy flodau a'r awel yn dy wallt
Dan heulwen Mai.

Ddraenen wen ger yr afon, i ble'r aeth dy harddwch gynt?
A rhewynt yr hydref yn sgubo'r dail ar bell ddiddychwel
    hynt.

Gan adael y drain â'u pigau mor fain dan fflangell y gwynt.
Daw gwanwyn yn ei dro i ailddeffro coed y fro.
Cân adar i'r cangau.
Awel yn dyner, haul ar ddôl,
Mor braf fydd cael byw pan ddaw Mai yn ôl.

Rwy'n cofio'n dda mai yn nechrau mis Mehefin yn y flwyddyn 2000 y cyfansoddwyd yr alaw a'r geiriau 'Cân Erin Llwyd'. Roeddwn wedi derbyn tâp gan Rhys gyda'r neges, 'Fedri di wneud rhywbeth gyda hon? Hwiangerdd syml, syml rwy'n credu. Beth wyt ti'n feddwl?' Yn nechrau Mehefin y flwyddyn honno, ganed un o'n hwyresau yng Nghaerdydd, ac roedd Beryl a minnau wedi bod yno'n gweld Gwenno a'r baban newydd. Roeddwn i – fel pob taid, wrth gwrs – wedi dotio, a llygaid glas Erin Llwyd wedi fy nghyfareddu. A dyna pryd y daeth y gân i fod:

Glas yw dy lygaid di,
Glasach na glas y lli.
Yno'n dy grud, mor braf dy fyd.
Glas yw dy lygaid di.

Gwena'n dy fyd di-fraw.
Fory, pwy ŵyr beth ddaw?
Anwylaf un mor deg dy lun,
Gwena'n dy fyd di-fraw.

Cwsg nes daw toriad gwawr.
Cau di dy lygaid nawr.
O! na bai'r byd fel ti o hyd.
Cwsg nes daw toriad gwawr.

Yn y flwyddyn 2007, cawsom gyfle gan Gwmni Cyhoeddi Gwynn unwaith yn rhagor i gyhoeddi llyfr arall o ganeuon. Y tro hwn, dwsin o ganeuon ar gyfer plant a phobl ifanc oedd cynnwys y llyfr, ac fe roddwyd enw pur anghyffredin i'r cyfan, sef *Razzamatazz*. Cyhoeddwyd ambell un o'r caneuon gennym pan oeddem yn cyd-ddysgu yn Ysgol Maes Garmon, ond roedd sawl cân arall newydd sbon yn y casgliad.

Rwy'n credu mai'r un *modus operandi* a ddefnyddiwyd wrth lunio bron y cyfan o'r caneuon hyn, gydag un peth yn hwyluso'r broses, sef ein bod ill dau bron iawn yn medru darllen meddyliau ein gilydd. Yng nghaneuon y llyfr hwn, credaf ein bod wedi llwyddo i gynnwys elfen go dda o hiwmor yn rhai o'r caneuon, er enghraifft, 'Mae o'n werth y byd':

Wyddoch chi be? Wel! Dyna chi le sy'n tŷ ni, tŷ ni, tŷ ni.
Drwy'r cread crwn, does unman fel hwn, ddwedwn i, a fi,
    a fi.
Mam yn colli papur lot'ri a methu deall pam,
Dad yn chwilio am ei ddannedd, a rhoi'r bai ar Mam.
Wyddoch chi be, Wel! Dyna chi le sy'n tŷ ni, tŷ ni,
Ond mae o'n werth y byd i ni.

Helynt a gawn bob bore a phnawn yn tŷ ni, tŷ ni, tŷ ni,
Anna Marie, ein chwaer ydi hi, dd'wedwn i, a fi, a fi.
Dioddef wnawn o sŵn ei miwsig 'natseinio drwy y lle.
Aros yn ei gwely wedyn tan bron amser te.
Wyddoch chi be, Wel! Dyna chi le sy'n tŷ ni, tŷ ni.
Ond mae o'n werth y byd i ni.

Weithiau fe gawn ymweliad gan ein hannwyl Anti Jên.
Honglad o ddynes fawr na welwyd erioed â gwên.
Criw anghyffredin, heb fawr o fraint na bri.
Nid oes drwy'r cread crwn deulu tebyg i'n hen deulu ni.

Rhys gafodd y syniad am gynnwys y gân 'Colli Cyfle'. Mae'n rhaid ei fod wedi bod allan yn teithio yn y car ar ambell fin nos, a sylwi ar yr holl ddraenogod oedd wedi cael eu lladd gan foduron ar ein priffyrdd. Ymhen ychydig amser roedd wedi cael gafael ar yr union gerddoriaeth a fyddai'n gweddu i'r syniad oedd ganddo, a dyna pryd y derbyniais wŷs i lunio geiriau, ynghyd â chopi o'r miwsig ar dâp. Dyma ganlyniad yr astudiaeth i arferion draenogod Sir y Fflint!

'Colli Cyfle'

Draenog bach yn oedi ar fin y ffordd fan draw.
Croesi yw ei fwriad, ond mewn ofn a braw.
Traffig sydd yn gwibio heibio heb ddim taw.
Croesi'r ffordd yw unig amcan Dic y Draenog.

Lorri ar ôl lorri'n pasio fel y gwynt,
Pryd daw bwlch, a chyfle i weld ei ffrind?
Eisiau gweld ei gariad, dyna oedd ei fwriad.
Pryd daw cyfle iddo fynd?

Croesi, mae'n syml iawn. Croesi, a chroeso gawn.
Croesi, â chalon lawn, cariad at ei gariad 'rochr draw.

Dic y Draenog lwyddodd i fynd dros y lôn,
Ond am Pegi Pigog, nid oedd unrhyw sôn.
Chwilio wnaeth ym mhobman, ac mor brudd ei dôn,
'I ble 'raeth fy nghariad?' meddai Dic y Draenog.

Clywodd lais yn galw drwy y traffig draw,
Dagrau'n llifo fel ystorm o law.
Pan oedd Dic yn croesi, dyna a wnaeth Pegi.
'Run hen bicil ag o'r blaen.

Croesi. Problemau sydd. Croesi. Rhaid byw mewn ffydd.
Croesi. Fe ddaw y dydd! Fory fe ddaw cyfle newydd sbon.

Rhag ofn y bydd y sawl sy'n ymdrafferthu i ddarllen y
cerddi hyn yn meddwl mai cerddi gwamal ac ysgafala yw
pob un gân sydd yn y gyfrol *Razzamatazz*, gwell i mi egluro
fod ynddi sawl cân o natur wahanol. I gloi'r bennod hon,
dyma daith i'r ffurfafen uwchben, i droedio'r gofod:

'Llwybrau'r Gwynt'

Troi a throi mae y byd drwy'r canrifoedd ar eu hyd,
Ac fe dyrr toriad gwawr yn ddi-ffael.
Ac fe ddaw bob nos y machlud yn rhos,
A thangnefedd i'r gwych ac i'r gwael.
Yna, diolch i'r drefn, daw yr haul yn ôl drachefn
Gyda gobaith am well dydd i ddod,
A heb siw na miw mae'n dal yn driw,
Am mai hyn ydi trefen y rhod.

Mae'r holl blanedau yn gwybod eu lle,
A sêr y gofod i gyd;
Ac fel llong ar y lli fe ddaw'r lloer atom ni
Dros y melfed glas o hyd.
Ac wrth droi gylch yr haul, daw pob tymor yn ddi-ffael.
Fe ddaw gaeaf a haf yn eu tro.
Fel pob gwanwyn rioed, daw dail ar y coed,
Yna haf, gyda'i heulwen i'r fro.
Felly, tro ar dy hynt ar hyd llwybrau oer y gwynt.
Rwyt ti'n fyd bach go dda, gredwn ni.
Dal i fynd, dal i fynd, hen ffyddlon ffrind,
Dal i droi.   Dal i droi.   Dal i fynd.

Cyn rhoi pen ar y mwdwl yn niwedd y bennod hon, mae dwy wraig sy'n teilyngu gair o ddiolch gan Rhys a minnau. Mae Gwen a Beryl wedi gorfod byw yng nghwmni sawl un o'r caneuon hyn am lawer mis a blwyddyn. Ac yr ydw i'n arbennig o ddiolchgar i Gwen am ugeiniau o baneidiau te a 'sgonsan'. Ac mae un peth arall nad wyf hyd yma wedi'i ddatgelu, sef y rhan a chwaraewyd gan Gwen yn y broses o greu'r caneuon. Nid bob dydd y mae enillydd yr unawd soprano yn yr Eisteddfod Genedlaethol – a hynny sawl tro – yn digwydd bod wrth law i estyn gair o gyngor yn ystod y broses o greu. Bu sawl cyngor ganddi yn dra defnyddiol, megis 'Mae honna'n lafariad anodd ar y nodyn uchel yna ar y diwedd'. Roedd ei blynyddoedd o brofiad ar lwyfan yn gymorth mawr i ni. Ac os mai sioe i blant oedd gennym ar y gweill, byddai angen paratoi tapiau sain ar gyfer ymarferiadau'r disgyblion yn yr ysgolion a fyddai'n cymryd rhan yn y sioe. Fe olygai hyn daith diwrnod i'r stiwdio recordio i'r tri ohonom – Rhys i gyfeilio, a Gwen a minnau i ganu'r cyfan er mwyn cynorthwyo'r plant i ddysgu'r caneuon yn gyflym. A pha un bynnag, heb y ddwy ohonyn nhw i'n hatgoffa o bryd i'w gilydd mai cyfarfod i weithio a wnaethom, pwy a ŵyr, efallai mai dal i sgwrsio y byddem wedi ei wneud, ac na fyddai hanner y gwaith wedi'i gwblhau!

A proflenni'r llyfr hwn eisoes yn y wasg, fe ddaeth gair gan S4C i ddweud mai'r hen bartneriaeth gyda'm cyfaill Rhys Jones a enillodd gystadleuaeth 2008 am gyfansoddi carol Nadolig.

Daeth y garol 'Bethlehem' i'r brig allan o 38 o garolau eraill, ac fe'i cenir am y tro cyntaf ym Mhafiliwn Eisteddfod Rhyngwladol Llangollen ar nos Sul, 14 Rhagfyr 2008.

Y GENHEDLAETH NESAF

Mae pen talar yn agosáu bellach, a hen ddigon – os nad gormod – wedi'i groniclo o hanes disgynyddion y ddau deulu a ddaeth ynghyd ym mis Rhagfyr 1915. Ond wrth ddod â'r stori i'w therfyn yn y bennod olaf hon, rhaid sôn ychydig am y rhai sydd â gwaed y Llwydiaid a'r Dafisiaid yn dal i lifo drwy eu gwythiennau ym mlynyddoedd cynnar yr unfed ganrif ar hugain.

Dau oedd yna ohonom ni, sef fy chwaer, Meinir, a minnau, a buom yn ffrindiau mawr ar hyd y daith. Roedd hi saith mlynedd yn hŷn na mi, ac felly'n llawer callach, ac mae'n siŵr ei bod wedi gorfod cau'i cheg sawl gwaith pan fyddai ei brawd bach yn gwneud rhywbeth gwirionach nag arfer. A dweud y gwir, dim ond dwy ffrae rhyngom y medraf eu cofio erioed – y gyntaf oherwydd ei gor-frwdfrydedd hi, a'r llall oherwydd fy niffygion diarhebol i mewn mathemateg. Ac fe ddigwyddodd y ddwy sgarmes pan oeddwn i tua tair neu bedair mlwydd oed.

Ar orchymyn Mam, fe aeth y ferch ddengmlwydd oed ati i wneud yn siŵr bod clustiau ei brawd teirblwydd wedi'u golchi'n lân. Fe aeth at y gwaith gyda brwdfrydedd mawr nes bod fy nwy glust yn wyn gan ewyn, a phob awgrym o faw neu o gŵyr wedi'i olchi ymaith. Wedi hynny, bu wrthi'n sychu fy nghlustiau, gan wneud pigyn allan o gornel y lliain er mwyn mynd i mewn i'r cilfachau i gyd. A dyna pryd y digwyddodd y ffrae!

Rwy'n barod i gyfaddef heddiw mai arna i yr oedd y bai i gyd am yr ail ffrae, ac mai fi a bwdodd ar ddiwedd yr helynt. Digwyddodd pan oeddwn i tua phedair oed, pan oeddem fel teulu yn aros yng nghartref Dodo Jane yn Hen Golwyn. Roedd un o gyfeillion fy modryb wedi galw yn ei chartref un pnawn, ac wrth adael fe aeth i chwilio yn ei phwrs i edrych a oedd ganddi ddau ddarn chwe cheiniog i'w rhoi'n anrheg i'm chwaer a minnau. Er chwilio a chwalu yn holl gorneli'i phwrs a'i bag llaw, ni lwyddodd i ddod o hyd i ddim llai nag un darn swllt, ac fe'i rhoddodd ef i Mam gan ofyn iddi hi ei rannu rhwng fy chwaer a minnau. Cofiodd Mam fod gan Meinir ddarn chwe cheiniog yn ei phwrs hi, ac felly dyma roi'r darn swllt ym mhwrs fy annwyl chwaer, a chymryd y chwe cheiniog oedd ynddo eisoes i'w roi i mi. (Rhag ofn fod rhywrai o'r genhedlaeth bresennol yn darllen, gwell i mi egluro, efallai, mai'r hen 'chwe cheiniog' oedd ein 'pum ceiniog' presennol ni, ac mai'r hen 'swllt' oedd ein 'deg ceiniog' ni heddiw. Gwelwch, felly, nad oedd gwobrau mawr i'w cael am fod yn 'blant da'!)

Roedd cymhlethdod y fathemateg hon yn ormod i'r hogyn pedair oed, ac fe fynegodd ei anfodlonrwydd trwy lif o ddagrau, gan ddweud, 'Mae Meinir wedi cael swllt, a finne ddim ond wedi cael chwech. Mae Meinir wedi cael mwy na fi!' Mae'n rhaid fy mod wedi bod yn swnian am yr annhegwch dybryd hwn am ddyddiau, os nad wythnosau – ac fe gefais fy atgoffa o eiriau fy mhrotest am flyn-yddoedd lawer. Yn wir, fe ddatblygodd i fod yn un o'n dywediadau teuluol – y mantra y sonnid amdano bob tro y byddai gennyf unrhyw broblem fathemategol yn yr ysgol, a byddai hynny'n digwydd yn bur fynych.

Pan symudodd y teulu o Brithdir i Gorwen ym mis Medi 1939, ni ddaeth Meinir gyda ni i fyw amser llawn. Roedd hi bryd hynny yn un ar bymtheg oed, ac ar fin cychwyn ei chyrsiau ar gyfer arholiadau'r Safon Uwch yn ysgol Dr Williams, Dolgellau. Tybiwyd mai doethach fyddai iddi aros i gwblhau'r arholiadau yno nag i newid ysgol 'ar ganol yr afon', fel petai. Felly, am y ddwy flynedd hyd at yr arholiadau, bu'n aros mewn llety yn Nolgellau yn ystod yr wythnos, gan ddod atom ni i Gorwen dros y gwyliau a'r penwythnosau. Bu'n ffodus iawn o gael llety wrth ei bodd, ac fe weithiodd y trefniant yn dda.

Roedd wedi rhoi'i bryd ar fod yn fferyllydd, ac fel paratoad at hynny cafodd le yn Ysgol Fferylliaeth Lerpwl, lle roedd un o Gymry amlwg Lerpwl yn Bennaeth, sef yr Athro Humphreys Jones. Cyfnod pryderus iawn i'm rhieni oedd hwn, gan fod yr Ail Ryfel Byd yn ei anterth bryd hynny, gydag awyrennau'r Luftwaffe yn talu ymweliadau cyson â Lerpwl. Bu Meinir yn ffodus o gael cwmni nifer o Gymry Cymraeg ifanc fel cyd-fyfyrwyr, ac ar benwythnosau byddem yn clywed sôn yn bur aml am Elinor o Aberdyfi, Richard Arwel o Ddolgellau, Elsie o'r Trallwng, ac Eirian o Gaerfyrddin. Am gyfnod, credaf iddi drafaelio o Gorwen i Lerpwl ac yn ôl ar y trên bob dydd, ond golygai hynny ddiwrnod maith a blinedig iawn, gan gychwyn bob bore ar y trên hanner awr wedi chwech, a dod adref bob min nos ar y trên wyth. Ni fedraf gofio ai yn anterth cyfnod y cyrchoedd awyr y digwyddodd hynny ai peidio.

Sut bynnag, fe ddaeth y cyfan i ben yn llwyddiannus, a chafodd Meinir yr hawl i arddel y llythrennau MPS ar ôl ei henw. Yng ngeiriau rhyw hen wàg yng Nghorwen, ystyr hynny oedd Mendio Pobol Sâl! Ac felly y cychwynnodd hi ar yrfa fel fferyllydd y bu'n ei dilyn drwy gydol ei hoes. Ar ôl gorffen ei phrentisiaeth, bu'n gweithio ym Methesda yn Arfon am gyfnod, ond treuliodd y rhan fwyaf o'i hoes mewn siopau fferyllydd yn y Bala ac yng Nghorwen.

Am gyfnod pur sylweddol bu yng ngofal siop fferyllydd yn y Bala, lle bu'n hapus iawn yn ei llety ac yng nghymdeithas ei ffrindiau yno. Yn rhyfedd iawn, dim ond yr wythnos ddiwethaf bu'n sôn wrthyf sut y byddai hi a'i ffrind, y nyrs ardal Gwen Morgan Jones, yn arfer cael gwahoddiad ar adeg y Flwyddyn Newydd gan Mr a Mrs W.H. Puw, Castell Hen, Y Parc, ger y Bala i fynd yno ar noson gwneud cyfleth. Cofiai am y croeso a'r holl rialtwch fyddai yno bob amser. Un flwyddyn, ar ddiwedd y noson, bu'r ddwy ohonynt yn ddigon mentrus i gerdded adref yr holl ffordd i'r Bala, wedi blino'n lân, ond wedi cael noson hwyliog dros ben.

Rhyfedd fel mae'r rhod yn troi, ond fe ddaeth cyfle iddi ddod yn ôl i Gorwen i dreulio rhan olaf ei gyrfa llawn-amser. Yng Nghorwen, gyda T. Lloyd Jones, y bwrodd ei phrentisiaeth ar ôl gorffen ei chwrs coleg, a phan symud-odd ef a'i deulu o Gorwen i ymddeol yn ardal Rhuddlan, penderfynodd Meinir gymryd gofal o'r busnes. Yno y bu'n rhedeg ei busnes ei hun hyd nes iddi ymddeol o waith amser llawn. Pan ddaeth yr amser iddi hithau ymddeol ar ddiwedd ei gyrfa, symudodd hi a Nhad i fyw i Ruthun yn Nyffryn Clwyd, er iddi barhau i weithio fel *locum* rhan-amser am rai blynyddoedd wedi hynny, gan deithio hwnt ac yma am gyfnodau byr. Bu'n cynorthwyo ym Mwcle, Caergwrle a'r Rhyl, cyn dechrau gwaith rhan-amser yn Rhuthun, oedd yn llawer mwy hwylus gan mai yno yr oedd ei chartref.

Buan iawn y gwnaeth hi ei hun yn gartrefol yn Rhuthun, gan wneud llawer iawn o ffrindiau yno. Bu'n selog a gweithgar yn Eglwys y Tabernacl ac yn holl gymdeithasau Cymraeg y dref, ac er pan fu farw ein tad, John Llewelyn Davies, yn y flwyddyn 1967, bu ei ffrindiau yn driw iawn iddi, a hithau'n gymwynasgar iawn tuag atynt hwythau. Parhaodd ei diddordeb ym mywyd diwylliannol y dref a'r cylch. Hi hefyd oedd archifydd answyddogol y teulu, a'r ddolen gyswllt sicraf os oedd unrhyw broblem i'w datrys ynglŷn ag achau'r tylwyth ar y naill ochr neu'r llall.

Er bod Beryl a minnau a'r plant wedi symud i fyw i'r

Wyddgrug, roeddem yn dal yn ddigon agos at ein gilydd yn ddaearyddol i'w galluogi hi neu ninnau i fedru picio'n hwylus dros y bwlch ym Mryniau Clwyd. Ac i'n plant ni, roedd Anti Meinir yn fodryb annwyl a charedig iawn, a'u pleser pennaf oedd cael ei chroesawu atom i dreulio'r Nadolig a'r Flwyddyn Newydd bob blwyddyn. Er gwaethaf y ddwy ffrwgwd a fu rhyngom ni'n dau pan oeddwn i'n fychan, ac y soniwyd amdanynt yn gynharach, mae hi a minnau wedi bod yn bennaf ffrindiau dros yr holl flynyddoedd.

Ac o sôn am y plant, gwell i mi ddweud rhywbeth amdanynt hwythau – y pedwar a ddaeth i lenwi bywydau Beryl a minnau. Fe anwyd Rhodri a Gwenno tra oeddem yn byw yn Rhuthun, ond ar ôl i ni fudo i Sir y Fflint y ganed Powys a Iestyn. Cawsom fyrdd o hwyl yn eu cwmni pan oeddynt yn blant, ac rwy'n credu eu bod ar y cyfan wedi gweld mwy o wên nag o wg gan eu rhieni. Mae gan Beryl a minnau le i ddiolch iddynt am fod yn blant mor hawdd eu trin.

Ond roedd gan bob un ohonynt ddawn i dynnu coes, gan ysgafnu bywyd pawb ohonom. Er enghraifft, buom yn ystod eu plentyndod yn garafanwyr cymharol selog. Wedi'r cyfan, efo pedwar o blant a gast o'r enw Mela, beth arall fedrem ni ei wneud ond treulio gwyliau mewn carafán? Buom ar y cyfandir unwaith neu ddwy, mewn sawl cornel o Brydain, ac mewn sawl Eisteddfod Genedlaethol – ambell un o'r rheiny'n wlyb iawn, megis Abergwaun ym 1986.

Pan dyfodd y bechgyn i oedran ysgol uwchradd, roeddem ni'r hogie'n meddwl ein bod ni'n hynod o glyfar wrth ddewis i ble i fynd bob haf gyda'r garafán. Byddem yn canu clodydd trefi megis Taunton, Caer-gaint, neu Gaerwrangon fel lleoedd arbennig o dda i stablu carafannau. Byddai Beryl a Gwenno yn gwrando ar ein doeth-inebu, ac yn cytuno bod ein dewisiadau'n rhai doeth.

Ninnau'r hogie'n meddwl ein bod wedi taflu llwch i'w llygaid, ac nad oedd gan y ddwy unrhyw syniad mai'r gêmau criced oedd i'w cynnal yn y mannau hynny oedd wedi dylanwadu ar ein dewis o safleoedd, ac nid unrhyw ragoriaeth yn eu meysydd carafannau o gwbl!

Digwyddiad arall na chaniateir i mi fyth ei anghofio yw'r hyn ddigwyddodd ar faes carafannau Tewkesbury un prynhawn heulog o haf. Roeddem wedi bod yn aros mewn maes yng Ngwlad yr Haf, ac wedi torri'r siwrne adref trwy aros noson yn Tewkesbury. Wedi parcio'r garafán, fe aeth Gwenno a minnau i mofyn dŵr yfed, ac wrth i'r ddau ohonom gerdded i gyfeiriad y tap gwelais ddyn oedd newydd gyrraedd ei safle, ac a oedd wrthi'n brysur yn codi adlen. Yn fy meddwl i, roedd y gŵr bonheddig hwn wedi bod yn aros ar yr un maes â ni yr wythnos cynt yng Ngwlad yr Haf. Cyferchais ef â'r geiriau, 'Fancy seeing you here'. Fe gafodd yr olwg o syndod a ddaeth i wyneb y gŵr dieithr argraff ar Gwenno, mae'n amlwg, oherwydd ar ôl y digwyddiad hwn, bob tro y byddwn yn gweld rhywun o'm cydnabod ar fin y ffordd, ac yn codi fy llaw, byddai llais Gwenno i'w glywed o'r sedd gefn yn dweud, 'Fancy seeing you here!' Pwy faga blant!

Am nifer dda o flynyddoedd, cawsom groeso gan Robert Jones, Dora ei briod, a'u teulu llawen ym Mhlas Llanfigael ym mhen pella Sir Fôn, ac fe arferem fynd yno bob haf yn y garafán. Wrth fynd yno am y tro cyntaf, dyma fi'n meddwl, wrth nesáu at Bont y Borth, y byddai'n beth da i'r trŵps ddysgu'r englyn cyfarwydd:

> Uchelgaer uwch y weilgi – gyrr y byd
> ei gerbydau drosti;
> Chwithau, holl longau y lli,
> Ewch o dan ei chadwyni.
>
> (*Dewi Wyn*)

Er mwyn cadarnhau'r wers, mae'n siŵr fy mod wedi adrodd yr englyn hwn fwy nag unwaith. Ond wele! Bob tro y byddem yn teithio i Ynys Môn ar ôl hynny, toc ar ôl i ni basio Llanfairfechan, byddwn yn clywed rhyw is-leisiau'n codi o'r sedd gefn, ac yn cynyddu yn eu sain, nes erbyn i ni gyrraedd y Bont, byddai côr adrodd teilwng o gôr llefaru yn yr Eisteddfod Genedlaethol i'w glywed yn adrodd yr englyn. Gofynnaf eto, 'Pwy faga blant?'

Roedd Rhodri, ein mab hynaf, yn hoff iawn o wylio adar, a phery felly hyd heddiw. Ond un tro, cyn i ni fynd i Lanfigael, fe wneuthum i'r camgymeriad dybryd o ddweud fod aderyn y bwn yn nythu ar Ynys Môn. Nid cynt yr oeddem wedi croesi Pont y Borth (a gwrando ar y parti cydadrodd) nad oedd Rhodri fel barn eisiau gweld yr aderyn, a bu raid i ni deithio reit ar draws yr ynys gyda phob ffenestr yn llydan agored rhag iddo ef golli unrhyw siawns o weld aderyn y bwn. Ond ni welwyd golwg ohono. Ymhen diwrnod neu ddau, cyfeiriodd rhywun fi at Ken Williams, yr ornitholegwr enwog, a chefais wybod ganddo mai'r lle gorau i ni weld yr aderyn cyfrwys hwn fyddai yn ardal y llynnoedd ger Llanfair-yn-neubwll. Dywedodd wrthym ei fod yn aderyn swil a'i fod yn codi'i big hir i fyny i'r awyr o ganol yr hesg er mwyn ymdebygu i'r llystyfiant o'i gwmpas. Dyna oedd yn ei wneud yn aderyn mor anodd ei weld. A'r noson honno, gan adael y plant iau yn y Plas yng ngofal Mrs Jones, i ffwrdd â ni am Lyn Traffwll. Gwyddai Rhodri fod yr aderyn hwn yn gwneud sŵn anarferol – rhyw sŵn oedd i'w glywed fel 'Bŵm, bŵm'. Dyna, wrth gwrs, a roes ei enw Cymraeg iddo. Bu Rhodri a Beryl a minnau yno am oriau yn gwylio'r hesg, ac yn gwrando am sain 'Bŵm, Bŵm', ond heb glywed na gweld dim byd tebyg i hynny. Roedd digonedd o 'Honc, Honc' i'w glywed, ond dim un 'Bŵm' yn unman. Ymhen y rhawg roedd yn dechrau nosi, a chafodd Rhodri a minnau ar ddeall gan Beryl ei bod yn bryd troi am adre. Trueni na fyddem wedi mynd adre ynghynt, oherwydd yng nghlydwch y garafán dyma edrych eto yn yr *Observer Book of Birds* a darllen: *'The bittern makes a booming noise during the mating season in spring. For the remainder of the year, it honks.'*

* * *

Sawl gwaith y cawsoch chi eich bedyddio? Dyna i chi gwestiwn annisgwyl! Wel, mae ein mab ieuengaf ni wedi cael ei fedyddio ddwywaith, a phrysuraf i ddweud nad o'i ddewis ei hun y digwyddodd hynny. Roedd hi'n fore teg o Fai ar achlysur ei fedydd cyntaf, ac oherwydd damwain nid oedd gweinidog yr eglwys yn medru gweinyddu'r sacrament. Felly daethai'r Parchedig Elfyn Richards atom i gymryd gofal o'r oedfa a'r bedydd y bore hwnnw. Diolch byth, fe aeth y gwasanaeth yn rhyfeddol o ddidrafferth. Wedi diolch i'r gweinidog ar ddiwedd yr oedfa, i ffwrdd â ni am adre, a'r gwahoddedigion i'n canlyn.

Rai misoedd yn ddiweddarach, a'n gweinidog erbyn hynny wedi gwella o'i anaf, roedd baban arall yn cael ei fedyddio yn y capel un bore Sul, a'r Parchedig Eirian Davies, yn ei ddull hamddenol a chartrefol arferol, wedi ei fedyddio. Mae'n amlwg fod y gwasanaeth wedi atgoffa Powys o fedydd ei frawd bach rai misoedd ynghynt. Yn ddiweddarach yn y dydd, a'r plant allan yn yr ardd gefn yn disgwyl am eu cinio – Iestyn yn ei bram, a Powys a Gwenno yn chwarae ar y lawnt gerllaw – yn sydyn, sylwodd Beryl fod rhyw dawelwch wedi disgyn dros weithgareddau'r lawnt, ac fe anfonodd fi allan i weld beth oedd yn gyfrifol am y distawrwydd. Ac yno y bûm yn dyst i'r ail fedydd. Gwenno oedd Mam, a Iestyn oedd Iestyn. Ond Powys oedd y Parchedig Eirian Davies, a'r cwbl a welais ac a glywais oedd llais y 'Parchedig' pedair mlwydd oed yn dweud yn eglur mewn acen a oedd yn perthyn yn glir i ardal Nantgaredig, y geiriau a glywodd yn cael eu llefaru gan Eirian Davies yn gynharach y bore hwnnw: 'Yr wyf yn dy fedyddio di â dwfwr'. Ac ar yr un pryd, rhoddwyd sloch go dda o ddŵr ar dalcen y babi. Wn i ddim ar y ddaear i ble roedd Rhodri, ein mab hynaf, wedi mynd ar y foment honno, os nad oedd wedi mynd i chwilio am locustiaid a mêl gwyllt!

Do, fe roes Powys gryn dipyn o sioc i ni y bore hwnnw. Bron iawn cymaint o sioc ag a roddodd rai blynyddoedd yn ddiweddarach i lond bws o ymwelwyr o Japan oedd wedi troi i mewn i Theatr La Scala yn ninas Milan rhyw ddiwrnod heulog arall pan oeddem fel teulu wedi mynd i'r Eidal am y diwrnod o'n llety yn Novaggio, ger Ponte Stressa yn y Swistir, rhyw gwta drigain milltir i ffwrdd. Powys a minnau oedd wedi dewis mynd i weld y theatr enwog, ac wrth grwydro'r adeilad, a gweld nad oedd neb arall yno, dyma'r ddau ohonom yn penderfynu efallai na fyddai'r un ohonom ein dau fyth yn derbyn gwahoddiad i ganu yno'n swyddogol, ac mai gwell felly fyddai i ni fanteisio ar y cyfle hwn. Dyna lle roeddem ni ein dau yn morio canu, a heb sylweddoli bod drws wedi agor y tu ôl i ni, a thua hanner cant o ymgwelwyr o Japan yn sefyll yno'n gwrando ar y perfformiad. Daeth y gân i ben yn bur sydyn, gallwch fentro! Ni fuom yn holi ein cynulleidfa o'r Dwyrain Pell beth oedd eu barn am y gân, ond mae Powys a minnau'n ymfalchïo yn y ffaith ein bod ill dau wedi bod yn canu ar lwyfan La Scala. Nid pawb all ddweud hynny!

Nid oedd Rhodri wedi dod gyda ni i'r Swistir ar y daith honno, ac felly Powys oedd wedi cymryd ei le fel y dyn darllen map a chadw golwg ar gyflymder a phethau felly. Ar ein ffordd yn ôl i Novaggio y diwrnod hwnnw, roedd wedi fy arwain yn ddiogel drwy gymhlethdod traffig y ddinas i ddod o hyd i'r briffordd a fyddai'n ein cludo i gyfeiriad Ponte Stressa. Cyn bo hir, gwelais ddarn syth o ffordd o'm blaen, ac mae'n amlwg fod fy nhroed dde wedi bod yn or-frwdfrydig, oherwydd allan o rhyw gilfach daeth heddwas yn chwifio gwn radar, a'n stopio'n stond yn y fan a'r lle. Cerddodd atom a gofyn i mi agor y ffenestr. Ond cefais gyfle am ennyd i sibrwd wrth fy nghyd-deithwyr y rhybudd, 'Dim ond Cymraeg, cofiwch'.

Agorais y ffenestr, a dyna pryd y digwyddodd un o'r sgyrsiau rhyfeddaf erioed – fi'n siarad dim byd ond Cymraeg, a'r heddwas yn siarad dim byd ond Eidaleg cyflym iawn. Roedd yn amlwg ei fod yn gofyn am weld fy nhrwydded yrru, a hefyd dystysgrif yswiriant y car, a drybowndiai'r gair *'Documenti'* o gwmpas fy nghlustiau. Ac fel mae'n digwydd, roeddwn wrth gychwyn ein taith y bore hwnnw wedi anghofio dod â'r dywededig *documenti* gyda mi. Y cwbl y medrwn ei ddweud yn yr iaith frodorol oedd, *'Documenti in casa Novaggio'*. Fe aeth y sgwrs ryfedd hon ymlaen am gryn amser, a'r heddwas druan yn dechrau colli i limpyn efo'r gyrrwr uniaith gwirion oedd yn eistedd o'i flaen. Ar y chwith i mi, roedd Powys yn dwbwl wfftio at ei dad twp, ac yn suddo'n is ac yn is yn ei sedd – o gywilydd. Y tu ôl i mi, eisteddai Beryl, Gwenno a Iestyn, ac fe benderfynodd yr heddwas efallai y byddai'n cael mwy o synnwyr cyffredin ganddynt hwy. Amneidiodd arnynt i ostwng y ffenestr, ond dim ond *'Documenti in casa Novaggio'* a gafodd yno hefyd. O'r diwedd, wedi anobeithio'n lân, rhoddodd arwydd i ni fynd ymlaen ar ein taith. Yr hyn a wnaeth i mi wenu wrth edrych yn y drych oedd gweld Iestyn, wrth i ni yrru ymaith, yn sefyll ar y sedd gefn, ac yn edrych yn ôl ar yr heddwas gan godi'i law. A'r heddwas yn ymateb trwy godi'i law yntau, yn falch mae'n debyg fod y llond car hurtiaf a welodd erioed yn prysur fynd o'i olwg.

Ie, tri bachgen ac un ferch sydd erbyn heddiw yn briod ac wedi dod â llawenydd pellach i Taid ac i Nain trwy ddod ag un ŵyr a phump o wyresau i ymestyn yr hen linach un cam ymhellach.

I'r byd ariannol yr aeth Rhodri a Powys; i fyd addysg, fel ei thad, yr aeth Gwenno; ac i fyd y gyfraith yr aeth Iestyn, y cyw melyn olaf. Mae Rhodri a Janet, ei briod, yn byw yn Northop Hall, ger Yr Wyddgrug, ac felly fe gawn y pleser ychwanegol o ofalu bod eu dwy ferch, Elen a Catherine, yn mynd a dod i Ysgol Glanrafon, Yr Wyddgrug, bob dydd Mercher a dydd Iau ers rhai blynyddoedd bellach. Ac o sôn am y ddwy ferch, fe ddigwyddodd un peth rhyfedd pan aeth Rhodri a Janet at y gwaith o ddewis enwau i'r ddwy ohonynt. Dewiswyd 'Elen' ganddynt am fod y ddau ohonynt yn hoffi'r enw, ac felly hefyd ymhen tair blynedd y cafodd 'Catherine' ei henwi – ac er mai Catherine oedd enw fy mam, nid wyf yn credu mai dyna pam y dewisodd Rhodri a Janet ef. Rhyw bedair blynedd yn ôl roedd Meinir, fy chwaer, yn digwydd clirio allan hen focs o ddogfennau, ac wrth wneud hynny daeth un hen ddogfen i'w sylw nad oedd hi na minnau erioed wedi ei gweld cyn hynny, sef tystysgrif geni ein mam ni ein dau yng Nghwm Penanner yn ôl yn y flwyddyn 1884. Ac yno, am y tro cyntaf erioed gwelsom fod Mam, yn y ddogfen honno, wedi'i henwi yn Catherine Elen Lloyd! Peth rhyfedd yw trefn rhagluniaeth!

Merch o dras Albanaidd yw priod Powys, ond wedi'i magu yn Sir Gaer. Mae Morag a Powys wedi ymgartrefu yn Handbridge, ger dinas Caer, a'r ddau ohonynt yn hwylus agos i'r Wyddgrug. Mae'r ddau'n gweithio gyda gwahanol gwmnïau ariannol, ac yn gorfod teithio cryn lawer yng nghwrs eu gwaith.

Gwenno sy'n byw bellaf oddi wrthym, gan ei bod hi'n athrawes yn un o ysgolion cynradd Cymraeg Caerdydd, ac yn byw yn yr Eglwys Newydd. Brodor o Gaerdydd yw ei phriod hi, Martin, ac mae'n gweithio fel dyn camera i raglenni teledu. Bu'n gweithio ar raglenni megis cyfres newydd *Doctor Who, Casualty* a *Dalziel a Pascoe*. Dau o blant sydd ar eu haelwyd hwy, bachgen o'r enw Cai, a merch o'r enw Erin, ac i Ysgol Gymraeg Melin Gruffydd y maent hwy'n mynd. Tennis yw diddordeb mawr Cai, a dawnsio ac actio sy'n mynd â bryd Erin.

Mae cartref Iestyn yn Nhal-y-bont yng Ngheredigion, ac mae bellach yn bartner mewn cwmni o gyfreithwyr yn nhref Machynlleth. I fro Pontrhydfendigaid yr aeth ef i chwilio am wraig. Mae Catrin Mai, ei briod, wedi'i throchi ym myd y 'pethe' ar yr aelwyd gartref, ac er mai ifanc iawn ydynt ar hyn o bryd, mae'n amlwg fod eu dwy ferch, Glain a Miriam, yn mynd i'r un cyfeiriad, gan dderbyn llawer iawn o gymorth ac anogaeth gan Mam-gu a Tad-cu, sef Neli a Selwyn Jones, Pontrhydfendigaid.

A dyna nhw, y bobol fydd yn cario gwaed y Llwydiaid a'r Dafisiaid ymlaen i'r dyfodol, i mewn i oes fydd yn dra gwahanol i'r un lle cafodd eu taid a'u nain eu magu ynddi. Mae'n anodd dyfalu pa fath o yfory fydd yn eu hwynebu, ac ni all Beryl a minnau ond gobeithio'r gorau iddynt oll. Pan aned y chwech o'n hwyrion, fe aeth Taid ati i geisio llunio englyn i bob un ohonynt yn eu tro, gan fawr obeithio y bydd iddynt gael Duw yn rhwydd ar hyd y daith, ac y byddant mor hapus ag y buom ni ein dau rhwng 1955 a heddiw. Fy ngobaith mawr yw y bydd iddynt oll gofio'r graig deuluol y naddwyd hwy ohoni.

Elen Llwyd Davies: 1 Chwefror 1996

Elen, lodes anwylaf – ei gwenau
fel gwanwyn tyneraf.
Minnau'n hen, ei gwên a gaf
i fyrhau fy oer aeaf.

Cai Aled Stephens: 5 Hydref 1997

Byd sydd yn llawn gwybodaeth – yw byd Cai,
  byd cais am atebiaeth.
Byd holi, a byd helaeth,
a byd gwyn, a dim byd gwaeth.

Catherine Lloyd Davies: 30 Tachwedd 1999

Cath'rine â'i llon chwerthiniad – a leinw
  galonnau â chariad.
Yn em deg i mam a dad;
i Elen, ffrind pob eiliad.

Erin Llwyd Stephens: 2 Mehefin 2000

Glasach dy lygaid gleision – a dyfnach
  na dyfnaf li'r eigion.
Rhanna lwydd, fy Erin lon
yn felys, ddi-ofalon.

Glain Llwyd Davies: 30 Ebrill 2004

Eilun yw o lawen nwyd – cae'n gariad,
  mae'n goron i'w haelwyd.
Yn rhodd goruwch pob breuddwyd,
un glên a llon fydd Glain Llwyd.

Miriam Llwyd Davies: 6 Mai 2007

Ei gwenau gofiwn ganwaith – a miri
  llon Miriam yw'n gobaith.
Gwefr i ni dy gyfrin iaith,
a hefyd, fwrlwm d'afiaith.

A ninnau bron â chyrraedd pen talar, mae'n braf cael pwyso
ar y giât ac edrych yn ôl ar droeon yr yrfa. Rwy'n credu bod

fy llinynnau wedi disgyn mewn lleoedd hyfryd, ac ymhlith llaweroedd o bobl oedd yn werth eu hadnabod. *Pobl* sy'n gwneud cymdeithas, ac er bod ambell gasgliad o bobl hunanol a threisgar i'w gweld ymhob gwlad, rwy'n grediniol fod llawer mwy o bobl gyfeillgar a chymwynasgar i'w cael o hyd yn ein treflannau a'n dinasoedd – yn arbennig felly efallai yn ein hardaloedd cefn gwlad. Gwirionedd trist ein hoes ni yw nad yw bywyd cymdeithasau gwâr fel y rhain yn gwerthu hanner cymaint o bapurau newyddion!

Buom yn ffodus o gael bod yn aelodau o eglwysi cartrefol a chroesawgar ym mhob un o'r mannau lle buom yn byw, a chwaraeodd y capeli hyn oll ran bwysig yn ein bywydau ni fel teulu. Soniwyd eisoes am Seion, Corwen, a'r Tabernacl yn Rhuthun, ac am y gweinidogion oedd yn gyson a thrylwyr yn eu gofal yno. Pan ddaethom i fyw i'r Wyddgrug, buom yn dra ffodus yma eto o ganfod bod eglwys Bethesda'n gapel bywiog a gweithgar, a bu'r Parchedigion Eirian Davies, Elfyn Richards a Gareth Edwards – er yn gwbl wahanol eu dulliau i'w gilydd – oll yn gymorth hawdd ei gael mewn cyfyngder i'w haelodau i gyd, ac yn bregethwyr oedd yn meddu ar y ddawn i ddeall eu cynulleidfa. Ar hyn o bryd, mae gennym ddau weinidog – sy'n awgrymu, medd ambell un go wamal, ein bod yn gynulleidfa anodd ein trin! Ond prysuraf i dystio nad felly y mae hi, ac mae'r Parchedigion Huw a Nan Powell Davies wedi ennill ein teyrngarwch ni oll. Mae'r niferoedd sy'n mynychu'r Ysgol Sul yn tystio i'r modd y mae'r ddau ohonynt, gyda'u tîm o gynorthwywyr, wedi mynd ati o ddifrif i weithio gyda'r to iau, ac i ennyn brwdfrydedd ymhlith y rhieni ifanc.

Brithdir, Corwen, Aberystwyth, Devizes, Dolgellau, Penbedw, Rhuthun a'r Wyddgrug. Dyna nhw, yn un rhes, ac o bob un ohonyn nhw mae bwndeli o atgofion yn ffrydio'n ôl. Ceisiais rannu nifer o'r atgofion hynny gyda chi sydd wedi trafferthu i ddarllen hyn o lith, a'r hyn sy'n taro dyn yw mai'r atgofion hapus a llawen sy'n aros yn y cof. Ynteu ai fi sydd wedi bod yn greadur arbennig o lwcus? 'Sgersli bilîf,' chwedl Ifans y Tryc.

Mae pwyso ar y giât fel hyn hefyd yn galluogi dyn i edrych o'i gwmpas i weld sut y mae pethau heddiw, ac i feddwl beth fydd hynt a helynt disgynyddion presennol y Llwydiaid a'r Dafisiaid yn ystod y ganrif hon. Mae un peth yn sicr. Bydd eu bywydau'n wahanol iawn i'r math o fywyd y cafodd fy chwaer a minnau ein magu ynddo. Ein gobaith yw y bydd digon o 'wreiddyn y mater' gan bob un ohonynt i'w galluogi nhw i wynebu bywyd yn hyderus, fel aelodau defnyddiol o fewn eu cymdeithas.